# 大家小史

## 近代大师那些事儿

**盛巽昌　李子迟** 编著

秋瑾／心比男儿烈
康有为／近代改革的先驱
李叔同／弘一法师，晚晴老人
陈独秀／五四运动总司令
瞿秋白／我是过男第一名
朱自清／宁穷死不领救济粮
谭嗣同／去留肝胆两昆仑
冰心／有你在，灯亮着
张恨水／自建人字长恨水长东
梅兰芳／国粹之魂
蔡元培／伶界大王
胡适／为学直追如金字塔
吕思勉／现代史学大家
齐白石／篡质老翁诗涂失痴
鲁迅／俯首甘为孺子牛
钱玄同／打倒居丧说话，遥起肯桑做人
梁启超／"百科全书式"的巨人
陶行知／行是知之始，知是行之成
叶圣陶／第一是编辑，第二是教员
郁达夫／出卖文物为亲书
季羡林／卡车翻敏捷，留国遗芦那点
张爱玲／要比林语堂丞出风头
闻一多／斗士，诗人，学者
巴金／我的灵魂为牺牲病纷不平而哭泣
老舍／人民艺术家
钱钟书／文化昆仑

**当代世界出版社**
THE CONTEMPORARY WORLD PRESS

图书在版编目（CIP）数据

大家小史：近代大师那些事儿 / 盛巽昌，李子迟编著. -- 北京：当代世界出版社，2019.3
ISBN 978-7-5090-1426-4

Ⅰ.①大… Ⅱ.①盛… ②李… Ⅲ.①名人-生平事迹-中国-近现代 Ⅳ.①K820.5

中国版本图书馆CIP数据核字（2018）第171931号

## 大家小史：近代大师那些事儿

| | |
|---|---|
| 作　　者： | 盛巽昌　李子迟 |
| 出版发行： | 当代世界出版社 |
| 地　　址： | 北京市复兴路4号（100860） |
| 网　　址： | http://www.worldpress.org.cn |
| 编务电话： | （010）83908456 |
| 发行电话： | （010）83908409 |
| | （010）83908377 |
| | （010）83908423（邮购） |
| | （010）83908410（传真） |
| 经　　销： | 全国新华书店 |
| 印　　刷： | 北京楠萍印刷有限公司 |
| 开　　本： | 710毫米×1000毫米　1/16 |
| 印　　张： | 18.25 |
| 字　　数： | 269千字 |
| 版　　次： | 2019年3月第1版 |
| 印　　次： | 2019年3月第1次 |
| 书　　号： | ISBN 978-7-5090-1426-4 |
| 定　　价： | 39.80元 |

如发现印装质量问题，请与承印厂联系调换。
版权所有，翻版必究，未经许可，不得转载！

# 序　言

　　这部书至今已是第三次"升级版"。

　　最开始是盛巽昌老师、朱秀芬老师合著的《学林散叶》，于1997年9月交由上海人民出版社出版。

　　历史上有很多被有意无意丢弃的"边角料"，虽然抹去了庄严格调，却能以小见大，钩沉诸多历史的生机和真实。本书录入中国近现代以来众多学界名流、文艺大家的趣闻掌故，披露特色人物的特色性格。涉及人物有梁启超、章太炎、赵元任、鲁迅、胡适、林语堂、王国维、冰心、林徽因、吴宓、竺可桢、傅斯年、梁羽生、齐白石、张大千、于右任等等逾千位，其中多见机智与谐趣。

　　《学林散叶》是盛、朱两位老师（朱老师是盛老师的助手）"十年磨一剑"、坐十年"冷板凳"，在上海图书馆、上海社会科学院、《社会科学报》等单位博览群书搜索枯肠、博取约存厚积薄发、抄写积累千千万万张小卡片的结果，从中仅选取4033条，但也有洋洋40多万字，涉及人物众多，内容十分丰富。不足是没有目录，未按人物、年月、领域、性质等任何体例整理、编排；再则也有部分条目并非精彩。

　　"第二版"是若干年后，我在盛、朱两位老师原书稿的基础上，分门别类、颇费周章，将其条目中选取内容甚为精彩者（我自己还另外补充了很多条目；有些条目太简单了的，我还增加了一些介绍、描述、评价、润色之类），按领域、性质等整理、编排为"天分""勤学""性情""经历""谐趣""逸闻""应试""授业"等26章,每章内再适当兼顾发生年月的先后、每个主体人物尽量放在一起,这便很有些像南朝刘宋时期的《世说新语》了——当然,我们全是真人真事,而《世说新语》有不少是虚构的前代传说、轶事。

这便是2008年5月由江西人民出版社出版的《道可道:晚近中国学人珍闻录》。演绎学界百年风云,精英知识分子的"唇枪舌剑",堪称当代《世说新语》。该书因为内容多数是盛、朱两位老师的成果,所以署名他俩在前,我在后。岂敢僭越、擅美?

"第三版"就是手头这本《大家小史:近代大师那些事儿》了。该书完全改变了前面两版的体例,因为那两版基本上是按内容的领域、性质来编排目录的;而本版则是每个人物为一节,然后若干身份、行业接近的人物为一章,总共110余节即110余人,归为9章。这样虽然看起来主体人物大为减少,但每个主体人物的内容更增多、条理也更清晰,所以"分量"其实更足。而且每位人物配以简介、图片,便更加简要明确、图文并茂。

《大家小史:近代大师那些事儿》,即将由当代世界出版社出版。一百余年来京派、海派文化的百科全书,一百余位文化、学术前辈的逸闻、趣事。又一部秦牧的《艺海拾贝》,又一部郑逸梅的《艺林散页》。

总共3个版本,恰好大约每10年"升级""更新"一次。但这个"第三版"《大家小史》,想必也是这个系列的最后一个版本了。不过,将来若有类似的主题、内容、想法,还是可以再编写出一两个本子来的。那就拭目以待吧!

李子迟

2019年1月29日

# 目 录

## 高/士/宿/儒

严复 / 可当一通人 /002
辜鸿铭 / 清末怪杰 /004
章太炎 / 革命元勋，国学泰斗 /008
王国维 / 独立之精神，自由之思想 /013
李叔同 / 弘一法师，晚晴老人 /015
陈垣 / 毛主席称他"国宝" /018
马寅初 / 中国人口学第一人 /021
余嘉锡 / 读已见书，不知魏晋 /023
吕思勉 / 现代史学大家 /025
吴承仕 / 反对人们称他"大师" /027
黄侃 / 以国学与骂人名闻海内 /029
钱玄同 / 打通后壁说话，竖起脊梁做人 /033
陈寅恪 / 公子之公子，教授之教授 /035
梁漱溟 / 中国最后一位大儒 /038
吴宓 / 中国比较文学之父 /040
钱穆 / 中国最后一位士大夫 /042

## 革/命/首/擘

康有为 / 近代改革的先驱 /046
谭嗣同 / 去留肝胆两昆仑 /048
秋瑾 / 心比男儿烈 /050

徐特立 / 不动笔墨不读书 /052
陈独秀 / 五四运动总司令 /054
蔡锷 / 将军拔剑南天起 /056
瞿秋白 / 我是江南第一燕 /058

## 文 / 坛 / 翘 / 楚

鲁迅 / 俯首甘为孺子牛 /062
周作人 / 谈狐说鬼寻常事 /071
许地山 / 不需无学，不学无术 /073
张恨水 / 自是人生长恨水长东 /076
郁达夫 / 出卖文章为买书 /079
茅盾 / 当文学遇见革命 /082
徐志摩 / 天空里的一片云 /084
朱自清 / 宁廉洁正直以自清严 /086
郑振铎 / 第一位食蟹的人 /089
老舍 / 人民艺术家 /091
闻一多 / 斗士·诗人·学者 /094
冰心 / 有你在，灯亮着 /097
沈从文 / 宁可少写，不可滥写 /099
丁玲 / 昨天文小姐，今日武将军 /101
巴金 / 我的灵魂为着世间的不平而哭泣 /103
谢冰莹 / 中国第一女兵 /105
钱钟书 / 文化昆仑 /107
张爱玲 / 要比林语堂还出风头 /110

## 艺 / 苑 / 恒 / 星

谭鑫培 / 伶界大王 /114
齐白石 / 笔底鱼虾得天趣 /116
黄宾虹 / 下笔不觉师造化 /119
马一浮 / 一代儒宗 /121
梅兰芳 / 国粹之魂 /123
徐悲鸿 / 悲天鸿鹄 /125
刘海粟 / 宠辱不惊，去留无意 /128
田汉 / 中国的"戏剧魂" /130
丰子恺 / 不乱于心，不困于情 /132

张大千 / 东方之笔 /135
夏衍 / 戏里戏外皆传奇 /137
傅抱石 / 我用我法 /139
曹禺 / 东方的莎士比亚 /141
聂耳 / 人民音乐家 /143

## 学 / 人 / 方 / 家

谢无量 / 提倡唯物史观 /146
熊十力 / 我有法眼，一切如量 /148
刘文典 / 最懂庄子的人 /150
陈望道 / 把墨汁当红糖吃 /152
刘半农 / 教我如何不想她 /154
胡适 / 为学要如金字塔 /157
郭沫若 / 中国的歌德 /164
赵元任 / 罕见的语言音乐天才 /168
顾颉刚 / 宁可劳而不获 /171
范文澜 / 板凳要坐十年冷 /174
金岳霖 / 越名教而任自然 /176
林语堂 / 两脚踏东西文化 /178
冯友兰 / 六经注我，我注六经 /183
朱光潜 / 博学终须能守约 /185
翦伯赞 / 真理问题不能让步 /187
周谷城 / 我不问政治，政治要问我 /189
潘光旦 / 寻自身快乐，光他姓门楣 /191
梁实秋 / 人生最愉快的事莫过于读书 /193
季羡林 / 十车翻蚁蛭；百国道彦踪 /195
启功 / 开门撒手逐风飞 /197

## 政 / 要 / 名 / 流

梁启超 / "百科全书式"的巨人 /200
吴佩孚 / 绰号"吴小鬼" /204
于右任 / 落落乾坤大布衣 /206
蒋百里 / 现代兵学之父 /209
冯玉祥 / 抗日方为绝顶人 /211
俞大维 / 凭栏不尽风云气 /213

## 教/界/砥/柱

唐文治 / 毋不敬，毋自欺 /216
蔡元培 / 学者功名开国史 /218
张伯苓 / 随时随地小心 /222
黄炎培 / 为而不争，如石不动 /224
马君武 / 旧学商量加邃密 /226
邓之诚 / 为人为学颇有古名士风 /229
钱基博 / 治事不可不读书 /231
陶行知 / 行是知之始，知是行之成 /233
叶圣陶 / 第一是编辑，第二是教员 /236
苏雪林 / "打杂"文坛杏坛一辈子 /238
罗家伦 / "五四运动"命名者 /240
陈岱孙 / 这辈子只做了一件事——教书 /242
雷海宗 / 读史阅世，其学似海 /244

## 无\冕\之\王

林白水 / 以身殉报 /248
张季鸾 / 须批评时亦犀利 /250
戈公振 / 报纸以报告新闻为原则 /252
邹韬奋 / 为大众做喉舌 /254
胡愈之 / 新闻出版界的主帅 /256
谢六逸 / 史德·史才·史识 /260
王芸生 / 做个有灵魂的新闻记者 /262
萧乾 / 作为记者的才华更高 /264

## 科\学\巨\子

丁文江 / 中国地质事业奠基人 /268
李四光 / 光被四表，蔚为国用 /271
竺可桢 / "你的文章管了天" /273
茅以升 / 工程爱国，以人为本 /275
华罗庚 / 中国当代数学之父 /277
谭其骧 / 禹贡舆地兴绝学 /279
钱学森 / 导弹之父，火箭之王 /281

高士宿儒

# 严复：可当一通人

严复（1854—1921），福建省福州市。近代著名翻译家、教育家，新法家代表人物。先后毕业于福建船政学堂和英国皇家海军学院，曾担任过京师大学堂译局总办、上海复旦公学校长、安庆高等师范学堂监督、清朝学部名辞馆总纂、国立北京大学校长等职。他提出的"信、达、雅"翻译标准，对后世翻译工作产生了深远影响。他是清末极具影响的资产阶级启蒙思想家，是中国近代史上向西方国家寻找真理的"先进的中国人"之一。

严复虽为福建人，却能说一口地道北京话，而他登台演讲时则常夹杂英语。

1899年4月，严复翻译的《天演论》出版。吴汝纶称之"高文雄笔"，亲自抄录珍藏。吴对其极是赞赏，为之作序，并手录副本，藏之枕中。

1903年吴汝纶病死。严复集李商隐、陆游诗句为挽联："平生风义兼师友；天下英雄唯使君。"

严复在第一次世界大战之前发表论述时，便称德国和日本必定会败亡于第二次世界大战。

柳诒徵称赞严复译书，几能与"晋隋唐明诸译书相颉颃"。

李霁野曾对学生说，严复在《天演论》译本序言中所称"信、达、雅"3字，只有一个"信"字是必要的。如果背信而求达求雅，信必遭受破坏。

严复译述《天演论》，其中"物竞天择，适者生存"8字传诵一时。秋瑾以"竞雄"为字，陈炯明以"竞存"为字，"胡适之、张竞生、李天择"之名均与此相关。

严复译《社会通诠》，与出版商签订一项版税合同，税率高达定价的40%，为我国有版税之始最高者。

严复自戊戌变法到辛亥革命期间翻译170万字，每字均经过斟酌，可谓"字字由戥子称出"。

张元济主持商务印书馆编译所，1902年印行严复的《英文汉诂》，第一次使用中文横行排版，并采用新式标点符号，使用现代装订法及著作权印花证，引起时人注意。

严复《英文汉诂》里粘贴严氏"版权证"印花，此为商务印书馆试行"著作权印花"创举。

严复遗嘱，内称3事：(1)中国必不亡，旧法可损益，必不可叛。(2)新知无穷，真理无穷；人生一世，宜励业益知。(3)两害相权，己轻，群重。

## 辜鸿铭：清末怪杰

辜鸿铭（1857—1928），祖籍福建惠安，生于南洋英属马来西亚槟榔屿。近代学者、文学家。学贯中西，号称"清末怪杰"，精通英、法、德、拉丁、希腊、马来等9种语言，获13个博士学位，是满清时代精通西洋科学、语言兼及东方华学的中国第一人，也是中国第一个获诺贝尔文学奖提名者。

辜鸿铭生于马来西亚，求学于苏格兰爱丁堡大学，曾到达过日本，居住在北京。他说自己是"生在南洋，学在西洋，婚在东洋，仕在北洋"，故自号"东西南北人"。

辜鸿铭清末时在南洋公学讲课，每当上课，上下古今纵横万里，滔滔不绝，凡国外名著多能背诵。课本一字不提，只命学生每次自阅数十页。

马建忠路过新加坡，辜鸿铭前往拜访，谈话3日。辜倾心于祖国文化，决定返国，研读中华经史。

辜鸿铭追念张之洞，写书《中国的牛津运动》，被卫礼贤译为德文，书名《为中国反对欧洲观念而辩护：批判论文》，为哥廷根大学哲学系新康德学三年级师生必读书目。

辜鸿铭对歌德和麦休·阿诺德有精湛研究，往往在与朋友谈话中引用这两位文豪的名句。

辜鸿铭讲中国话只会闽南话,使得学生不得不学厦门话。

辜鸿铭回国时对汉文一窍不通。他把《康熙字典》作为初学课本,因此最终识汉字比他人还多。有一次他写"非"字误将两旁的六横弄到里面去了,变成了"丰㸚"字。

有人问辜鸿铭,现在正是西学吃香,"为什么凭你这一肚子西洋学问,连一个大学讲座都保不牢呢?"辜怫然而言:"大水一到,连死猪死狗都会冲上水面来,没什么可谈的。"

1917年辜鸿铭在北京大学开课。他第一天进教室就与学生申明:"我有三章约法,你们受得了的就来上我的课,受不了的就趁早退出。第一章,我进教室时你们要站起来,上完课我要先出去;第二章,我问你们话或你们问我话,都得站起来;第三章,我指定你们背的书你们都要背,背不出来不能坐下。"学生认为前两条好办,第三条有困难。但要上课,也只得勉为其难。

辜鸿铭对外国银行素无好感。他说:"银行家是晴天把雨伞借给你,雨天又凶巴巴地把伞收回去的那种人。"这句话成为讽刺名言,被收进《英国谚语》。

辜鸿铭某日游北京茶园观剧,有两洋人坐前排。其中一人回头见辜容貌古朴、胡子拉碴、衣衫破旧,乃以英语对同伴说:"中国人愚陋不洁,可以后座之老人为代表。"辜听了遂以英语责备:"你们来此看戏,竟敢公然侮辱华人,好生无礼!况且你们怎么就知道我愚陋?"该洋人很是难堪,复用俄语说:"不料此愚陋老头竟能说英语。"辜听了又立即用俄语痛斥之。该洋人大惊,急起谢罪,并表示敬佩。

袁世凯死后,北京禁止演戏、宴会、娱乐3天。辜鸿铭却请戏班到家里表演,且大宴宾客。警察干涉,他说:"什么?老袁死,便不许人演戏?这是我的生日!我的生日,非演戏不可。"警察署要抓人,他说:"什么?我的生日不许我演戏、请客?没有这个道理。而且这戏和酒席不是我自己叫的,是朋友送的。不然的话,失却了朋友面子。"问是什么朋友,他说:"黎副总统送来给我祝寿的，不信你去问他。"

辜鸿铭喜说笑话。张勋生日时，辜曾送其一对联："荷尽已无擎雨盖；菊残犹有傲霜枝。"又谓徐世昌办了一个"四存学会"，四存者即存四，可对忘八！

辜鸿铭善诙谐。他解"妾"字为立女。妾者靠手也（elbow rest），供男人倦时作手靠也。有女子驳曰："女子又何尝不可将男人作手靠？女子又何以不可多夫乎？"辜答曰："汝曾见一个茶壶配四只茶杯，但世上岂有一只茶杯配四个茶壶者乎？"

辜鸿铭精通各国文字，但穿戴似田舍翁。他在北大执教时，一天在校外澡堂沐浴，有穿西装两青年见其外貌，即用英语讥讽。辜听后默不作声，只在纸上用拉丁文写了几句教训的话，然后又用英文注："你们若不认识上面写的那种文字，可于明天下午到北京大学来请教辜鸿铭。"嘱茶房转交。两青年见纸，始知遇到了辜教授，即抱头鼠窜而去。

辜鸿铭称自己是"中国最后一个哲学家"。他说："我留辫子，它象征我是旧中国最后一个代表。"

辜鸿铭将他所译《论语》英译本送与来武昌的日本同学伊藤博文。伊藤说："听说你精通西洋文学，难道还不知孔子之教能行于数千年前，还能行于20世纪之今日吗？"辜回答说："孔子教人的方法，就如数学之加减乘除。数千年前，其法如三三得九；至今20世纪，其法仍是三三得九。"伊藤为之结舌。

盛宣怀向辜鸿铭索取其译《中庸》一书，以为《中庸》为经世济民之宝册。辜问："《中庸》一书要旨，宫保谓当在何句？"盛反问之："君意云何？"辜说："贱货贵德。"盛默然而言他。

胡适称辜鸿铭为"太老师"。但辜不但要跟胡比赛英文，后来又要上法院控告胡，因胡诽谤他和他脑袋瓜后面那条辫子。

辜鸿铭在北大讲课时，每谈及袁世凯就大骂；袁做皇帝后他骂得更凶，到袁死后方罢休。

辜鸿铭因蔡元培提倡新文学、白话文，便以笔名"冬烘先生"撰文讽刺他，蔡读后只一笑置之。

辜鸿铭和同为福建人的严复、林纾最初不相识。有天同赴宴会，酒酣，辜突然站起："我如有权，必杀严又陵、林琴南以谢天下。"严假装未听见。林故意问："这两人有何开罪足下之处？请念同乡之谊，刀下留人！"辜说："严译《天演论》，主张物竞天择，于是国人只知有物竞而不知有公理，忘君毁国，致兵连祸结、民不聊生。林译《茶花女》，主张自由恋爱，故一般青年滥情放纵，唾弃伦常，使世风日下，道德沦丧。不杀此两人，天下将不会太平！"

辜鸿铭针对宋朝赵普说"半部《论语》可治天下"，声言"半章《论语》振兴中国"。

辜鸿铭曾在外交部办事。一日同僚举办"诗钟"，题目是"不倒翁与砧板"，用分水格。辜即写下一联："问他何事摇头脑（不倒翁）；此物从来厚面目（砧板）。"

## 章太炎:革命元勋,国学泰斗

章太炎(1869—1936),浙江余杭人。近现代国学大师。1897年任《时务报》撰述,因参加维新运动被通缉,流亡日本。1903年因发表《驳康有为论革命书》,并为邹容《革命军》作序,触怒清廷,被捕入狱。1904年与蔡元培等人合作,发起光复会。1906年出狱后,孙中山迎其至日本,参加同盟会。1911年上海光复后回国,主编《大共和日报》,并任孙总统府枢密顾问。1913年宋教仁被刺后参加讨袁运动,为袁禁锢,袁死后方被释放。1923年前后脱离孙改组的国民党,以讲学为业。1935年在苏州主持章氏国学讲习会,主编《制言》杂志。

章太炎在日本为留学生讲课,不用稿子,讲了4个上午,把一部中国文学史讲完,后来写为文言《国故论衡》。

章当时写一字条与汪允宗:"今已不名一钱,乞借银元两枚,以购香烟。"同室蒋维乔说:"既已向人借钱,曷勿多借几元?"章回答说:"此君只有两元交情。"

章太炎在日本填户口调查表,"职业:圣人;出身:私生子;年龄:万寿无疆。"

章太炎在苏州讲学,不编讲义,不带参考书,唯凭口诵手写。他能全文背诵《说文解字》《尔雅》。在无锡演讲,提出"历史是账簿,非看不可"。在常熟讲学达3个小时,其语言难懂。有一福建籍学生一字未记,却写有打油小诗一首:"满口余杭话,香烟五十支,浓茶来一碗,再讲不为迟。"是日,章的一罐大前门香烟仅剩六七支。

章太炎曾在狱中作诗:"衡岳天人地,吾师洪大全。中兴沴诸将,永夜遂沈眠。"时蒋百里在日本编《浙江潮》,遂将此诗特列,题为"永夜遂沈国民"。

章太炎常收到不相干的信。那些替他办笔札的书记员往往是不复的。但章以为既有信来总得回人家,因而这些被弃的信反而由他亲笔答复。

章太炎敬仰同为浙籍的爱国诗人张煌言,说:"生不同辰,死当邻穴。"故死后最终亦葬于杭州西湖南屏山麓。

1899年章太炎在由台赴日船上作了一上联:"今古三更生,中垒、北江、南海。"(指西汉刘向、清代洪亮吉和晚清康有为)他在日本要梁启超等人作对,时无人对出。1924年符鼎升在北京教书时,因钱玄同提及此联,他沉思一会,就对出了下联:"世间一长物,孔兄、墨哥、佛郎。"(指儒家、墨家、释家)

1904年章太炎在《顺天时报》登报征婚。日本媒体称这是有史以来登报征婚的滥觞。章征婚条件有五:(1)以湖北女子为限;(2)要文理通顺,能作短篇文字;(3)要大家闺秀;(4)要出身于学校,双方平等自由,互相尊敬,保持美德;(5)不缠足。另外,丈夫死后,可以再嫁;夫妇不合,可以离婚。此条广告,南北诸报纷纷改编为新闻转载。

章太炎与汤国梨婚后,每日督汤读《说文解字》百字。

1912年章太炎准备续弦。朋友问他对未来的这位夫人有什么条件?章回答:"什么严格的条件都没有,只要能读读《红楼梦》也就够了。"

章太炎有一习性,凡文章佳妙,就动笔修改;不佳,则不加润饰。

章太炎到北京,钱玄同请他写陆九渊的语录:"激后奋迅,决破罗网,焚烧荆棘,荡夷污泽。"但章以为文辞太激烈,没肯写。

章太炎读书不讲究版本。一部《十三经注疏》只是普通石印本,因为他翻阅次数太多，竟变成活页。一次为学生讲《尚书》，稍不留心，书页散落满地，但他仍言谈自若，毫不在意。

章太炎与吴稚晖、张继原为挚友，后发生冲突，章抄《北山移文》以告绝交。吴、张知道章傲慢，亲往其家讲和。章氏却掷刺拒见，始终不谈一句。

章太炎1914年居北京时，正临除夕。他满怀忧郁之气写了一副对联："门前学种先生柳；道旁时卖故侯瓜。"21年后的1935年，章居苏州阊门，过年时又重写此联。

1917年章太炎奉命去云南，促唐继尧出师川黔，以壮北伐声势。到了昆明一看，唐管制下的地方烟雾瘴气，混乱不堪。章十分气愤，白天在门口点上红纱灯。有人见了奇怪，问他用意。他说："四海茫茫，到处黑暗。"

1929年上海《时报》刊载《东南文坛点将录》，仿《水浒》一百零八将，将东南名士依其声望排列座次，第一名天魁星为章太炎，第二名天罡星陈三立。

1931年"九一八"事变后，章太炎赴北平，北平国学研究所请他演讲。可是章口操杭州土话，听众难以领会。为此由学生钱玄同、马裕藻担任述译，把黑板写得满满的。

章太炎学问精深，为人正直。他上课常引经据典，谈话诙谐而兼怒骂。"九一八"事变后，他讲课的最后一句话经常是："也应该注意防范，不要赶走了秦桧，又迎来石敬瑭啊！"

胡适的《中国哲学史大纲》是我国最早采用标点的书。他送给章太炎一本，写有"太炎先生指谬"，"胡适敬赠"。在姓名旁，各加黑杠符号。章因不懂，大骂胡。当他看到胡的名字旁也有黑杠，说："就算相互抵消了吧！"

章太炎一生不知美，连自然之美也不知欣赏。有人邀请他游山，他说不知山为何物，无论怎样都提不起雅兴。

章太炎在成都时，有一客叙述己贫，请求他向四川当局推荐。章听了，勃然大怒道："你一贫已至此，若至穷时又将如何？"在座赵熙以为来客是章旧友，为打圆场，就问："贫与穷亦有异乎？"章道："异甚，所谓贫者，以其贝（古人以贝为钱）分之于人，而己身尚不致一无所有；若穷则弃家而无有，孑然一身，藏身穴内，安能与贫并论乎？"后赵熙对他人说："我读书数十年，今日方才懂得贫、穷两字之义啊！"

章太炎相当敬仰刘伯温。他应刘后人所请，写了一篇有关刘的文章。因章不肯要笔润，刘后人特将家乡青田某山上刘之墓冢附近一块山地相赠。

章太炎狱中索阅《瑜伽师地论》，仅蒋维乔有一册，送交于章。章在狱3年，研究法相宗，大有所得。

章太炎为袁世凯所囚禁，在墙上悬七尺宣纸，上书"速死"两个大篆；还托人在青田刘伯温墓冢旁置墓地，自书墓碑，并写了《终制》一文以代遗嘱。

章太炎娶媳。皆号称"大麻子"的刘成禺、李根源前往祝贺。章邀两人合照留念，两人都争着要站在主人之左。李对刘说："我较你年长，当以齿等。"刘对李说："你不过是李麻子，天下谁人不叫我刘麻哥？当然让我站上位。"章哈哈大笑说："我这里不是'麻花大学'呵，不要在这里争行辈吧！"

学者连横游北京，特地前往柴市凭吊文天祥遗迹。作《柴市谒文信国公祠》，内有"一代豪华客，千秋正气歌；艰难扶社稷，破碎痛山河"句。章太炎读后大受感动，叹道："英雄有怀抱之士。"

章太炎（枚叔）与刘师培（申叔）在日本时并称"二叔"。章曾说："常人患不读书，而申叔读书过多，记忆太繁，悟性反少。诚欲著书，宜三二载束书不观，少忘之而后执笔，庶可增其悟力云。"

章太炎曾对学生吴承仕和黄侃作过比较，说吴"文不如季刚，而为学笃实过之"。

章太炎戏语其五大弟子：黄侃为天王，汪旭初为东王，朱希祖为西王，钱玄同为南王，吴承仕为北王。

吴佩孚以巨幅白布自制《大竹歌》长诗，函请章太炎题诗。章作诗："大块成天籁，因风尽鸣于；干霄何足羡，所贵在心虚。"乃讽刺其目空一切。

章太炎曾说:"广东之士,儒有简朝亮①,佛有苏元瑛②。"

章太炎被称为"地上派"。其治学有四言:不以金文疑群经;不以赝器校古史;不以甲文黜许书;不以臆说诬诸子。

章太炎是近代经学大师。他也深通佛学,曾引《瑜伽师地论》《华严经》等解释《庄子》,著《齐物论释》,又尝据大乘教理以批宋明理学。但他受西洋学说影响甚少,于现代社会科学更不了解。他曾附和王小徐引佛法批马克思主义学说,事实上他连唯心主义和唯物主义的界限都没弄清楚。

章太炎曾说,我对于中国学术求进步有3种意见:一是经学以比类知原求进步;二是哲学以直观自得求进步;三是文学以发情止义求进步。

章太炎给杭州大井巷书"张小泉剪刀"5字,"剪"下省去一"刀"。老板持而请释,章说:"'刀'明明在旁,何用再书?"此后顾客皆认"前"为真正的张小泉,其他皆假。

章太炎写条子要仆人买肉作羹,但仆人最后两手空空回来说:"你写的字,他们看了都说没有。"原来纸条上字迹潦草,将"肉"字写得与"月"字相仿了。

章太炎写字若不满意,即置于废纸篓。这些墨迹却被仆役出售。章察觉后,把字纸戳破丢在废纸篓里,以为稳妥。不料仆役将它装贴补齐,仍旧拿去出售。

章太炎为刘成禺《洪宪纪事诗》作序,对袁世凯称皇帝的"洪宪"年号作别致解释:"袁世凯以明太祖建号洪武。满清以太平军为劲敌,其主洪也。武昌倡议者黎元洪,欲用其名以厌胜之,是以建元曰洪宪。"

章太炎耻笑词人作词,颠倒往返不出二三百字。其妻汤国梨云:"二三百字颠倒往返,而无不达之情,宁非即其胜处?"章无话以对。

章太炎曾因吴稚晖袒护爱国学社事,当众拍案大骂:"稚晖,汝要阴谋篡夺,效宋仁之所为,有吾在此,汝做不到。"吴向来口若悬河,但此时默默无语。

---

① 简朝亮(1851—1933)字季纪,号竹居。北滘简岸人,是岭南学派朱次琦的传人。是近世有名的鸿儒,但高尚不仕,潜心讲学著述。

② 苏元瑛:即苏曼殊(1884—1918),近代作家、诗人、翻译家,广东省珠海市沥溪村人。原名戬,字子谷,学名元瑛(亦作玄瑛),法名博经,法号曼殊。

# 王国维：独立之精神，自由之思想

王国维（1877—1927），浙江海宁人。中国近现代相交时期一位享有国际声誉的著名学者。早年追求新学，接受资产阶级改良主义思想，把西方哲学、美学思想与中国古典哲学、美学相融合，形成独特的美学思想体系，继而攻词曲、戏剧，后又治史学、古文字学、考古学。郭沫若称他为新史学开山。不止如此，他平生学无专师，自辟门户，成就卓越，在教育、哲学、文学、戏曲、美学、史学、古文学等方面均有深谙和创新，为中华民族文化宝库留下了广博精深的学术遗产。曾为清华国学研究院四大导师之一。

王国维为罗振玉抄《殷墟书契考释》，罗赠王400圆。王自比为张力臣（因张曾为顾炎武抄写《音学五书》）。

王国维曾从日本藤田丰八学英文。此后他任清华国学研究院导师期间，与藤田通信即以师弟相称。

王国维研习外语的方法，是将学外语、读外文书籍与译外文著作三者结合。

王国维在1906年就将美育列为教育宗旨之一。他提出："教育之事亦分为三部：智育、德育（即意志）、美育（即情育）是也。"

1909年王国维进入京师图书馆任编辑。后为《国学丛刊》起草宣言，倡言"学术无新旧之分，无中外之分，无有用无用之分"。

王国维在清华研究院授课，满口浙江海宁土白。学生中完全能听懂的只有吴其昌一人，因他也是海宁人。

王国维于《尚书》《诗经》颇有造诣。但每次与学生讲解，他总要声明有四五处地方自己还没搞懂。

王国维在清华国学研究院时，每日出寓至研究院均要经过颐和园。他工作完毕即返家，如此3年。他说："吾自来此处，未窥颐和园。"但他没想到，自己最终还是在数年后（1927年）投了昆明湖自尽。

王国维曾写过《曲录》。郑振铎评价说，这是一部黎明期的著作，而不是一部完美无疵的目录。

王国维于柯劭忞的《新元史》不以为然，但称赞他的旧体诗："今世之诗，当推柯老为第一，应以其为宗。"

王国维未曾将武则天时公布的《大云经》残卷与佛藏传本参校，就说《大云经》是伪托。后陈寅恪参校，才知它与佛藏传本几乎全部符合，从而修正了王的推论。

王国维在清华研究院讲《仪礼》，以为《周礼》是伪书。

《宋史》中无王禀之传。王国维特作"王禀传"，以为北宋亡国延迟1年，实王禀坚守太原之力。

王国维26～30岁时四读康德《纯粹理性批判》，还是不能弄懂。他说："哲学的海洋深不可测。"黄侃称："八部书外皆狗屁。"所谓"八部书"，是《毛诗》《左传》《周礼》《说文》《广韵》《史记》《汉书》和《文选》。

王国维用叔本华哲学来解读《红楼梦》，认为它是彻头彻尾的悲剧。

1927年王国维投颐和园昆明湖自杀。左舜生认为王是受叔本华影响，此外也许还受曹雪芹影响。因为王所写《红楼梦评论》，其论述之深，当时还找不出第二人。

## 李叔同：弘一法师，晚晴老人

李叔同（1880—1942），祖籍浙江平湖，生于天津。近代著名音乐家、美术教育家、书法家、戏剧活动家，中国话剧开拓者之一。他从日本留学归国后，曾担任过教师、编辑之职；后剃度为僧，法名"演音"，号"弘一"。1915年谱曲南京大学历史上第一首校歌。代表作《送别》。

1933年，李叔同为福建晋江万山峰苏内村"晋江草庵"题楹联："草芜不除，时觉眼前生意满；庵门常掩，勿忘世上苦人多。"

李叔同出家后住浙江永嘉庆福寺。凡家书来，均让人在信封后批上"该人业已他去"等字，将信退回。李曾对人说："应使文艺以人传，不可人以文艺传。"

李叔同任教于浙江两级师范时，桌上常置明刘宗周的《人谱》。他在书面上写有"身体力行"4字，每个字旁还加一小红圈。

李叔同在福建讲学时，接到一个16岁少年的信，信里批评他忙于酬酢。回信表示："惠书涌悉，至用惭惶！自明日起，即当遵命闭门静修，屏弃一切。"

李叔同爱李商隐诗，自号"晚晴老人"，选辑亦有《晚晴集》等，书斋又名"晚晴山房"，取意均源自李商隐诗："天意怜幽草，人间重晚晴。"

李叔同去学生丰子恺家，每次坐木藤椅时总要摇摇才下座。丰刚开始不好询问，但见他多次如此，就开口问他为何这样。李答道，这个木藤椅可能会有小虫，这样摇摇后，那些小生命就跑走了。坐下去后不至于杀生。

李叔同在上海《太平洋画报》任文艺编辑时，曾以隶书笔意撰写英文莎士比亚墓志铭，与苏曼殊为叶楚伧所作《汾堤吊梦图》同时印入《太平洋画报》，被时人称为"双绝"。

李叔同表演《茶花女》《黑奴吁天录》等新剧，名噪一时。为扮演艾美柳夫人，他剃光了胡子，花了一百余元自费做了一件女式西装。演出获得成功，轰动全东京。日本报纸赞叹说："演欧美剧，日人自愧不如。"

李叔同除了事先约定，决不会客。一次，欧阳予倩约好与他面叙，大清早赶来，递进名片不久，只见他打开楼窗探头说："我和你约的是8点钟，可是你已迟到5分钟，我现在没工夫了，改日再约吧。"说罢竟自闭窗。

夏丏尊曾接李叔同到上虞白马湖暂住，并做斋饭请他。因为用了香菇，他谢绝了；后来改用豆腐，他也谢绝了；且吩咐只许用白水煮青菜，用盐不用油。夏只好依了他办。

李叔同有"三不"：一不做住持，他认为做住持俗务太多，妨碍事业；二不开大座，所以有时应别人之请讲律，仪式简单，不搞大规模号召；三不要闻名。

李叔同出家后，为约三章："凡有旧友新识来访者，暂缓接见；凡以写字作文等事相属者，暂缓动笔；凡以介绍请托及诸事相属者，暂缓承应。"

胡朴安到杭州灵隐寺访弘一，曾以长诗相赠，内有"弘一精佛理，禅房欣良觌"，"为我说禅宗，天花落几席"。岂知法师看了后对他说："学佛不仅精佛理而已。我又不是禅宗，并未为你说及，你在诗中不应说谎话。"胡才知道，自己的几句诗犯了佛家"诳语"之戒。

弘一在俗时，"天涯五好友"中有位叫许幻园的。有年冬天，大雪纷飞，当时旧上海一片凄凉。许站在门外喊出弘一和叶子小姐，说："叔同兄，我家破产了，咱们后会有期。"说完挥泪而别，连好友家门也没进去。李看着昔日好友远去的背影，在雪地里站了整整一小时，连叶子小姐多次的叫唤声仿佛也没听见。随后李叔同返身回到屋内，把门一关，让叶子小姐弹琴，他便含泪写下"长亭外，古道边，芳草碧连天……问君此去几时来，来时莫徘徊"的传世佳作。

弘一出家后，徐悲鸿曾多次进山看望法师。一次，徐突然发现，山上已经枯死多年的树枝发出了新嫩的绿芽，遂很是纳闷，便对法师说："此树发芽，是因为您。一位高僧来到此山中，感动了这棵枯树，它便起死回生。"弘一说："不是的，是我每天为它浇水，它才慢慢活起来的。"

还有一次，徐悲鸿又去看望弘一。他见一只猛兽在法师跟前走来走去，没有伤人的意思。徐很是奇怪，便问："此物乃山上野生猛兽，为何在此不伤人？"法师道："早先它已被别人擒住，而我又把它放生，因此它不会伤害我。"

弘一50岁生日时，丰子恺以"护生戒杀"为主题作画50幅给他致贺。李自己又为每幅画配诗题字。

弘一临死前曾题4字："悲欣交集。"叶圣陶在纪念他的诗作中写道："悲见有情，欣证禅悦，一贯真俗，体无差别。"

1942年弘一圆寂前，曾写了遗偈给夏丏尊："君子之交，其淡如水；执象而求，咫尺千里；问余何适，廓尔亡言；华枝春满，天心月圆。"

# 陈垣：毛主席称他"国宝"

陈垣（1880—1971），广东新会人。近现代历史学家、宗教学家、教育家。曾任国立北京大学、北平师范大学、辅仁大学教授。1926—1952年任辅仁大学校长。1952—1971年任北京师范大学校长。1949年以前，他还担任过京师图书馆馆长、故宫博物院图书馆馆长等职。中华人民共和国成立后任中国科学院历史研究所第二所所长。与陈寅恪并称"史学二陈"，"二陈"又与吕思勉、钱穆并称"现代中国史学四大家"。他的许多著作已成为史学领域经典。

陈垣自幼酷爱读书。其父从不吝惜金钱，每每满足他的读书需求。陈垣成为学者后，将自己书斋名以父亲别号"励耘"命之，称"励耘书屋"，还将所刻之书称为《励耘书屋丛刻》。

陈垣写《通鉴胡注表微》，引用了两百五十多种书，作详细考证。陈垣著述必要请人批评，一般得修改4次才能定稿。

抗战时期陈垣留在北平。他发现城东郊有《嘉兴藏》，便带了助手去阅读、抄录。因为那里蚊子多且凶，他只得预先吞服了奎宁。

陈垣是广东人，却能说一口标准北京话。他上课时学生记的笔记，一字不改，就是一篇流畅、通顺的好文章。他很少点名，却几乎从未有人缺课。

陈垣认为，材料、工具、方法为治学之3大要件。陈一生嗜好就是买书、读书。他常说："我如鱼，书如水，鱼离开了水就不能生存。"抗战爆发后，因为离不开多年的藏书，他最终选择留在了北平。

陈垣为学生开史源学实习课，以顾炎武《日知录》及全祖望《鲒埼亭集》为本，命学生分查史源，为史学方法之练习。陈教学很是勤勉，他给学生出题后，自己也写一篇。发还试卷时，他把学生的试卷择优张贴在走廊墙壁上，同时也贴出自己写的那篇。学生对照寻思，收获很大。

陈垣被称为学界之显微镜，其撰文写作精于造题。早年成名作《元也里可温考》，初题为《元代也里可温考》，几经推敲，乃删去"代"字。

陈垣习惯散步，每日早晚各一千步，以口诵幼时所读之《千字文》为准，散步时即默诵《千字文》以记步数。因用数字记步不易准确。《千字文》诵毕，一千步亦即走完。

1931年"九一八"事变后，"二陈"的治学方向均有改变：陈垣注意到民族气节；陈寅恪则讲政治制度。两人都不再治考据，而是讨论大的问题。

20世纪30年代末期，陈垣在北平辅仁大学讲授"国文"时，为使学生了解本民族传统文化和提高爱国觉悟，对作文约法三章：一不准作白话文，必须作文言文；二不准用钢笔自右至左竖写，必须用毛笔这样写；三不准写简体字，必须写繁体字。

1942年日伪当局逮捕辅仁大学教授。校长陈垣忧愤之至，通过讲"微言大义"一节抒发爱国情怀。

陈垣博览群书，记忆力超众。早年在辅仁大学任教时，教员们都把他当活字典用。有人比喻说："他如知道某处地下有伏流，刨开三尺，定然能有鱼跳出来。"

1942年陈垣在主持辅仁大学"返校节"时，见来宾中有丧失民族气节者，就在致词里巧妙讲了一个故事。说有次射箭比赛之前，孔子命子路宣布："凡是败军之将、投降事敌、亡国大夫、在敌伪做官者，均不得进场。"宣布过后，有些人只好溜了。大家明知他是借题发挥，也不好说什么，因为他讲的是孔子。

陈垣治学严肃，对备课极为认真。他曾对学生说："我对学术上某些问题研究已一两年之久，而对你们讲授不到一两小时便结束了。"他主张教师应一面教书一面读书。

陈垣对学生撰文写作，常告诫要注意"开头便错"，使学生无不兢兢业业。陈曾对学生云，为学者为了某专题到书丛里去找材料，如果只注意一点而不及其余，其实是很大的一种浪费。

陈垣曾对某学生说："君常混用'臭''嗅'两字，何故？"学生说："此两字仅有一口之差，甚难辨别。"陈垣说："吁，失之毫厘，差之千里。男女间亦不过仅差一口，而分别大矣！不可不察。"

陈垣推荐启功到辅仁大学附中教国文课。但两年后，管教务者调查学历，认为启功只是中学生，不合格，竟把他解聘了。陈得知后，便让他在大学教一年级国文。

抗战期间，陈垣在北平，陈寅恪在昆明，各写论文研究杨贵妃。当时烽火漫天，互不通问，然两人文章结论不谋而合。

陈垣常对人说："一篇论文或专著，做完了不要忙着发表，要给三类人看：一是水平高于自己的人，二是和自己平行的人，三是不如自己的人。"他以为这样可以从不同角度得到反映，以便修改。

陈垣从蒋良骐编《东华录》考信，认定顺治死后始称灵柩为"悴宫"，以后改为"宝宫"，正说明最终是火葬的。从一个字解决了一大难题。

陈垣说法国学者伯希和所用治学方法，是清代乾嘉诸老治朴学的方法。向达以为还不止此，说道："法国汉学家能运用比较语言学工具与中亚、印度、波斯、阿拉伯及中国的史地知识，这是乾嘉学者不能办到的。"

## 马寅初：中国人口学第一人

马寅初（1882—1982），浙江嵊州人。现当代经济学家、人口学家、教育家。曾任北京大学教授、南京政府立法委员，新中国建立后历任中央财经委员会副主任、华东军政委员会副主任、重庆大学商学院院长兼教授、南京大学教授、北京交通大学教授、北京大学校长、浙江大学校长等职。1957年因发表"新人口论"而被打成右派，1978年党的十一届三中全会后得以平反。一生专著颇丰，特别对经济、教育、人口等方面研究有很大贡献，有当代"中国人口学第一人"之誉。

马寅初生于壬午年（公元1882年）五月初九。他自称一生"五马"齐全：姓马，生于马年（壬午）、马月（丙午）、马日（甲午）、马时（正午）。

马寅初抗战前在南京工作，每周往返于南京与杭州。他说："我在来去的火车上看书已成习惯。我是走马看花，只把其中要点划上线，以后需用随时可查。"

马寅初在北京大学任第一任教务长时，开设新课"经济哲学"。任北大校长期间，马得知中文系老师郭良夫在燕园"临湖轩"举行婚礼，便抽空前去表示祝贺。郭当时只是一名普通老师，见校长亲自前来祝贺，心情非常激动，便同新娘一道向校长敬酒。马也十分高兴，举杯对新娘风趣地说："我想请新娘放心，因为根据新郎的名字，他一定会成为好丈夫。"众人报以热烈的掌声。

马寅初在杭州经济学会发表演说,与会者无人记录。恽逸群并未在会间作记录,回后凭记忆将演说全部写出,经马过目,未增删一字,在上海各报发表。

在杭州时,马寅初经常带儿子去澡堂洗澡,与服务员混得很熟。服务员见马氏父子夏天穿的背心总是有洞,冬天穿的长袍也很破旧,忍不住说:"马先生是省府委员、经济学博士,还穿这么破烂的衣服?" 马指着背心上的破洞说:"这样穿着凉快!"到了冬天,他又换了另一种说法:"衣服的作用在于保暖,新旧没有什么关系,只要能穿就行,不必讲究!"

马寅初讲课很少翻课本、读讲义。讲到激动时,他往往走下讲台,挥动胳膊,言词密集,口沫横飞。一些坐在前排的学生说:"听马先生上课要撑雨伞。"

马寅初读书讲究效率。他说:"我可以肯定地说,1+1决不等于2。我这指的是看一个小时的书,接着再看一个小时的书,绝不等于看了两个小时的书。因为前一个小时与后一个小时的学习效率不同。"

1946年5月,马寅初在上海工业界人士聚餐会上讲《中国经济之命运》。他对访问者说,他不喜欢上海:第一,上海空气太坏;第二,他每天要做"爬山运动",因回家只能爬楼梯。

马寅初曾说,蒋介石的光头脑袋就是"电灯泡",里面真空,外面进不去。

马寅初60岁生日时,上海工商界赠其横轴,上面写着"马首是瞻"。

## 余嘉锡：读已见书，不知魏晋

余嘉锡（1884—1955），祖籍湖南常德，生于河南商丘。语言学家、目录学家、古文献学家。清末举人，初任吏部文选司主事。后在辅仁大学、北京大学、中国大学、民国大学、北京女子师范大学任教，主治目录学。1942年兼任辅仁大学文学院院长，并当选为中央研究院院士。1949年任中国科学院语言研究所委员。著作有《四库提要辨证》《目录学发微》《古书通例》《世说新语笺疏》《余嘉锡论学杂著》等。

余嘉锡14岁时读刘基《郁离子》，非常喜爱，即仿效其体例著述数万字。

余嘉锡17岁时读《四库全书提要》，日夜不休。遇有疑难问题，随时就所藏书籍予以考证，并抄录于书页上端。同年他看到张之洞《书目答问》，读之不厌。遇有疑难，即翻家中藏书分别考证，将有关文字写在《四库全书提要》书页上，一年后遂录为一册。其后五十余年岁月，写完《四库全书提要辨证》490册。

余嘉锡讲课从不印讲义，仅带一本书，上面写有提示和纲目。讲课时口若悬河，举例鲜明，但面无笑容，目不斜视，同学们称他"黄河清"。据大家反映，谁若在课堂上不专心听讲、赶记笔记，则课后在图书馆翻上两三天书，也得不到一堂课所获的教益。

抗战时期余嘉锡不愿在北大教书。针对学生选修日文，他就在课堂上写下："汉儿竟作胡儿语，却向城头骂汉人。"

余嘉锡开《世说新语》研究课，学生争相选读之，连史学系、教育系师生也来旁听，窗户外面都站满了人。

北平沦陷时，余嘉锡针对汉奸横行，写成《宋江三十六人考实》《杨家将故事考信录》，刊于《辅仁学志》。

余嘉锡在辅仁大学讲课，据说只发过一次脾气。上目录学课时，有个学生在后面讲小话。他说："我讲这门目录学课，不但你不配讲我不好，就是当代任何国学大师也不敢批评我讲得不好。"

余嘉锡解答学生疑难，能立刻指出其可看哪部书，甚至还能告明页数。他对学生极客气，考试时成绩再差的也可得D（及格）；但全班同学的成绩都差不多，要想得C（良好）都很难。

余嘉锡每读一史书，必小心玩其辞意，平情察其是非，搜集证据推敲事实，而后笔之于书。读书每有所得，即随时修改，密行细字，册之上下四周皆满，朱墨淋漓，不可辨识，则别易一稿。如此三十年，积稿二十余册。

1937年日军侵占北平，余嘉锡恐《四库全书提要辨证》亡佚，先取史、子两部分写完两百余篇文稿，排印数百部作为副本。1947年他即以此书当选中央研究院院士。

余嘉锡以为《全唐诗》是官修之书，若要查李贺的诗，不如去翻阅《艺文类聚》等著作。他还认为，学生初学诗歌不宜即学李贺，称"宜从杜工部入手"。

余嘉锡读书五千余部，自题书房名"读已见书斋"。抗战时因愤日军残暴，改题为"不知魏晋堂"；盖因系湖南常德人，其著述自题籍贯为"武陵"，乃以陶潜《桃花源记》自比。

1927年余嘉锡夫人陈福彩竟以39岁猝逝。他遭切肤之痛，亲撰墓表，称夫人"清闲贞静，出于天生。恕以接人，仁能及物。鞠躬尽瘁，十有九年。存孤健绝，功在宗祀。生叹薄祜，殁有遗恨"。情辞悱恻缠绵，衷怀眷恋。且誓不再娶，鳏居近三十年。

# 吕思勉：现代史学大家

吕思勉（1884—1957），江苏常州人。近现代历史学家，国学大师，与钱穆、陈垣、陈寅恪并称"现代中国史学四大家"。毕生致力于历史研究和历史教育工作，先后在常州府中学堂、南通国文专修科、上海私立甲种商业学校、沈阳高等师范学校、苏州省立第一师范学校、沪江大学、光华大学等校任教，曾任光华大学历史系主任、代校长。早年还曾在上海中华书局、上海商务印书馆任编辑。1951年调入华东师范大学历史系任教，被评为一级教授。

吕思勉一生以教书为主，但他写作竟达七八百万言。每部著作，从搜集材料、撰稿编纂到誊写校核，都是自己动手。

吕思勉晚年曾计划将全部《道藏》通读一遍，为后人研究开辟一条途径，后因患病未成。陈寅恪也称，《道藏》之巨，迄今无专治之人。

吕思勉喜下围棋。有一次到银行缴电费，因顾客拥挤，遂外出观人下棋，不料回来时，银行早已关门。

吕思勉自1900年开始写日记，终生从未间断，每年初就更易日记名称。

吕思勉在光华大学讲课，必发讲义。但他上课却不用讲义，只作重点阐述，谈自己研究的心得体会。他说，讲义是给学生课外自学和掌握系统知识的。

吕思勉一生，其思想经过了3次较大变化：少年时期最信康有为、梁启超的学说；17岁时服膺法家的术治之说；47岁时开始信仰马列主义。所以当梁发起"史界革命"时，当时年仅十四五岁的吕在思想上的震动是巨大的。他抛弃了旧的史学观念，在思想上开始追随梁，在实践中运用新的研究方法来重新认识中国历史。之后吕在治史的体系上，深受梁"新史学"的影响。

吕思勉早年在青云中学教书时，每逢他上课，从不叫学生去买教科书，也不专门印发讲义，全靠自己口述，内容处处引人入胜。学生都感到，听他的课简直是一种享受。

吕思勉在大学开宗教课，只用3个小时就把佛教的大小乘教义、中国佛教主要派别在理论上的异同、得失等，讲得清清楚楚。

吕思勉批评了旧史的"常事不书"，认为"常人、常事是风化，特殊的人所做的特殊的事是山崩。不知道风化，决不能知道山崩的所以然；如其知道了风化，则山崩只是当然的结果"。

吕思勉是史学界公认书读得最多的学者，二十四史通读数遍，为学界同人传为美谈。吕之国学基础深厚，治史有意趣却不保守。五四时期反对文言文、提倡白话文的"文学革命"，深深影响了中国史学著作的语言风格，一些史家也开始尝试运用白话文撰写专著，如梁启超的《中国近三百年学术史》《中国历史研究法》，吕思勉的《白话本国史》《吕著中国通史》等。

## 吴承仕：反对人们称他"大师"

吴承仕（1884—1939），安徽歙县人。近现代著名经学家、古文字学家、教育家。清末举人，辛亥革命后任司法部佥事。曾受业于章太炎门下，研究文字、音韵、训诂学及经学。与黄侃、钱玄同并称"章门三大弟子"。曾在北京大学、中国大学等校任教，在北京师范大学国文系任系主任多年。与在南京大学任教的黄侃有"北吴南黄"两大经学泰斗之称。

1934年吴承仕在北平创办进步刊物《文史》，仅出4期即遭禁止。钱玄同对他说："我送你一副三字联：'普罗学，唯物观'。加上你的《文史》，就是'普罗文学，唯物史观'。可见《文史》是个赤色刊物。"

吴承仕在北平创办研究文史的杂志，其名《盍旦》，源自《诗经》，含义是希望天快点亮。后被勒令停刊。他把最后一期编成特大号，说："既然出版的继续是无望了，所以就索性出这最后一次。"《文史》曾受到日本当局两次警告，《盍旦》则被抄过一次。但他说："由此更可说明语言文字的功效。"

吴承仕有划火柴的习惯。他解释说，这个习惯是从马克思那里学来的。马克思就是一面划火柴，一面写像《资本论》那样伟大的经典巨著。

吴承仕从来反对人们称他"大师"。他对学生说："人称太炎先生为国学大师，但他从来是否认的。所谓国学本分'朴''质'两学，太炎先生对朴学是有精湛研究和新建树的。太炎学识渊博，我只是从他学得一点东西。当听到被称为'大师'或'王'时，压力很大，又无法解释。希望同学们免称尊号为好。"

吴承仕为学生鲁方明写立轴，有"黑渊水深色如墨，传有神龙人不识，池上架屋官之祠，龙不神，入神之"等句。

吴承仕会客室内挂有其恩师章太炎小篆书："为学日益，为道日损。"吴亦有自书小篆联："松间明月长如此；世上浮名何足论。"

吴承仕爱唱昆曲，曾组织昆曲研究会，演戏以借古讽今。他在中国大学主办国学系时，从一年级到四年级都设有昆曲选修课。

吴承仕曾为父亲住宅的大门上写过一副对联："人在白日青天下；家住方壶椿树间。"红漆油底，黑漆描字，十分漂亮。有一年正月初一，吴先生率子吴鸿迈去给父亲拜年。吃午饭时，老祖父问几位孙辈："大门上的对联，你们看见了吗？谁能讲得来，给我讲讲看。"鸿迈的叔伯大哥抢先发言："现在全国都摘下了五色旗，换上了青天白日旗。"讲了这副对联上句如何贴切现实。另一位堂哥因与祖父住在一起，马上接着说："咱家住在永光中街，它的北邻是方壶斋，南邻是椿树胡同，所以下句对联更妙，指出了咱家的地址。"鸿迈当时是师大数学系预科班学生，在一旁一言未发。吴先生问他："你为什么不讲话？"鸿迈说："话都被哥哥们说完了，我没有可讲的了。"吴先生说："你不会把'方壶①'和'椿树②'的出典讲一讲吗？"因鸿迈不知这两个典故，一下子愣住了。吴先生本想说他几句，又考虑到来给父亲拜年不要给老人扫兴，正巧菜已上桌，于是将话题岔开了。

---

① 方壶：传说中神山名。一名方丈。《列子·汤问》："渤海之东，不知几亿万里，有大壑焉……其中有五山焉：一曰岱舆，二曰员峤，三曰方壶，四曰瀛洲，五曰蓬莱。"

② 椿树：《庄子·逍遥游》："上古有大椿者，以八千岁为春，八千岁为秋。"因传说中椿树生年长久，所以称父为椿，用以祝福父辈长寿，名言名句。

# 黄侃：以国学与骂人名闻海内

黄侃（1886—1935），湖北蕲春人，生于四川成都。近现代著名语言文字学家。1905年留学日本，师事章太炎，受小学、经学，为章氏门下大弟子。曾在北京大学、中央大学、金陵大学、山西大学等校任教。学界称他与章太炎、刘师培为"国学大师"，称他与章太炎为"乾嘉以来小学的集大成者""传统语言文字学的承前启后人"。

黄侃在武昌讲授《说文》《尔雅》，对书中每个文字、事物都能分别说出卷数、页数，甚至在第几页第几行第几个字都能准确指出。

黄侃读书必圈点，有始有终。他能背诵之书，不仅有《说文》《文选》，即如杜工部、李义山全集，也几皆能上口。黄过目不忘，因此对学生说："我一天最多用5分钟的功。"

1928年黄侃在中国大学讲《说文》《毛诗》。黄骂钱玄同无知，钱因此请假一年，不到校上课。

黄侃、叶楚伧和苏曼殊于酒后半夜自驱马车至味莼园。月明夜好，黄诵龚自珍诗："楼中有灯，有人亭亭，未通一言，化为春星。"徘徊久之，乃归。为此叶写有一诗："放马月光似水，明灯人影留痕。安垞第前燕子，衔泥投止朱门。"

黄侃好用古字、奇句、僻典。他曾对学生说："什么叫作奇句僻典？只是大家不懂得罢了。"

黄侃学问渊博。据说他只佩服两人，一是刘师培，二是陈汉章。他最不服气的是胡适。刘半农曾说，胡适因提倡新文化，得到大量青年拥护，敢与陈独秀、章太炎等大师论战；可是一碰到黄先生，马上矮了半截，没回嘴余地。

黄侃一身傲骨，只专心做学问。当时一些达官贵人都想拜访他。一次，一个大官到黄家做客，竟要与黄讨论学术问题。黄听罢说："你们做官刮地皮的，配谈这个吗？"来客大窘而走。

黄侃平时富有生活情趣，喜欢喝酒打牌、游山玩水，与他人吟诗作词。但是，无论怎样畅游、嬉戏，他对自己规定每天应做的学问一定要完成，日记也要记；白天耽搁了，晚上就一定得补上。

黄侃重基本功，告诫学生三十岁以前不要轻易在报刊上发表文字。黄厚积薄发、才思敏捷。有一次为人书写碑文，约定五天，但至第四天尚未动笔；第五天取文之人前来，才研墨铺纸，吩咐为他打格。格打好了，他提笔一挥，连上下款带正文，刚好写到最后一格，一字不差。

黄侃每星期六必由南京到上海拜谒老师章太炎。偶因治学不合，章怒至拍案，黄则低首唯唯，不敢有言。又因黄有"季常之癖"（怕老婆），且尤畏犬，故时人为之语："一主三畏黄季刚。"

黄侃游南京中山陵，见野外秧田，对其同伴说："毕竟江南风物与此不同，连韭菜也这样齐整。"闻者以为是他噱语，实则他确不识得。

黄侃去访问某要员，为门房所阻，须有名片方能入内。不料他当即拍拍胸脯，幽默地高叫："我就是名片，你把我带进去！"门房瞠目，不知所对，只得眼看着他昂首而进。

黄侃清明踏青，见两姓后裔因争坟地而拳打脚踢，遂改南宋高翥《清明》诗以嘲讽："南北山头多墓田，清明打架各纷然。毡帽撕作黑蝴蝶，鼻血化成红杜鹃。日落死尸横冢上，夜归儿女哭灯前。人生有架须当打，不打何能到九泉。"

黄侃在北京大学讲授《说文解字》，学生颇不易懂，每次期末考试皆有不及格者。后学生投其所嗜，乃集资设置酒会，黄欣然光临，于是凡考卷皆及格。蔡元培知而责问，黄辩道："彼等尚知尊师重道，故我不欲苛求也。"

黄侃治学，常说学问之道有五：一曰，不欺人；二曰，不知者不道；三曰，不背所本；四曰，为后世负责；五曰，不窃。他批评某些初学者之病有四：急于求解；急于著书；不能阙疑；不能服善。

黄侃批评近人治学之病有三：一是郢书燕说①之病；二是辽东白豕②之病；三是妄谈火浣③之病。

黄侃虽读书数万卷，亦必点完方休。死前一天，仍以《唐文粹补遗》末两卷未了，犹力疾圈点完毕，方才卧榻。

黄侃称自己读书极快，但记忆不佳，所以每引用一条材料，即使极熟的书也要认真核对。上课时他曾对学生说："我讲小学，就比较自如；讲经学，拿着书还怕讲错。"

黄侃在东京与章太炎、钱玄同聚晤，忽陈独秀至。黄躲在隔房，听到谈及清代学者多出自安徽、江苏，而陈说湖北欠缺此项人才。黄听了"走火"，大喊："湖北固然没有学者，然而这不就是区区；安徽固然多有学者，但这未必就是足下。"

黄侃最反对胡适提倡白话文。有一次他在讲课中赞美文言文简明时举例说，若胡适丧妻，家里人拍电报来说："你的太太死了，赶快回家啊！"长达11个字。如用文言文，则只需"妻丧速归"4字即可，这样电报费可省去三分之二。

胡适有次与黄侃在宴席上大谈墨学。黄大骂："现在讲墨学的都是些混

---

① 郢书燕说：在解释文章时曲解了原意，但有时可能也表达出了有价值的观点，故也不全作贬义。出自《韩非子·外储说左上》。

② 辽东白豕：辽东有头猪生个白头小猪，主人以为奇异，便送去进献，走到河东，看见很多猪全身都是白的，便羞惭地回去了。后遂用"辽东白豕、辽豕白头、辽豕白、辽豕"等多表示少见多怪，或因见识浅薄而羞惭。常作谦词。出自《与彭宠书》。

③ 妄谈火浣：穿凿附会，稀奇古怪。《山海经·海内十洲记·炎洲》："炎洲，在南海中……有火林山，山中有火光兽，大如鼠，毛长三四寸，或赤或白。山可三百里许，晦夜即见此山林，乃是此兽光照，状如火光相似。取其兽毛，时人号为火浣布，此是也。"

账王八，你的老子也是混账王八。"胡指责黄不该侮辱他父亲。黄说："你心目中还有你老子，那你就不是墨子信徒了。"

一次，马寅初拜访黄侃，提出要谈小学。黄说："你还是专心去弄弄经济吧！小学谈何容易，说了你也不懂。"马听完拔腿便走，立即与黄断交。

## 钱玄同：打通后壁说话，竖起脊梁做人

钱玄同（1887—1939），浙江吴兴人，吴越国太祖武肃王钱镠之后。近现代思想家、文字学家，新文化运动倡导者。早年留学日本，回国后历任北京大学、北京师范大学教授。五四时期参加新文化运动，提倡文字改革，曾倡议并参加拟制国语罗马字拼音方案。著有《文字学音篇》《重论经今古文学问题》《古韵二十八部音读之假定》《古音无邪纽证》等。

1912年钱玄同到浙江军政府教育司上班，穿戴自制冠服，"玄冠""深衣""博带"，大摇大摆进办公室，引得人们哄笑。

钱玄同以"东"字韵，为子女各取名为"雄、弘、工、穹、东、充"。因同韵，不好分辨，打电话也易叫错人。

辛亥革命之后钱玄同就主张汉字横写。其理由是：人目横列，则文字亦以横列为便；汉字直行，殊失人目横列之作用。

钱玄同为人谦虚。他向章太炎介绍魏建功，称是"北平大学同事"，而不说"小门生"。凡是大学里的学生，他一概称先生；等相处熟了，才改称兄。

章士钊创办《甲寅》杂志，征文启事有"布告征文，不收白话"句。黎锦熙和钱玄同则创办《国语》周刊，征文启事针锋相对："欢迎投稿，不取文言。"

刘半农和钱玄同相见便各自夸："我的字至少总比你写得好！"钱曾在北平"公味斋"素菜馆对蔡元培说："你写的字这样蹩脚，怎么让点了翰林的？"蔡笑说："因为一位主考喜欢黄山谷的字，他说我写的字像黄，所以取了。"

1918年，钱玄同化名"王敬轩"在《新青年》上发表题为《文学革命之反响》一文，洋洋洒洒数千言，罗织新文化运动种种罪状，攻击主张新文化的人是不要祖宗。刘半农撰写万余言《复王敬轩书》，针对王所提出的观点一一加以驳斥，批得体无完肤。这实际上是钱、刘二人演出的一场"双簧"，故意制造论战，以便把问题引向深处，唤起社会注意。鲁迅后来称这场论战是一场"大仗"。

钱玄同"九一八"事变后拒绝与日本人往来，同席只要有日人在即拂袖而去；谈话也不提"日本"两字，而用"我们的敌人"替代；还恢复了少年时代的名字"钱夏"，寓早日光复华夏之意。

1938年夏，北平汉奸文人、伪古物陈列所所长钱桐病死。汉口《楚报》误将钱为钱玄同，发了消息。钱在南方的学子见到后非常悲痛。虽北平已沦陷，仍有人寄去挽联等悼念。家人收到后都瞒着他烧掉，怕他生气，因他对汉奸有切齿之恨。

钱玄同生前常爱讲的一段话是："三纲者，三条麻绳也，缠在我们头上，祖缠父，父缠子，子缠孙，代代相传，缠了两千年。新文化运动起，大呼解放，解放这头上的三条麻绳。我们以后绝对不得再把这三条麻绳缠在孩子们头上，孩子们也永远不得再缠在下一辈孩子们头上！"他称自己三位公子为"世兄"。鲁迅说，做钱的儿子并不危险，钱开明得几乎成了儿子的后辈。

## 陈寅恪：公子之公子，教授之教授

陈寅恪（1890—1969），江西修水人，生于湖南长沙。中国现代最负盛名的集历史学家、古典文学研究家、语言学家、诗人于一身的杰出人物，与叶企孙、潘光旦、梅贻琦一起被列为清华百年历史上"四大哲人"，与吕思勉、陈垣、钱穆并称"现代中国史学四大家"。先后任教于清华大学、西南联大、广西大学、燕京大学、中山大学等校，曾是清华国学研究院四大导师之一。

陈寅恪著作《隋唐制度渊源略论稿》，每运用一条史证，必先从几条副证证其确凿，然后再用。抗战期间陈居九龙，在香港大学开史学讲座，第一次用英语讲《武曌与佛教》。

对几种基本的国学书，陈寅恪喜欢将平日阅览的意见或发现的问题写在书上。他尤好《世说新语》，原想出版《世说新语笺注》，后因此书书稿遗失，未成。

陈寅恪在桂林读《建炎以来系年要录》，其中颇有不甚解处。当他联系由香港脱险归来身历目睹之事以相印证，忽然心通意会。他说："平生读史凡四十年，从无似此亲切有味之快感。"

陈寅恪双目失明著《论〈再生缘〉》。每静听家人诵读后，逐段口述内容，由家人一字不遗记录下来。他的每句话，录下来便是质文俱美的文辞。

20世纪20年代清华大学国学研究院有3种讲课方式：一如梁启超，不发讲义，也不用讲稿；二如陈寅恪，不发讲义，却有讲稿；三如黄节，发讲义，而且就是一部书稿。

20世纪20年代中期陈寅恪从欧美归国，任清华大学国学研究院导师。看到许多宝贵研究资料已沦为异邦之物，学人不得不东渡日本，乞求一睹佚籍，以解疑难，陈深以为羞。1929年在北大史学系学生毕业时，他赠诗曰："群趋东邻爱国史，神州士夫羞欲死。田巴鲁仲两无成，要待诸君洗斯耻。"

20世纪30年代陈寅恪在清华大学国学研究院讲课。凡讲佛经文学，必用一块黄布包了那堂课所要用的参考书；而讲其他课程，则用黑布包那些参考书。陈精通佛经。其父陈三立死，他人都主张依习俗诵经。他反对说："我读过各种佛经，都是骗人的。"

抗战胜利后，陈寅恪应英国牛津大学之聘主讲东方汉学。全欧汉学家云集奥格司佛镇。女学者陈衡哲说："欧美任何汉学家，除伯希和、斯文赫定、沙畹等极少数人外，鲜有能听得懂寅恪先生之讲者。"

陈寅恪认为，对子作得好坏，可看出一个人读书之多少、语汇之富贫以及思维能力之强弱等。因此有一年招生考试，他在国文试卷中加了一道对联试题，上联仅有3字"孙行者"。结果只有一名考生答对，为"胡适之"。（原标准答案为"祖冲之"。）

陈寅恪讲学注重自然启发，着重新的发现，对学生只指导研究，从不点名，从无小考，就是大考也只按学校规章举行，没有不及格的。他常说："问答式的考试，不是观察学问的最好办法。"

陈寅恪在大学讲授历史。他对学生说，凡他本人没有特别见解的，不讲。因此他上课并不点名，而缺课的人却少，是当时清华听课学生最多的一位导师。

陈寅恪讲白居易《长恨歌》，第一句"汉皇重色思倾国"。为考证这个"汉"字，他旁征博引，就讲了4堂课。

陈寅恪从不以僻书吓人。他引用的书都是最习见的，却能在最习见中、在一般人习而不察中提出新解，令人有"化腐朽为神奇"之感。

陈寅恪双目基本失明之后，却以二十年时间钩稽沉隐，独力完成八十万字巨著《柳如是别传》。

1950年陈寅恪在岭南大学讲授"唐代乐府"，仅有一个学生选修。但他仍认真开课，绝不马虎。

陈寅恪最动人之语是李唐氏族问题之推测，说李唐是胡人。对此朱希祖撰文驳诘，责陈打破传统观念。而陈不以为然。在历史语言研究所成立时，陈却推荐朱为特约研究员，对朱收藏之近代丰富史籍深致敬意。

陈寅恪以诗文证史为一种重要史学方法。如以李商隐《无题》"万里风波一叶舟"，证李德裕归葬日期为大中六年夏；以陶潜《桃花源记》释十六国时期北方坞壁；以韦庄《秦妇吟》补述黄巢起义事迹等。

罗家伦出任清华大学校长时，赠陈寅恪以自著《科学与玄学》。陈即送罗家伦嵌名联："不通家法，科学玄学；语无伦次，中文西文。"

陈寅恪极善幽默。有一天，他对清华大学国学研究院学生说："我有个联句送给你们：南海圣人再传弟子；大清皇帝同学少年。"在这里，学生是指梁启超、王国维的学生，他们是康有为的再传弟子，也是溥仪的同学。

陈寅恪重视"三通"（《通典》《通志》和《文献通考》），"三通"的序文他都能背诵。

陈寅恪认为，《再生缘》是古代弹词体小说中的"空前之作"，而其作者陈端生也是"当日无数女性中思想最超越的人"。其理由是，封建社会里，在政治上、社会上有极高地位的宰相、状元是男性专占；然陈端生竟让一个女性获得，表现了"女子不劣于男"的思想。

陈寅恪在70岁时曾说："中国书虽多，不过基本几十种而已，其他不过翻来覆去，东抄西抄。"

## 梁漱溟：中国最后一位大儒

梁漱溟（1893—1988），蒙古族，广西桂林人。20世纪中国著名思想家、哲学家、教育家、社会活动家，国学大师，爱国民主人士。主要研究人生问题和社会问题，新儒家早期代表人物之一，有"中国最后一位大儒"之称。受泰州学派影响，曾发起"乡村建设运动"，并取得可以借鉴的经验。

梁漱溟渊博的学问基本上来于自学，得力于报刊。他自报刊引起对书评的兴趣，然后把原书找来细读。梁十四五岁时喜读梁启超文章，其父说："真是像极了我的少年时代，值得嘉奖。"因此送梁一"肖吾"的字号。

梁漱溟20岁写《社会主义粹言》一书，内容分为10节，计1.3万字，亲手刻于蜡纸，油印数十册赠人。梁谈做学问："要回头看自己，从自己的心思、心情上求其健全，这才算有真学问。"

梁漱溟报考北京大学未被录取。他在《东方杂志》发表了一篇讲佛教哲学的文章《究元决疑论》。蔡元培以为是一家之言，破格请他来北大任教，讲印度哲学。

梁漱溟谈起诸葛孔明，曾动容地表示："我平素非常崇拜诸葛亮，爱他的谦虚。一般人都认为他很有智巧，其实他很谦虚，愿意听人家指责他的话。

谦虚谨慎是最可贵的品质，一个人自以为聪明，了不起，那就不行了。"

梁漱溟在清华大学演讲时，对胡适的《中国哲学史大纲（上卷）》下此评语："那本书在表面上好像是有一点儿价值的哲学书。"

梁漱溟精通孔孟之道，他断然否定中国传统文化里有妨碍现代化的成分。他说："孔孟学说是非常开明的，只因为历代相传，传了就有惰性，形成礼教，才失去了朝气。如果按孔孟本人训诂，则不是这样。"

1917年梁漱溟出任北大讲师的时候，完成了他的巨著《东西文化及其哲学》。他在这一时期显露出入世济人的心怀，称"吾辈不出如苍生何"。他把解决中国问题的重点落实在社会改造上，他想出的办法是"乡治"。

梁漱溟终身不坐人力车。据他自己说，是因为年轻时碰见一个老人拉着人力车，内心感到痛楚难忍。

梁漱溟曾杜门研佛3年。信佛的梁有自己的规矩，抗战时曾带着学生深入前线。他写信给儿子称："时人说一不怕苦，二不怕死。此行盖践之以。"

抗战时梁漱溟在桂林结婚。梁谓此次结婚，"似得一个不设防的城市，忽然间被人攻入了。"结婚之日，国立桂林师范学院教务长林砺儒赠以贺联："随大师垂帐受经，太璞而今成玉琢；得天女散花护法，名城从此固金汤。"

梁漱溟耗时最长的志业在于沟通中西文化。"为往圣继绝学，为万世开太平。"1955年7月梁开始写《人心与人生》自序。据其子回忆，这年初夏父子同游北海公园，家父说起他即要动手写的《人心与人生》，以平静而深沉的声音说："这本书不写出来，我的心不死！"书完成以后，他在给朋友的信中说："今日可死而轻快地离去。"

在对梁漱溟的人生素描中，人们看到最多的词儿，往往不外乎"自负、固执、清高、不群"之类。似乎他身上最惹眼的，即那股儒家遗老的傲慢和孤僻劲儿。

# 吴宓：中国比较文学之父

吴宓（1894—1978），陕西泾阳人。现代著名西洋文学家、国学大师、诗人。与陈寅恪、汤用彤并称"哈佛三杰"。曾任东南大学文学院、清华大学国学研究院、西南联合大学外文系教授，1941年当选教育部部聘教授，1950年起任西南师范学院历史系（后为中文系）教授。他是清华大学国学院创办人之一，学贯中西，被称为"中国比较文学之父"。

由于胡适倡导白话文，而吴宓创办《学衡》杂志，一意捍卫国学和文言文，对胡意见甚大。有一次，两人在一个聚会上相遇。胡戏问："《学衡》最近有何新阴谋？"吴立即回敬道："欲杀胡适耳！"

吴宓在《论新文化运动》中说："今欲造成中国之新文化，自当兼取中西文明之精华而熔铸之、贯通之。吾国古今之学术、道德、文艺、典章，皆当研究之、保存之、昌明之、发挥而光大之。而西洋古今之学术、道德、文艺、典章，亦当研究之、吸取之、译述之、了解而受用之。"

1935年吴宓称所爱读之书是《亭林诗集》《耶稣传》等4部。他说："我出版的《吴宓诗集》，我之性情行事，一切都具其中；而我所以爱读这4部书，亦可以该诗集为之说明。"

抗战前夕，清华大学因敲钟全校听不到，即改放汽笛。为此吴宓上书校长，长达数千言，内称："其音复复，其声惨惨。"

吴宓和汤用彤在云南蒙自同住一室，两人常下围棋。由学生画一个棋盘，买了200个白钮子和200个黑钮子，就在床铺上展开大战。

吴宓在昆明西南联大任教时爱上了一位非常漂亮的女生。有一天，吴去宿舍拜访这位女生。女生问："谁呀？"门外，吴宓学着小生的声音回答："吴宓来也。"女生懂了，故意大声说："不在家。"而吴仍然是小生唱戏的语调："吴宓去也，明日再来。"女生不客气地说："讨厌。"吴忙回："岂敢！岂敢！"然后哼着唱戏的调子走了。

昆明曾发生一起一对青年情侣双双服毒裸体死在床上的事件。一般人闻之，莫不引为笑谈。独吴宓知道后热泪盈眶，喃喃叹说："真美，真美……"

吴宓专作旧诗，但不反对别人作新诗。他只反对放弃一切规律而作诗。他说："新诗可作，旧诗亦可作。"

吴宓主张毕业论文不必多花心思考虑，而看书尤为要紧。他在一学生作业上批注："君毕业在即，转瞬服务军中，相聚之日无多，盼多置疑问难，毋负师生相迎之因缘也。"

吴宓称其追慕的中外诗人有六，其中国内的3人是杜甫、李商隐和吴梅村；西方的3人都是英国人：拜伦、安诺德、罗色蒂。

吴宓用大圈套小圈的方式比喻宇宙、社会、人生，其最内的一圈即《红楼梦》的微观形态。他认为此书涉及天人之际，可以"一颗沙粒看世界"。

# 钱穆：中国最后一位士大夫

钱穆（1895—1990），江苏无锡人。我国学术界尊之为"一代宗师"，更有学者谓其为"中国最后一位士大夫"。与吕思勉、陈垣、陈寅恪并称"现代中国史学四大家"。1930年因发表《刘向刘歆父子年谱》成名，被顾颉刚推荐而聘为燕京大学国文讲师，后历任北京大学、北平师范大学、西南联大、齐鲁大学、华西大学、四川大学、云南大学、江南大学教授。1949年南赴香港，创办新亚书院（今香港中文大学）。1967年迁居台北，任中国文化学院（今中国文化大学）史学教授。

钱穆9岁即能背诵《三国演义》。有人要他背"诸葛亮舌战群儒"一节，于是他边背诵边表演书中人物语气及动态。他12岁时国文老师顾子重对他说，如果要有进益，必须学韩愈文。故钱一入中学即时时诵读韩文，后成大家。他说："余之正式知有学问，自顾此一语始。"

钱穆自学成材，对苦学者深表同情。但他表示："我不愿做一个苦学成功的模范。我不愿给社会上或是青年人一个印象，就是可以不进学校。"

钱穆青年时在《燕京学报》发表《刘向刘歆父子年谱》，指出康有为《新学伪经考》有28处不通；并因此纠正刘歆伪造群经之说，证明《左传》《周官》都是先秦旧籍，非刘歆伪造，受到胡适称赞。

钱穆的代表作《文化学大义》，是他1940年在台湾省立师范学院两小时之讲演稿稍加润饰而成。

钱穆以3天10堂课之讲稿，稍加修改而成《民族与文化》一书。钱之《清儒学案》是在齐鲁大学国学研究所时所撰，以8个月时间完成80万字，但原稿已在长江旅途中遗失，今仅保留其序目。

抗战时期五华书院在昆明创办。钱穆说："学院好似一棵大树，由根发起，成长甚慢，不似草花，不到一月就青葱满目。但是这株树之长大，还要赖同仁心血、汗水来浇灌。"

钱穆在北大教书时，送给选读古代史的学生人手一册自著《老子》。他说老子并无此人，什么"河上丈人""荷蓧丈人""老莱子"等都可以说是老子。

钱穆上古代史课，所列参考书只有《史记》和他自著《先秦诸子系年》。他提出《史记》要精读，但又指出书中的不足之处。

钱穆自称生平最敬佩3个人：诸葛亮（谨慎）、王阳明（知行合一）、曾国藩（通经致用）。钱最尊崇的中国史学界教授是柳诒徵。钱认为，柳对史学研究的成就，是充实而有光辉的。

钱穆极推崇唐文治创办的无锡国学专修学校。他说，办学若不办出个独特风格，充其量不过是商务印书馆、中华书局的教科书推销员，那是没有意思的。

钱穆读日本龙川资言《史记会注考证》，发现日军侵华作战路线多据顾祖禹《读史方舆纪要》。

钱穆治学方法既讲考据又讲通义。中年以后他常批评考据，批评学人为考据专做钻牛角尖的工作。

钱穆于孔学很有研究。他说："中国学问，不是只凭一点浅近的逻辑所能理解。比如说《论语》中讲仁，你把所有讲仁的话归纳、排比一起，就可以给下个定义，但那能算懂得了仁吗？"

革命首摰

# 康有为：近代改革的先驱

康有为（1858—1927），广东南海人。晚清时期重要政治家、思想家、教育家、资产阶级改良主义代表人物。1891年在广州设立万木草堂，收徒讲学。1895年得知《马关条约》签订，联合1300多名举人上万言书，即"公车上书"。1898年开始戊戌变法，失败后逃往日本，自称持有光绪帝衣带诏，组织保皇会，鼓吹开明专制，反对革命。辛亥革命后，作为保皇党领袖，他反对共和制，一直谋划溥仪复位。1917年和张勋发动复辟，拥立溥仪登基，不久即在北洋政府总理段祺瑞讨伐下宣告失败。

康有为以其所著《广艺舟双楫》自负。当杨守敬即席指出其中几十处错误时，康佩服不已。

康有为写长条，从不在他人名下写"正之""教之"之类客气话，乃以为他人皆不够格。

戊戌变法失败，康有为逃往日本。香港《中国日报》记者丁禹辰在"谐部"版作诗讽刺："戊戌翻新政，飞鹰追老康。清廷唔讲理，英国大帮忙。……若非煤炭尽，圣道久沦亡。"

戊戌政变后，康有为逃至日本神户。有华侨梁渭子娶妻，康出一趣题，先写"司月二大，旦牛住了"8字，请新娘在第一、二、三、五字上各加一竖，第四、六、七、八字上各加一横,再对客人朗诵一遍。原来是:"同用工夫,早生佳子。"

康有为替广州、肇庆水灾写字义卖,每天求书者二三十人。康让刘海粟每天临摹对联十余副,由他选定,凡认可的,则加盖"康有为","维新一百日,出亡十六年,三周大地,游遍四洲,经三十一国,行四十万里"等两印章。

1917年康有为到洛阳,送一副对联给吴佩孚拍马屁:"告过则喜,闻善则拜,若诸葛之公明,了专集思,庶广益哉;好问则裕,自用则小,如周公之才美,使骄吝不,足观也矣。"但吴并不欢喜。有人回一对联:"国家将亡必有;老而不死是为。"横额为:"兽而康。"

康有为自称"文圣",称谀吴佩孚为"武圣"。吴在洛阳做五十大寿,康写联贺之:"牧野鹰扬,百岁功名才一半;洛阳虎视,八方风雨会中州。"

其女康同环回忆父亲,说最了解康有为的是粤籍同乡孙中山。他们在政治观念上虽有不同,但两人一直是好朋友,而且互相佩服。

康有为晚年别号"长素",源自孔子尊称"素王",即他想以教主自命。后章太炎对梁鼎芬说,康想做教主,未闻他想做皇帝。人人有帝王思想,本不足怪;但想做教主,则未免想入非非。

康有为晚年以"天游仙人"自居,在杭州丁家山上修造别墅,屋内所有匾额都题有"天"字,如"人天庐""开天室""寥天""别有天地"等。

康有为晚年在青岛,每次去公园散步必携一册《唐诗三百首》,或坐或立,吟哦不止。

康有为一生偏喜到处题字,写字无数。他最喜欢写"开张天岸马;奇逸人中龙"一联。

# 谭嗣同：去留肝胆两昆仑

谭嗣同（1865—1898），湖南浏阳人。近代著名政治家、思想家，维新派人士。其所著《仁学》是维新派第一部哲学著作，也是中国近代思想史上重要著作。早年在家乡湖南倡办时务学堂、南学会等，主办《湘报》，又倡导开矿山、修铁路，宣传变法维新，推行新政。光绪二十四年（1898）在北京参加领导戊戌变法，失败后被杀，年仅33岁，为"戊戌六君子"之首。

谭嗣同从少年时代起就有"剑胆琴心"的雅号。在长沙才常路的"谭烈士专祠"里，曾有一幅谭摄于南京的照片。那年他32岁，外穿月白色长衫，内着玄色武士装，左手叉腰，右手持剑，浓眉俊目，闪闪似电，有一种立如山岳、傲视死神的凛然正气。谭短暂一生中，两剑三琴陪伴他度过了不少苍茫岁月。

谭嗣同的《狱中绝笔》一诗脍炙人口。据黄彰考证，《绣像康梁演义》中所引林旭遇难前所作之诗，实为谭所作："望门投趾怜张俭，直谏陈书愧杜根。手掷欧刀仰天笑，留将公罪后人论。"梁启超为契合保皇活动需要而修改了全诗："望门投止思张俭，忍死须臾待杜根。我自横刀向天笑，去留肝胆两昆仑。"并自解释"两昆仑"即王五和康有为。该诗流传至今，引起学者对"两昆仑"有各种不同的解释。

"去留肝胆两昆仑"中的"去留"，可作死生解。嵇康《琴赋》中有"委天命兮任去留"，陶渊明《归去来兮辞》中有"曷不委心任去留"。无论生还是死，自己都是堂堂正正的中国人！但也有人认为，"去留"不是"去"和"留"两个对比的意思，而是要留下什么。

湘人余德泉撰写对联悼念谭嗣同："壮矣，维新欲杀贼而未回天，终成国恨；快哉，喋血屹昆仑以昭肝胆，长醒吾民。"正是化用了这首《狱中绝笔》的诗意。还有谭的临终遗言："有心杀贼，无力回天。死得其所，快哉快哉"！

在中国历史上，有两个人被誉为"佛学彗星"，一个是东晋时期鸠摩罗什的弟子僧肇，他只活到30岁，却留下了一部经典之作《肇论》，奠定其在佛教史上不可撼动的重要地位；另一位是晚清谭嗣同，他只活到33岁，却赋佛学予现代精神。如果说僧肇是"理论佛学"，那么谭嗣同则为现代人开拓了"应用佛学"的领域，将佛法精神贯注于现实社会，使大乘佛教走出深深锁居的围墙，重现其刚健雄猛的精神。谭生于中华大地千百年来未尝经历之严峻时刻，外辱内乱，蹂躏着流离失所的黎民苍生，而此间此刻，佛法悲悯的关怀，体现在哪些佛教徒身上呢？举目所望，诚令人大失所望。若佛法只是一种心性上的象牙塔，而非体用于社会之改善，那么其鼓吹的平等无差别，势必成为苍白的字眼。谭正是于此种情状下，挥舞佛学之剑，劈荆斩棘、勇往直前地开拓出了一条指向社会人生的佛法之路。

## 秋瑾：心比男儿烈

秋瑾（1875—1907），浙江绍兴人，生于福建云霄，后嫁于湖南湘潭王家。中国女权和女学思想倡导者，近代民主革命志士。第一批为推翻满清政权和数千年封建帝制而牺牲的革命先驱，为辛亥革命做出了巨大贡献；提倡女权与女学，创办《中国女报》，为妇女解放运动的发展起到了推动作用。1907年任绍兴大通学堂董事，拟发动起义，事泄，被捕牺牲。其诗句"休言女子非英物，夜夜龙泉壁上鸣"有巾帼豪气。

秋瑾在北京最惊世骇俗之举是"上戏园子"。当时的宅门女性都是在家中听"堂会"，不可能抛头露面去戏园子，戏园子也不卖"昆客"的票。而秋瑾坐着西式四轮马车去看戏，开创了上层社会女性进戏院的先河。

秋瑾任绍兴大通学堂负责人时，有学生冯翊以她所写"读书击剑"横幅为题，作联送她请教，联曰："击剑尽杯酒；读书挑夜灯。"秋瑾读后，遂将此联改动两字，请他重写一匾，悬挂于己室，联曰："击剑尽樽酒；读书贪夜灯。"

秋瑾嫉恶如仇，平日最看不惯男人蓄妾的陋俗和嫖妓的淫性。据冯自由《革命逸史》所记，当年湘人陈范家中饶有资财，携二妾湘芬和信芳远赴东瀛，红袖添香读洋书，好不惬意！秋瑾哪能看得惯他这副德性？她认为陈范拥妾而骄是玷污了同胞名誉，便极力促成湘芬和信芳脱离了陈范的掌控，从此人身独立。

后来陈范见利忘义，竟将女儿陈撷芬许配给广东富商廖某为妾，又是秋瑾公开反对，使婚事泡了汤。

据徐自华《秋瑾轶事》所记，有一次她俩同游上海张园。小憩品茗时，秋瑾见一留学生挟一雏妓乘车而来，在这花娇柳媚之地，露出一副轻狂放浪之态。她忍无可忍，立刻上前用日语狠狠教训了他一顿。那人还算识相，赶紧灰溜溜地走了。徐静观这一幕，不由得打趣秋瑾横加干预是"子真杀风景"。秋瑾则爽爽脆脆地答道："余如鲠在喉，不吐不快！"

秋瑾初到北京时，人生地不熟，生活也不习惯，常常喟叹："室因地僻知音少，人到无聊感慨多。"后来她又搬去南半截胡同居住，在这里认识了丈夫王廷钧的同事廉泉及其夫人吴芝瑛。廉氏夫妇思想比较开明，崇拜孙中山，且在文学、书法等方面都很有造诣。秋、吴二人很快成为知音。

秋瑾就义前夕，有"秋风秋雨愁煞人"之名句。这实非秋瑾自作，乃从清松江诗人陶澹人之作《秋暮遣怀》中"秋雨秋风愁煞人，寒宵独坐心如捣"而来。

秋瑾遇难以后，人人自保，无人敢为其收尸，中国报馆"皆失声"。其生前好友吕碧城、吴芝瑛等设法将她遗体偷出掩埋。清光绪三十四年，吴芝瑛将她遗骨迁葬杭州西湖西泠桥畔。因朝廷逼令迁移，其子王源德于宣统元年秋将母墓迁葬湘潭昭山。民国元年，湘人在长沙建秋瑾烈士祠。又经湘、浙两省商定，迎送她遗骨至杭，复葬西湖原墓地。

## 徐特立：不动笔墨不读书

徐特立(1877—1968)，湖南长沙人。现代革命家、教育家，"延安五老"之一，毛泽东、田汉等人的老师。1911年参加辛亥革命。早年任长沙师范学校校长、湖南临时议会副议长等职。1927年参加南昌起义。1931年当选为中华苏维埃共和国中央执行委员会委员及教育部部长。1934年参加长征。新中国成立后任中央人民政府委员会委员、全国人大常委。

徐特立9岁时，父兄因愤于不识字受人欺压，凑钱让他去读私塾。他读了6年书，又因无钱，辍学在家，曾随一个和尚学习禅宗。后来他在家劳动，又教私塾。1905年因清政府废科考办新学，长沙办起师范学校，他考入该校读速成班，毕业后当高小教员，又应聘了长沙周南女校。

1907年发生清政府向外国屈辱妥协的教案时，徐特立正在学校作时事报告。讲到激愤之处，热泪如倾，竟拿菜刀把自己左手小指砍掉，蘸着血写了抗议书，写完当场晕倒。这一"抽刀断指"的举动顿时蜚声全省，徐也被当时有进步思想者誉为最具血性的激进人物。

徐特立白天教书，晚上读书。他读书遵循两条原则：一是定量，二是有恒。《说文解字》540个部首，他每天只读两个，不到一年读完。

徐特立在长沙湖南一师任教时，提倡"不动笔墨不读书"，由此改变学生们读书贪多求快、不求甚解的风气。

徐特立后来回忆说："使我对书籍发生兴趣的，是朱柏庐《治家格言》和杨椒山《父椒山谕应尾、应箕两儿》二文。"

徐特立在湖南任教二十余年，爱学生如子弟。他任师范校长时，曾将自己的月薪与校内主任、庶务等同样定为20元，还经常接济穷学生。

田汉入学时买不起蚊帐，徐特立便买了一顶相送。而他却把自己家小安排在乡下，以节省开支。逢假日回家，他要步行往返八十公里。一次查夜时，他发现有新生烂脚呻吟，便亲自打水为其洗脚、上药。此事传出后，一些教师认为太失校长"身份"，学生们却对他更加敬仰。

徐特立一生保持着勤俭朴素的作风。他终生不抽烟、不喝酒；直到晚年每天只泡一杯清茶，喝到深夜都不许换茶叶。他只有一双皮鞋、一套呢制服，而且是在外出活动时才穿上。

1937年在延安，毛泽东在祝贺徐特立六十大寿的信中说："你是我二十年的先生，你现在仍然是我的先生，你将来必定还是我的先生。"这段话成了老一辈无产阶级革命家尊师重教的典范。

# 陈独秀：五四运动总司令

陈独秀（1879—1942），安徽安庆人。近现代史上伟大的爱国者、民主主义者、革命家与改革家、启蒙思想家。先后就读于求是书院、日本早稻田大学。曾任北大文科学长，创办并主编《新青年》杂志，领导五四及新文化运动。1920年前往上海组建共产党早期组织，并发起成立中国共产党。1921年在中共"一大"上当选为中央局书记。1927年脱离中央。1929年因就中东路事件发表不同意见被开除党籍。1931年被推选为中国托派组织的中央书记。1932年被国民政府逮捕，判刑后囚禁于南京。1937年抗战爆发后他得以出狱，先后迁往武汉、重庆等地，最后长期居住于江津。

陈独秀小时候很调皮。有一次，母亲请了一个瞎子来算命。正在瞎子装模作样之际，他故意在屋外大叫："失火了！失火了！"算命先生信以为真，就说"我闻到烟气了，赶紧离开吧"。于是陈大笑起来，说算命先生一点都不灵。

陈独秀性格刚硬。少时祖父领其读书，管教甚严，其常因背不出书而遭受皮肉之苦。然无论如何挨打，他总是一声不哭。祖父为此怒不可遏，不止一次愤怒而伤感地骂道："这个小东西，将来长大成人，必定是一个杀人不眨眼的凶恶强盗。真是家门不幸！"

陈独秀道："青年之于社会，犹新鲜活泼细胞之在人身。新陈代谢，陈腐朽败者无时不在天然淘汰之途，与新鲜活泼者以空间之位置及时间之生命。"

新文化由此发端。青年，从此以崭新的面貌和整体的形象，登上中国历史舞台。

1917年北京大学名师荟萃、人才辈出，互称朱希祖、陈独秀为老兔，胡适、刘叔雅、林公铎、刘半农为小兔。盖朱、陈皆大胡等12岁，俱为卯年生。

1918年北京大学中国哲学门（系）学生毕业，师生们在一起照相。老师们坐在前排，学生们站在后排。陈独秀作为文科学长，恰好坐在梁漱溟前面。照片洗出来后，班长拿去给陈看。陈乍一看，说："照得很好，就是梁先生脚伸得太远了一点。"班长说："这是您的脚。"陈再仔细一看，果真如此，不由得笑了。

20世纪30年代，陈独秀自狱中寄联画家刘海粟："行无愧怍心常坦；身受艰难气若虹。"刘评此联："道我处境，颇为切合。"

晚年陈独秀居蜀，喜欧阳竟无珍藏之《武荣碑》，便以诗代笺去索碑。诗云："贯休入蜀唯瓶钵，久病山居生事微。岁晚家家足豚鸭，老馋独羡武荣碑。"欧阳读后，只得忍痛割爱。后陈胃病复发，痛苦不堪，好友朱蕴山送了他几只鸭子。陈有感于老友厚谊，自叹身世潦倒，遂将原索碑诗略加改动，书赠朱蕴山。诗云："贯休入蜀唯瓶钵，山中多病生死微。岁晚家家足豚鸭，老馋独噬武荣碑。"

# 蔡锷：将军拔剑南天起

蔡锷（1882—1916），湖南邵阳人。近代革命家、军事家，爱国名将。1904年从日本东京陆军士官学校毕业回国，先后在湖南、广西、云南等省教练新军，曾任广西陆军讲武堂总办、云南军政府总督、临时革命司令等职，发动昆明重九起义。1913年被袁世凯调至北京，加以笼络与监视，任全国经界局督办。1915年辗转回到云南，组织护国军，发动护国战争，任护国军第一军总司令。1916年率部在四川纳溪、泸州一带击败优势袁军，迫袁取消帝制。袁死后任四川督军兼省长，同年病逝。

蔡锷7岁应童子试，因路途遥远，人又长得矮小，于是就骑在父亲脖子上前往考场。到了乡里，已过了开考时间，主考官不让他进去。蔡父好说歹说，主考官皱了皱眉头，看着骑在父亲脖子上的小蔡锷，慢声慢气道："考场有考场的规矩。看在你是个小孩的份上，我出个上联，你对得上就进去，对不上嘛，那就抱歉了。"主考官上联云："子骑父做马。"这分明是在拿蔡锷父子俩打趣。小蔡锷不急不忙，稍一沉思，对曰："父愿子成龙。"主考官点头赞叹，于是放他进去了。

有一次蔡锷去买笔。老板见他小小年纪便参加科举，十分高兴，拿着一束笔说："我出个上联，若能对上，这束笔就送你。"老板的上联是："小学生三元及第。"蔡锷摆着小脑袋，对曰："大老板四季发财。"说完拱手作揖，接过笔束，笑嘻嘻地离开了文具店。

蔡锷小时候还用对联形式劝导父亲戒烟，并取得成功。一天半夜的时候，蔡父吸过的烟头引燃了鞋里的棉团，差点酿成火灾。蔡锷发现后把火弄灭，并写了一副对联放在鞋上："孤舟含愤守江烟；霜海摔波沉漏船。"横批："苦魂同蒂。"第二天，蔡父看到此联后非常感动，从此再也不吸烟了。

蔡锷14岁至汉口，适朝廷某大吏将至，全省官员鹄候竟日，奔走趋跄。蔡目睹怪状，吟诗嘲笑："可怜九月初三夜，汗似珍珠腿似弓。"唐人白居易《暮江吟》诗道："一道残阳铺水中，半江瑟瑟半江红。可怜九月初三夜，露似珍珠月似弓。"蔡借用后两句，但改了两个字，即把"露"和"月"改为"汗"和"腿"。

1915年10月初，蔡锷计划跳出袁氏控制，即作出种种假象迷惑袁世凯。他把自己装扮成一个浪荡之徒，打麻将、吃花酒、逛妓院，与云吉班妓女小凤仙整日厮混。蔡家在棉花胡同，妻子、母亲都在身边，对他逃出北京十分不利。他有意利用与小凤仙的关系制造家庭不和的舆论；甚至请袁亲信为自己找房子，声称要"金屋藏娇"。他还经常公开与妻子吵架，妻子趁机带着母亲回了湖南。袁得知情况，觉得蔡堕落成性，昏庸无能，实在不足为虑，戏称他为"风流将军"。此年11月11日蔡逃出北京，到天津又乘运煤船东渡日本，经上海、香港、越南河内，沿途躲过数次暗杀，历尽艰险，于12月19日返回自己大本营云南。袁得知消息后不由得仰天长叹："我一生骗人，不料竟被蔡松坡骗过了！"

护国战争前夕，蔡锷对恩师梁启超说："失败就战死，决不下野；成功就归田，决不争权。"

蔡锷死时年仅35岁。死前他对好友蒋百里感叹道："我们建设国防尚未着手，现代战争已由平面转为立体，我未死于对外作战，死有遗憾。"

## 瞿秋白：我是江南第一燕

瞿秋白(1899—1935)，江苏常州人。革命家、社会学家、散文家、文学评论家。1917年考入北京俄文专修馆学习。1923年主编中共中央机关刊物《前锋》，参加编辑《向导》，任上海大学教务长兼社会学系主任。1925年之后，在中共第四、五、六次全国代表大会上均当选为中央委员、中央局委员和中央政治局委员。1927自编《瞿秋白论文集》。1934年任中华苏维埃共和国中央执委会委员、人民教育委员会委员、中央政府教育部部长等职。1935年2月在福建长汀被国民党军逮捕，6月18日慷慨就义。曾翻译《国际歌》。

1904年，5岁的瞿秋白进入一种开设于家庭、宗族或乡村内部的民间幼儿教育机构——私塾，启蒙读书。翌年转入当地冠英小学。他爱学习，勤思考，作文也写得顶呱呱。曾有一篇作文，先生给了满分；拿给校长看，因字写得好，又加了5分。

瞿秋白翻译《国际歌》，当译到"国际"一词时，总自感不满，因为这个词的外文是长长一串音节，用意译怎么也配不上原谱。最后，他考虑到该词在西欧各国语言都是同音，便采取音译的办法，译为"英特耐雄纳尔"。

瞿秋白在上海大学执教期间，为社会学系设置了近四十门课程，称得上是一个学贯中西、博古通今的教学规划，注重基础知识训练，力求扩大学生的知识面。瞿的课非常吸引学生，喜欢听他课的人不仅有社会学系的学生，也有中文、英文系的学生，还有其他大学的学生，甚至一些老师都愿来听课。由于教室座位有限，室外也站着很多听课的人。瞿讲课时，神态安逸从容，声音高低有致。他为了使大家听明白，引证了丰富的古今中外故事，深入浅出地分析问题。同学们都很认真地做笔记，缺课的学生也非要借别人的笔记抄下来，才去安心睡觉。

女作家丁玲后来回忆说："……最好的教员却是瞿秋白。他几乎每天下午课后都来我们这里。于是，我们的小亭子间热闹了。他谈话的面很宽，他讲希腊、罗马，讲文艺复兴，也讲唐宋元明。他不但讲死人，而且也讲活人。他不是对小孩讲故事、对学生讲书，而是把我们当作同游者，一同游历上下古今、东南西北。我常怀疑他为什么不在文学系教书？他那里讲哲学，哲学是什么呢？是很深奥的吧？他一定精通哲学！但他不同我们讲哲学，只讲文学，讲社会生活，讲社会生活的形形色色。后来，他为了帮助我们能很快懂得普希金语言的美丽，教我们读俄文的普希金诗，在诗句中讲文法，讲变格，讲俄文用语的特点，讲普希金用词的美丽。为了读一首诗，我们得读两百多个生字、文法。对于诗，就好像完全吃进去了。当我们读了三四首诗后，自己简直以为已经掌握俄文了。"

社会学系逐渐成为上海大学最大的系。学校常以社会科学为主题，举办各种课外学术活动。1923年春至1925年上半年，学校举办特别讲座，邀请中外名流李大钊、马君武、胡适、杨杏佛、章太炎、美国学者华德等来校演讲。1924年夏学校举办暑期夏令讲学会。自7月6日至8月31日的8个星期当中，总共有名流、学者35人参加演讲，作了51个学术报告，听众如云，盛况空前。

1932年瞿秋白居上海，偶听"小热昏"卖梨膏糖的说唱，受到启发，写了《东洋人出兵》等说唱文艺作品。"我是江南第一燕，为街春色上云梢"，这是"常州三杰"之一瞿秋白在青年时代写的两句诗。

文坛翘楚

## 鲁迅：俯首甘为孺子牛

鲁迅（1881—1936），浙江绍兴人。著名文学家、思想家、革命家，五四新文化运动重要参与者，中国现代文学奠基人，文化革命主将与旗手。一生在文学创作、文学批评、思想研究、文学史研究、文学翻译、美术理论引进、基础科学介绍、古籍校勘与研究等多个领域具有重大贡献。著述六百余万字，代表作小说《狂人日记》《阿Q正传》，散文《野草》《从百草园到三味书屋》及几百篇杂文，学术著作《中国小说史略》等。

鲁迅少年时代读《七剑十三侠》，因向往"十三侠"，故自号"戛剑生"。少年时代的鲁迅，一次上学迟到了几分钟，便在课桌角上刻了一个"早"字。

鲁迅儿时的课堂名曰"三味书屋"，取自古语"读经味如稻粱，读史味如肴馔，读诸子百家味如醯醢"，是清乾嘉年间书法家梁山舟所写。当时书屋正匾两旁还挂有一副木刻对联："至乐无声唯孝悌；太羹有味是读书。"

青年时期鲁迅有抄书的习惯。起初抄录小本《康熙字典》上的古文奇字，后来抄录《唐诗叩弹录》，还抄录了陆羽《茶经》3卷和陆龟蒙集《五木经》《耒耜经》等书。除了上述古籍，他还抄过《唐代丛书》等。此抄书习惯一直保持到三十多岁。1911年他抄录了两大册《说郛录要》和从大量古籍中抄录出来的六百余张纸条；后来的《古小说钩沉》就是在此基础上完成的。

鲁迅在日本东京弘文学院读书时,正值清廷庆亲王戴振和钦差大臣那桐来日,有东京侨民王惕斋前往迎送。鲁作打油诗以讽:"钦差唤过王爷叫,忙煞新桥独臂翁。"盖王住在新桥,且断一臂,自称"独臂翁"。

鲁迅小说《阿Q正传》中有半句话:"过了二十年后又是一个……"多数人以为是"一条好汉"。日本学者曾田涉曾问过鲁迅本人:"一个什么?"鲁迅说:"一个年轻人。中国社会相信佛教轮回说,人被杀后转世再生,二十年之后又是一个年轻人。不过此事我不敢保证。"

20世纪30年代,上海北新书局曾收到数种以鲁迅代表作《阿Q正传》改编的剧本稿。书局本拟选其一种出版,因鲁迅自己不同意而作罢。后所流行的乃为陈梦韶编,华通书局出版。

鲁迅著译作品达六百多万字。他的手稿大多是用毛笔工工整整地书写的,文中所用删节号都是6点。

鲁迅1915年4月6日日记有:"赠陈寅恪《域外小说》第一、第二集。"但陈向来不谈及此事。他说,鲁迅名气大,谈这些会有攀附名人之嫌。

有人曾请鲁迅写自传。鲁迅回答道:"过去是写过一篇,大概六百字;现在再添上几年生活,也不过七百字左右。"

有一段时期,鲁迅的某些书,在版权页上除印有"版权所有,翻印必究"外,另加盖红色印章"鲁迅"。此为防止盗印,或个别书商不老实之举(多印少报),以维护自己权益。

鲁迅读书有个习惯:"书在手头,不管它是什么,总是要拿来翻一下,或者看一遍序目,或者读几页内容。"想必这就是古人所说的"开卷有益"吧。

有一次,鲁迅对青年作者说:"弄文学的人,只要坚忍、认真、韧长,就可以了。不必因为有人攻击,就悲观。"

孟十还随鲁迅游泳,几次出险。鲁迅笑说:"十还、十还,你的性命委实是从危险中拾回来的,你的名可谓副其实了。"

鲁迅患胃病,经年始愈。因自书一联"病从口入,祸从口出",悬设座右。

鲁迅将小说集《呐喊》编完后，交孙伏园去付印，并拿出200元钱再三叮嘱："印500册好了。"而孙一下子就印了1000册。鲁迅气呼呼地说："印1000册，有谁要呢？"但不出两星期，1000册书即售完，赶紧加印。

鲁迅在北京教书时，曾对学生说："我不喜欢刘备，他好哭，最无用。我喜欢曹操。中国文学史上父子俱是一流文学家的，没有能比得上他们曹家。曹操得罪了明、清的戏曲家，把他编成了一个白脸。"

鲁迅上课时，其铅笔横置右耳上，以备更正讲义中的错字。有时畅谈不止，一小时不动讲义，他的笔仍是放置耳上不动。下课后步行，其笔仍在耳上。

辛亥革命后人多喜研"红学"，而鲁迅却喜读《儒林外史》。他说："我总想把绍兴社会黑暗一角写出来，可惜不能像吴氏那样写五河县风俗一般深刻。"鲁最喜欢的是杜子美诗，只要提出一个题目，他就能背诵全作。

鲁迅与郁达夫交往密切，两人都爱喝绍兴酒，酒后大谈文坛掌故。有时候兴之所致，彼此竟测起八字来，作为休息时的一种娱乐。

1921年鲁迅小说《阿Q正传》开始在《晨报》副刊连载。有读者称之为《阿鼠正传》，原来他们不识英文字母"Q"，以为是拖尾巴的老鼠。《阿Q正传》在报上陆续发表时，有不少人写信提出抗议，因为他们都以为是写他们自己的。

鲁迅《阿Q正传》刚发表时，署名"巴人"。当时主编《晨报》的是四川人蒲伯英，他也是"开心话"栏目主要撰稿者，人们还以为此文是他写的。后有人澄清，并说这样署名无非出于"下里巴人"之意。

《阿Q正传》最初发表时，原是放在《晨报》"开心话"一栏，隔7天一节。还只刊载到一半时，茅盾就发表评论认为它是杰作，说阿Q并不会真有这样一个人，可到处可以碰见这样的人；他是个代表人物，就是所谓"典型"。

美国人埃德加·斯诺常到鲁迅家作客，他翻译了鲁迅的名著《阿Q正传》。鲁还幽默地告诉他："阿Q现在还治理国家。"

叶永蓁曾问鲁迅，为什么阿Q是地地道道的中国人，却要取个外国人的名字呢？鲁迅幽默地说："阿Q光头，脑后留一条小辫子，这个"Q"字不正是他的滑稽形象吗？"

1927年鲁迅编《唐宋传奇集》。其《序例》有："时大夜弥天，璧月澄照，饕蚊遥叹，余在广州。"他解释说，这是刺高长虹的。高自称是太阳，说景宋（许广平）是月亮，鲁迅是黑夜；太阳在追求月亮，但月亮却投入黑夜怀抱中，所以他在那里诅咒黑夜。

1934年《人世间》杂志社给鲁迅写信，说他们辟有"作者访问记"专栏，将刊出作家照片；请鲁接受采访，以书斋为背景，给他照张像，再与夫人及公子合拍一张全家照，一并刊登。鲁迅复信说："作家之名颇美，昔不自重，曾以为不妨滥竽其列。近来稍稍醒悟，已羞言之。况脑里并无思想，寓中亦无书斋，'夫人及公子'更与文坛无涉，雅命三种，皆不敢承。倘先生他日另作《伪作家小传》时，当罗列图书，摆起架子，扫门欢迎也。"

鲁迅投稿，编辑按字数计算稿费时，将标点除去。后又向鲁迅索稿，鲁乃精选一篇无标点之稿送去。编辑不能断句读，乃请鲁迅自标。鲁笑曰："标点固须费事也，何不算稿费？"编辑以后算稿费再也不除去标点了。

1927年许钦文去杭州商科中学任教。时学生们都迷恋包天笑小说。有一次上课，一学生问许："现在中国的大小说家要算是谁？包天笑怎样？"许良久始答："现代中国可以说没有大小说家，勉强说只有鲁迅……等几位。"

鲁迅一生为人正直，从不趋炎附势。他在广州中山大学任教时，上层人物都送帖子请他吃饭，但他拒不赴宴。后鲁迅索性把请帖拿到传达室去展览，并贴了一张纸，上书："概不赴宴！"

北京女子师大校长杨荫榆，因许广平领导学生运动，便侮辱许是"害群之马"。故此鲁迅和许寿裳都戏称许为"害马"。

鲁迅说愿意做"牛"；郭沫若说愿意做牛"尾巴"；茅盾却愿意做牛尾巴上的"毛"，帮助"牛"把吸血的"大头苍蝇"和"蚊子"扫掉。

1932年10月5日，郁达夫和王映霞夫妇同邀鲁迅和许广平夫妇于杭州聚丰园话别。席间鲁迅"凑成"那首"横眉冷对千夫指，俯首甘为孺子牛"的名诗；后于12日书成条幅，赠送柳亚子。诗后鲁题有跋语："达夫赏饭，闲人打油，偷得半联，凑成一律，以请亚子先生教正。"

1936年李霁野在信中对鲁迅建议："应该有个人好好为你写部传记"，"只有景宋女士合适"。许广平赞同，并马上收集材料。鲁起初不同意，"认为自己不值得这样做"，后来说："要写，就坏话也得写。"

1936年10月章太炎去世，赴追悼会者竟不足百人。有人慨叹，中国青年对本国学者不如对高尔基那样热情。鲁迅听说后，扶病写了《关于太炎先生二三事》和《因太炎先生而想起的二三事》两文。但不久后他自己也因肺病去世了。

鲁迅在给朋友的函信中，谈及"硬看"学习法："学外国文须每日不放下。记生字和文法是不够的，要硬看。比如一本书，拿来硬看，一面翻生字，记文法。到看完，自然不大懂，便放下，再看别的。数月或半年之后，再看前一本，一定比第一次懂得多。"

爱尔兰文豪萧伯纳在上海见到鲁迅，说："他们称你为中国的高尔基，但是你比高尔基漂亮。"鲁回答说："我更老时，还会更漂亮。"

前苏联塔斯社中国分社社长罗果夫曾问许广平，在中国，最了解鲁迅的是谁？许回答道："冯雪峰。"

冯雪峰在延安与毛泽东谈话。冯告诉毛："有个日本人说，中国只有两个半人懂得中国，一个是蒋介石、一个是鲁迅、半个是毛泽东。"毛听了哈哈大笑，然后说："这个日本人还不简单，他认为鲁迅懂得中国，这是对的。"

许钦文第一部小说集《故乡》发表时，鲁迅便说："在描写乡村生活上作者不及我，在描写青年心理上我不及作者。"

鲁迅从夏曾佑诗中寻句作联赠友人，"帝杀黑龙才士隐；书飞赤鸟太平迟"，以讽秦始皇焚书坑儒。但联后题跋却称："此夏穗卿先生诗也，故用僻典，令人难解，可恶之致。"

曾有人问鲁迅，为什么喜欢与巴金一道工作？鲁说："巴金做事比别人更认真。"是的，晚年的巴金，在自己书桌上仍放着一本《汉语词典》。

鲁迅用大量心血培育青年作者。许广平亲眼看到他细心帮助青年，"逐字逐页地批改文稿，逐字逐句地校勘译稿，几乎费去先生半生工夫"。

鲁迅还热切帮助工人作者。一次，他收到林克多《苏联闻见录》文稿后，即放下自己《三闲集》的编辑工作，花了好几夜工夫，一字一句校读完林那字迹潦草的文稿，并写了一篇序言。

萧红将小说《生死场》原稿交予鲁迅。它是用复写纸抄誊的稿子，笔迹又粗又蓝，字与字、行与行之间还夹杂着蓝色油墨的斑痕，稿子中还时常出现错别字及用词不当的地方。然而鲁迅仍对萧红写作时"细致的观察和越轨的笔致"感到欣喜。

鲁迅自己掏钱出版了萧红的代表作《生死场》，又为其作了一篇序。鲁说《生死场》"可以扰乱读者的心"。

鲁迅在清末写有文言小说《感旧》，讲述他童年的私塾生活，发表在《小说月报》上。主编恽铁樵在审稿时认为此文能处处传神，还对不少句子加上双圈。

郁达夫最喜爱鲁迅七绝诗"洞庭木落楚天高"，称是鲁迅七绝中压卷之作。他准备请鲁题写装裱挂在书房里，但后来鲁写给他的是另一首律诗。

1933年1月19日郁达夫为鲁迅作诗一首："醉眼朦胧上酒楼，《仿徨》《呐喊》两悠悠。群氓竭尽蚍蜉力，不废江河万古流。"并将书就的条幅亲自送赠鲁迅。

鲁迅逝世时郁达夫曾说："鲁迅的灵柩，在夜阴里被埋入浅土中去了，西天角却出现了一片微红的新月。"

刘大杰称，鲁迅和郁达夫是中国"五四"以来在旧体诗方面最有成就的。

许寿裳评鲁迅诗有四长：使用口语，极其自然；解放诗韵，不受拘束；能采取异域典故；时常讽刺文坛短少。

鲁迅有"东方高尔基"之称，日本人比之为二叶亭四迷，而赵景深说他颇似俄国契诃夫，更有人尊之为"当代施耐庵"。

1938年蔡元培为《鲁迅三十年集》作序，鲁迅的学力"鄙人敢以新文学开山目之,然欤否欤,质诸读者"。其中"然欤否欤"原为"是否有当",由余天民建议改写。

福建《民报》记者曾在报上征答"我所喜爱的文艺读物"。郁达夫的书面回答是:鲁迅的《野草》、茅盾的《子夜》和沈从文的《阿丽丝漫游记》。

鲁迅的《骂杀与捧杀》嘲讽刘大杰标点《袁中郎全集》,但那本书乃是他人因生活无着,借刘之名标点的。为不使朋友难堪,刘不愿道破,宁可自己背着骂名。

鲁迅在厦门大学校长林文庆的家宴上,指着一道青蟹菜,用筷子点点蟹壳,讽刺同在席的顾颉刚说:"顾先生,请考察考察,这是什么世纪的东西啊?"

许寿裳和鲁迅聊天时,问他在《离骚》中最喜爱哪些词句?鲁当即回答了4句:"朝吾将济于白水兮,登阆风而緤马。忽反顾以流涕兮,哀高丘之无女。"

鲁迅为清华大学文学系学生许世瑛(许寿裳之子)读古籍开了张书单,一共12种,并录有简要说明。他说,这些说明"其实是现有较好的书籍之批评,但须注意其批评是'钦定的'"。

鲁迅在指导许世瑛读《抱朴子》时指出:该书"内篇"宣扬神仙方药、鬼怪迷信,是错误的,可不读;"外篇"论述人间得失,臧否世事,有不少正确言论,这就是要读的重点。

鲁迅常对文学青年说,勿在三四流的著作里兜圈子。巴金也曾说过:"精读一本世界名著或权威著作,一生受用不尽。"这与中国古籍所言"取法乎上,得乎其中;取法乎中,得乎其下"的道理是一致的。

鲁迅在小说《采薇》末尾创造了一个"阿金姐",代表万古常新的谣言家,别人以为是她气死了伯夷与叔齐。曹聚仁认为,这是鲁迅揣摩今人心理创造的。后来他读了《文选注引古史考》《金楼子》等书,方知伯、叔被气死确有出处。

吴虞读了鲁迅《狂人日记》后说:"我觉得他这'日记',把吃人的内容和仁义道德的表面看得清清楚楚。"并指出:"吃人的就是讲礼教的,讲礼教的就是吃人的呀！"

鲁迅对译著极为认真。他翻译果戈里《死魂灵》时，书中有一句话："近乎刚刚出浴的眉提希的威奴斯的位置。"他不知道威奴斯出浴的姿势，便翻查了许多资料，才在译文处注明："威奴斯的姿势是，一手当胸，一手置胸腹之间。"

鲁迅喜爱的3位外国版画家是珂勒惠支、梅斐尔德、麦绥莱勒。正是鲁迅第一个把他们介绍给中国读者的。鲁为麦绥莱勒编选木刻连环画集《一个人的受难》，并作了序文；为珂勒惠支编印了《凯绥·珂勒惠支版画选集》，并作序目。

鲁迅在给肖洛霍夫《静静的顿河》写《后记》之前，每天夜里将译本从头到尾一句句地校改。写完《后记》之后，他自己生了一场不算轻的病。

鲁迅为约郁达夫翻译高尔基《一封信》想尽了办法。他在《奔流》1卷10期《编校后记》中说："我运动达夫先生一并译出，实在也不只一次了。有几回，是诱以甘言……有一回，是特地将读者称赞的来信寄去……但至今似乎也终于没有动手……现在索性将这情形公开出来，算是又一回猛烈的'恶毒'的催逼。"直至1931年初，郁才译出这《一封信》。

郁达夫译辛克莱《拜金艺术》，内有名言"一切艺术皆宣传"。鲁迅表示欣赏，且加了一句话："但一切宣传并非都是艺术。"

有一次鲁迅与郁达夫谈及办定期刊物，最难以为继的有两种情形：一种是诗刊，一种是像《论语》专门登幽默的杂志。因为诗与幽默都不是可以大量生产的货物，每期要凑齐一定字数，势必有所不能。

聂绀弩编《中华日报》副刊《动向》。他告诉鲁迅，对其不足千字的文章，稿费每篇3元（一般是千字1元）。鲁说："那我以后给你的文章要越来越短了！"

瞿秋白逝世后，鲁迅邀茅盾、郑振铎编印瞿之遗作。书名由鲁定为《海上述林》，一共六十万字，文艺评论和小说、散文各占一半。名曰"述林"，取"述而不作"之意。出版者署名"诸夏怀霜社"，亦是鲁迅意见，"诸夏即中国，"怀霜"是怀念瞿秋白，因秋白原名"瞿霜"。

叶名琛在第二次鸦片战争时期放弃广州，后当了英国俘虏。其时民间讽刺他是"不战不和不守，不死不降不走"。鲁迅读后，将它改为"似战似和似守，似死似降似走"。

鲁迅旧体诗中有5首借鉴了李商隐名句，即是《无题》"敢有歌吟动地哀"（《瑶池》"黄竹歌声动地哀"）；《惜花》"金屋何时贮阿娇"（《茂陵》："金屋修成贮阿娇"）；《无题》"下士唯秦醉，中流辍越吟"（《念远》"日月淹秦甸，江湖动越吟"）；《无题》"六代倚罗成旧梦"（《咸阳》"六月楼台艳绮罗"）；《偶成》"春兰秋菊不同时"（《代魏宫私语》"春兰秋菊可同时"）。

鲁迅最初不想搞创作，认为现在的人睡在没有窗户的大铁屋子里，外人大声喊叫，醒了的几个人会更痛苦。约稿编辑钱玄同回答："既然有几个人起来，你就不能说没有破坏这铁屋的希望。"鲁迅被说服，开始写小说，第一篇便是《狂人日记》。

鲁迅以为自己的历史小说《不周山》后半部分写得很草率，决不能称为佳作，故在《呐喊》再版时删去了。

有人曾写信问鲁迅，做文章有秘诀吗？他很爽直地说："如果有的话，文豪传于其子，则世世代代为文豪了。"

鲁迅曾说："杂文有时确很像一种小小的显微镜的工作，也照秽水，也看脓汁，有时研究淋菌，有时解剖苍蝇。"

鲁迅在文章写成之后总要再看几遍，甚至寄出稿件之后还在推敲文字。一发觉不妥，即要求报馆更正。孙伏园在编《晨报》副刊时，往往从鲁迅那里拿到文稿刚回报馆，就按他的电话要求修改某些文字，而且会再次打电话来修改。

## 周作人：谈狐说鬼寻常事

周作人（1885—1967），浙江绍兴人，鲁迅之弟，周建人之兄。近现代作家、学者。历任国立北京大学教授、东方文学系主任，燕京大学新文学系主任、客座教授等职。新文化运动期间是《新青年》重要同人作者，并曾任《新潮》社主任编辑。五四运动之后，与郑振铎、沈雁冰、叶绍钧、许地山等人发起成立文学研究会；与鲁迅、林语堂、孙伏园等人创办《语丝》周刊，任主编和主要撰稿人。

周作人常对人说："当你给人家看不起的时候，你可采用两种办法：一是用老庄的方法，便是自己知道是真金，别人却当你是泥块，你毫不辩解，让他永远迷糊下去；一是用孔孟的方法，便是你设法将自己擦得光亮些。"

张友鸾与崔伯苹结婚，两人姓氏与《西厢记》中男女主人公相同。周作人所赠条幅用了其中唱词："一个是文章魁首，一个是仕女班头。"张恨水贺诗有句："银红灯下双双拜，今生完了西厢债。"

周作人教书时，只管自己在台上念讲稿，下面的学生可任意写情书、打盹儿，与讲课者"风马牛不相及"，但是他给学生打的分数倒很高。

周作人珍藏线装书《越谚》，在扉页上盖"苦雨斋藏书印"及"会稽周氏所藏"章外，还用毛笔在书眉上写下"昨日过北海，悠然见南山"之句。

周作人偏好民俗学。他在《须发爪序》中说："我是一个嗜好颇多的人……但有一样东西我总是喜欢，没有厌弃过，而且似乎足以统一我的凌乱的趣味，那就是神话。"

周作人作自寿诗，多人和之，连以终身不作诗自许的钱玄同亦有和诗。刘半农认为这是破天荒的盛事。刘以为周诗虽好，却撒了一大堆谎：不会作画，也从不写草字，"画蛇"之谓何；玩骨董"有些瞎吹"；"种胡麻"更非事实；"寒斋"不寒；"苦茶"不苦，你若去吃，定是三炮台香烟和法国面包房点心。

周作人曾说，旧文学中有许多字在现今仍有利用价值。好像一串朝珠，我们把它拆散，仍可作新的装饰。现代作家中的俞平伯，就是最善利用拆散的朝珠。

周作人说："我所见3个具有天分的诗人：一个是俞平伯，一个是沈尹默，一个是刘半农。"

周作人讲到中国的文学变迁时说："文学最先是混在宗教内的，后来因性质不同才分化了出来。"

周作人读书破万卷。他说："我最佩服的中国思想家只有3人：一是汉王充，二是明李贽，三是清俞正燮。"

周作人化名"东郭生"，为丰子恺之画写《儿童杂事诗》多首，其中有"大头天话更番说，最爱捕鱼十弟兄"等句。他说："为儿童说故事，多奇诡荒唐，称曰'大头天话'，即今所谓童话也。"

1904年周作人在江南水师学堂读书时，将《阿里巴巴与四十大盗》以《侠女奴》为名译出（署名"萍云女士"）；他日又译美国亚坡《黄金虫》，取名《山羊圈》（署名"碧景女士"）。

周作人著作等身，晚年提出写论文最高标准：简单。并归纳出8条：（1）简短；（2）简要；（3）真实（立意）；（4）剪裁；（5）简炼；（6）悭吝（手法）；（7）简静（意志）；（8）腴阔（丰神）。

## 许地山：不需无学，不学无术

许地山（1894—1941），籍贯广东揭阳，生于台湾台南。现代作家、学者。1917年考入北京大学文学院，1926年毕业并留校任教。其间与瞿秋白、郑振铎等人联合主办《新社会》旬刊，积极宣传革命。五四运动前后从事文学活动，后转入英国牛津大学研究宗教学、印度哲学、梵文等。1935年应聘为香港大学文学院系主任、教授。在港期间曾兼任香港中英文化协会主席。一生著作颇多，有《花》《落花生》《空山灵雨》等。

许地山年轻时曾在缅甸一个寺庙里研究梵文，两年不出庙门。

20世纪20年代初，许地山、耿济之、郑振铎、瞿世英等同在北京求学，空闲时经常在金鱼胡同东口之青年会图书馆谈天。该馆藏有许多俄国书籍，他们在闲谈时又阅读了大量俄国原版名著，使他们共同产生了翻译俄国作品的热情。

许地山带学生参观北京古迹，只要有问必有所答。不论是神像的一个帽子或是菩萨的一只鞋子，他都能说出所象征的意义。

许地山有许多宗教古物，每年开一两次个人展览会。他的不少古物在北京古物陈列所都无法找到。

许地山在北京十几年，走遍了全城的饭馆，主要是为了调查故都饮食之沿革。

许地山年轻时爱蓄八字胡，但在燕京大学教书期间将其刮净了。于是新闻系所办中英文报大登其刮胡子之消息。那年《燕京年刊》也列入"据说他（许）的胡子捐赠到伦敦博物馆去了"的漫画标题。

许地山初入燕京大学时，被同学们视为"怪人"。其怪有三：天天练习写钟鼎文（其实是梵文）；每日穿下缘毛边的灰布大褂，且不理发，头发留得很长；吃窝窝头不佐菜而蘸糖。由此获雅号"许真人"。

许地山在燕京大学读书期间，满室堆积书籍，由此名其室为"面壁斋"，含意心无二用，目无斜视。他说："这样才能专心致志，武装自己头脑；才能广博知识，明晰道理。"

许地山在燕京大学宗教学院时，住处三壁均为书架，其中两壁书全系他在国外时从博物馆或图书馆抄来的。许研究历史服饰，常带学生赴北京齐化门外东岳庙。他说庙里塑像服饰是宋代的，大都是庶民打扮。

许地山执教燕京大学时，曾多次到北京城里的东岳庙观摹，请同学帮他们绘制72尊泥塑神像。他说，这些泥像虽塑自元朝，但穿戴却是宋朝服饰，而宋以前服饰是与宋相殊不大的。

许地山在燕京大学讲授佛教文学，学生们常嫌上课时间太短。

许地山从不写应景之作。香港某报曾以稿费比别人多一倍相许。许对朋友说："无论这家报馆是2元千字的稿费，即使是1元1字，我也不屑替它写稿。"

许地山曾为学者治学提出看法：不需要就没有学问，没有学问就没有技术。他说："不需无学，不学无术，我想这8个字应为所有学者的金言。"

许地山曾大量搜集"压胜钱"，计划编一册"压胜钱谱"；有一段时期又收集各样不同的门神绘像，准备研究这种民俗。

许地山父亲是丘逢甲好友。后来许在北京印了一种丘之诗集，在游台湾时带了几十本诗集前去，预备送给父执①。但在海关全部被日本人没收了。

许地山和老舍都很健谈。两人经常闲步在英国伦敦街头，一谈就是三四

---

① 父执：父亲的朋友。出处：《礼记·曲礼上》："见父之执，不谓之进，不敢进；不谓之退，不敢退；不问，不敢对。"

个钟头，把别的约会都忘掉了。

许地山在英国牛津大学时，每天在图书馆里埋头读书，被同学们取笑为"书虫"。他说："'书虫'诚然是无用的东西，但读书读到死，是我所乐为。假使我的财力、事业能够允许，我情愿在牛津做一辈子'书虫'。"

许地山认为，做"书虫"要具备5个条件：身体健康、家道丰裕、事业清闲、志趣淡泊、宿慧超越。

1935年香港大学接受胡适建议，聘请许地山出任文学院中国文史学系主任。香港大学开办至此，只有两个内地教授，另一个是医学院的王宠益。

许地山在香港大学任教时曾自制一联："书生薄命还同妾；名士厚颜颇类娼。"

许地山任教于香港大学时，每次课必由妻驾车接回。有次妻因购物迟到，他说："你浪费我许多时间，可又为我节省许多金钱，时者金也，到底我们都没吃亏。"

1939年许地山在香港任燕京大学校友会主席。开会时忘了写报告书，他说："不必写了，我自有办法应付。"他在致词时说："今晚原拟将一年来会务向同学们报告，但最后我决定，多让出时间给校务长谈母校情况为好，会务报告留待下次再开会提出……"

许地山曾向学生们传授写作秘诀，他称之为"三宝"的是：智慧宝，乃天赋；人生宝，即生活经验；美丽宝，说的是语言技巧表现的思想美。

许地山在一次谈话中说，他比较喜欢茅盾、沈从文的作品；郁达夫的感伤颓废，张资平的更不大适合于青年人看。

许地山认为，中国有许多民间故事乃自印度及南亚辗转传入，因而他翻译了《孟加拉民间故事》。

许地山写小说，署名常用"落花生"。郑振铎问他取这名是什么意思？许说："落花生嘛，花不美丽，但结的果实用处很大，很有益。"

许地山逝世，端木蕻良作挽联："未许落花生大地；不教灵雨洒空山。"

# 张恨水：自是人生长恨水长东

张恨水(1895—1967)，安徽潜山人。著名章回体小说家，也是鸳鸯蝴蝶派代表作家，被称为现代文学史上"章回小说大家"和"通俗文学大师第一人"。作品情节曲折复杂，结构布局严谨完整，将中国传统章回小说体例与西洋小说新技法融为一体。更以作品高产出名，他在五十几年写作生涯中创作了一百多部通俗小说，总字数达三千万言，堪称著作等身。

张恨水11岁时就开始读小说《残唐演义》，然而对"洋装"的印得很美的《红楼梦》仅看了两页，不怎么注意。

张恨水24岁在芜湖《皖江报》当总编辑，兼编副刊。他说，那时用剪刀得来的材料比用笔写出的多百分之八九十，所以总编辑只是个纸老虎。

张恨水青年时代爱读书，长恨时间不够用，写第一部小说便自李后主词"自是人生长恨水长东"中取笔名"愁花恨水生"；后觉此名也俗，即更名为"张恨水"。读《木偶奇遇记》时他说，这个故事开头好；通常西方故事开头总是一个皇帝或皇后，然而这里却说是一块木头，这就是动人之笔。他不爱看电影，但对电影《居里夫人》却例外，不仅主动带孩子去看，且对居里夫人详加介绍。

张恨水在《金粉世家》中所写人物众多，于整个小说布局之后还列有一个人物表，把每个人物所发生的故事以极简单的"注"标在表格下。

张恨水编《南京人报》时，有一夜，报已拼版，尚差十余行空白。张即拿笔写了一首打油诗聊作补白："楼下何人唤老张，老张楼上正匆忙。时钟两点刚敲过，稿子还差二十行。"

张恨水好撰联，善对仗，在《春明外史》里即借主角杨杏园作有一联："欲除烦恼须无我；各有因缘莫羡人。"

张恨水说，除写作外，他的消遣主要有3个：（1）收买旧书，尤其是中国旧小说；（2）收买小件假古董，反正是玩物丧志，真假均是摆着看的；（3）跑花儿厂子，四季买点好花。

张恨水向外所寄的小说稿，二十多年里总是用铅笔和复写纸誊成。寄出去的稿子，挑选清楚的一份；而留下那较为模糊的作为底稿，供自己参考。

张恨水认为，中国旧世章回体小说有3个缺点：一是缺少心理描写，《红楼梦》有一些，但还不够；二是缺少写景，《三国演义》中"三顾茅庐"雪景写得还不错；三是缺少细节。因而他就在自己的创作上作了改革。

张恨水最赞赏《老残游记》，称其无论写人、写景，不肯用套话、滥调，总是熔铸新词作实地描写，从这一点可说是前无古人了。

20世纪30年代初张恨水任北平《新民报》总编辑。有一天，他从读者来稿里发现一篇小说，文字朴实无华，内容不落俗套，自己也觉得颇有相形见绌处。于是全文刊登，还亲自撰写按语，称赞它是《新民报》创办以来十余年间难见的佳作，故特向读者推荐。几天后有朋友告诉他，那是抄袭鲁迅的《风筝》，并将载有《风筝》的刊物翻给他看。张读了不禁哑然失笑。

张恨水创作小说《西风残照图》以讽刺国民党当局，其中人名都有含义。如"金子原"，金子就像原子弹，有了金子就可打倒一切，"劫收大员"以此为名，堪称"金子之上"；又如敌伪人物"刘伯同"，抗战胜利后因投效"劫收大员"，仍保持原职，故"刘伯同"者乃"留不动"也。

张恨水名著《春明外史》中之人物也均有所本。如：时文彦（徐志摩）、胡晓梅（陆小曼）、魏极峰（曹锟）、曾祖武（杨度）、舒九成（成舍我）、韩幼楼（张学良）、何达（胡适）、金士率（章士钊）等。

张恨水写作，每当想不出来时，就对着镜子仿照作品中人物各种表情龇牙咧嘴一番，然后动笔一挥而就。

张恨水有十年时间须同时给几家报纸写连载小说，最多时要写7部小说。他在书桌玻璃板下放有几份连载小说的写作提纲，天天就据此提纲续段，通常每天写五千字，多时达一万字。

1932年张恨水任《世界日报》《世界晚报》编辑。北平新闻界举办救济受水灾祸害民众的义演，他在压轴戏《女起解》中饰演崇公道，轰动一时。

抗战期间，面对日本军队的侵略罪行，张恨水十分气愤，乃以"弯弓射日"典故，为自己一本近作起名为《弯弓集》。张在抗战胜利之前写散文用的是毛笔，以后利用报社的破纸头印了稿纸，因比普通纸厚，就改用钢笔了。

张恨水编《南京人报》，适逢英王乔治六世加冕礼，各国特使祝贺。张取唐王维诗句"万国衣冠拜冕旒"，征对上联。应征者踊跃，但无一当选。最后还是他自己对以白居易诗句"六宫粉黛无颜色"，勉强了事。

张恨水为成都《新民报·出师表》撰写小品，讽刺孔公馆主人为贾似道，并作了一副对联："闭户自停千里足；隔山人起半闲堂。"

张恨水记忆力惊人。他49岁时写有一份《儿时书》，说幼年时强记，不少书都会背诵。三四十年后，他仍能背诵《论语》四成，《孟子》三成，《左传》《千家诗》《古文观止》各两成。晚年中风，记事不清，却仍能背《古文观止》中任何篇章之一部分。其子女屡试不爽，惊为奇事。

## 郁达夫：出卖文章为买书

郁达夫（1896—1945），浙江富阳人。现代著名作家、诗人，革命烈士。新文学团体"创造社"发起人之一，一位为抗日救国而殉难的爱国知识分子。在文学创作的同时，他还积极参加各种反帝抗日组织，先后在上海、武汉、福州等地从事抗日救国宣传活动。其代表作有《沉沦》《故都的秋》《春风沉醉的晚上》《过去》《迟桂花》等。

郁达夫从少年时代起就养成了看书的好习惯。他曾对人说，有3部书于他产生了特别大的影响：一部是《吴诗集览》；一部是《庚子拳匪始末记》；一部是《普天忠愤集》。

郁达夫早在嘉兴府中学读书时，就把那时做成的五言、七言诗句写满了一册作文簿。这是郁写作旧体诗的开始。

郁达夫《薇蕨集》目录虽有题辞，书中却不见辞文，那是因文中嘲讽了当局高压政策而被抽去。这篇文章后经郁自己改题为《薇蕨集序》，编入1933年出版的《断残集》。

郁达夫主持《论语》杂志后，在封面题上李商隐诗句："可怜夜半虚前席，不问苍生问鬼神。"

郁达夫曾说，真正指示他做旧诗词门径的，是《留青新集》里的《沧浪诗话》

和《白香词谱》。

1936年郁达夫初至福州，便找来《福州便览》和福州地图，从中查得全城有多少公私图书馆和藏书品种。他将住处选择在乌山图书馆附近，以便看书。

郁达夫曾把"创造社三杰"——自己和郭沫若、成仿吾比喻为《三国演义》中的刘备和关羽、张飞。

郁达夫在新加坡期间，应韩槐准邀请到他的"愚趣园"去吃红毛丹（古名"韶子"）。郁达夫题诗题联，联云："其愚不可及；斯趣有所为。"

郁达夫在福州《华报》宴会上说："闽中有四美：一温泉、二山水、三少女、四饮食。"

郁达夫在浙江省图书馆发表演说。陈训慈介绍："我想诸位定想看看郁先生的风采。"郁演说完了后，俏皮地说："我不是梅兰芳。如果诸位只来看我的风采，那包你会失望。"

郁达夫闲居杭州时，有天偶到上海，与友人孙俊才赴汉口路"马上侯"酒店小饮。两人酣酊之际，戏作顺口溜七绝四首（蝉联体）："闲处无聊上酒楼（郁），长于人影夕阳收（孙）。小窗光暗灯来早（郁），佳味三盘酒一瓯（孙）。""佳味三盘酒一瓯（孙），暂消旧闷与新愁（郁）。眼前多少贪杯客（孙），谁是当今马上侯（郁）？""谁是当今马上侯（郁）？芸芸冠盖鼓神州（孙）。炎黄后裔多英俊（郁），淬砺吾侪能出头（孙）。""淬砺吾侪能出头（孙），惊涛骇浪暂同舟（郁）。平生抱负应舒展（孙），赤胆忠心为国谋（郁）。"

抗战时期，郁达夫孤身远往新加坡从事抗日救亡宣传工作。为表达对郁的思念之情，经老舍提议，重庆诸文友写出联句《寄慰达夫》："莫道流离苦（老舍），天涯一客孤（郭沫若）。举杯祝远道（王昆仑），万里四行书（施谊）。"郁在新加坡收到诗笺，即依韵作答五绝一首："万里倦行役，时穷德竟孤。关门无令尹，谁问老聃书。"

郁达夫和刘海粟在新加坡时，有一夜刘画了一张《松竹梅石图》，郁奋笔写上一绝："松竹梅花各耐寒，心里如石此盟磐。首阳薇蕨钟山蓼，不信人间一饱难。"

郁达夫《沉沦》出版后,招来多人指责。郁听后说,不曾在日本住过的人,未必能知这书的真价;对于文艺无真挚态度的人,没有资格批评这书的价值。只有周作人为他辩护,将此书定为艺术品,与《留东外史》有异。经他评定,众论翕然而定,而郁声誉为之日高。

郁达夫小说颇为社会所欢迎,据说苏州青年和尚也多半喜欢看他的书。但也有人认为,这些作品个人主义色彩太浓厚。因此郁说:"百年之后必有人知道我。"

1934年郁达夫在撰写的《自传》中,称自己的诞生是"一出结构并不很好、而且尚未完成的悲剧出来了"。

郁达夫喜欢在旧照片上面题字。曾写有:"照得像片一张,久已陈设在案;这是过去的我,莫当现在的看。"

日本女作家林芙美子笔调奇特独到,文字清新俏丽,为人性格开朗。郁达夫颇为称赞,曾赠以杜牧诗句:"一骑红尘妃子笑,无人知是荔枝来。"

郁达夫熟谙龚自珍,集龚诗题《城东诗草》:"秀出天南笔一枝,少年哀艳杂雄奇。六朝文体闲征遍,欲订源流愧未知。"

郁达夫说,他的小说得力于《石头记》和《花月痕》;他的诗词得力于《桃花扇》和《燕子笺》;他的散文得力于《三国演义》和《水浒传》。而他和西洋文学的接触,最先是受到俄国小说的影响。

郁达夫欣赏黄仲则诗,曾借用其诗句"依旧窥人有燕来"于小说《采石矶》当中。后来梁羽生写小说《折戟沉沙录》时,在回目中也用了这句诗。

郁达夫"出卖文章为买书"。他爱黄仲则的书,连对黄挚友左仲甫"眉批多仲则语"的《念苑斋诗集》亦颇爱重,所以出重价买了下来。他常再买或重买一些书,有的"系因版子清晰可爱",有的是被人借走后未归还,只好再买一本。

# 茅盾：当文学遇见革命

茅盾（1896—1981），浙江桐乡乌镇人。现代著名作家、文学评论家、文化活动家、社会活动家。北京大学预科毕业，建国后曾任中华人民共和国文化部部长、中国作家协会主席等职。他的代表作有小说《子夜》《虹》《春蚕》，散文《白杨礼赞》和文学评论《夜读偶记》等。

茅盾少年时代曾对同学说："我能著作一种伟大的小说，成一名家，于愿足矣！"后果真创作出《子夜》《虹》等优秀小说，成为一代文豪，儿时的理想如愿以偿。

茅盾14岁时，仿《庄子·寓言》写了《志在鸿鹄》篇，以鸿鹄高飞嘲笑仰看的猎人。他又自称"德鸿"，借鸿鹄以诉抱负。

矛盾原名沈雁冰，在写完《幻灭》后，他因遭通缉不能用真名发表。《小说月报》编辑叶圣陶临时在其署名"矛盾"上加一草头，成为"茅盾"而发表。此后"茅盾"即成了沈的笔名，相反其真名反倒少人所知。

早在1919年时茅盾就已开始注意俄国和苏联文学的动态。他为商务印书馆《学生杂志》写的一篇题为《托尔斯泰与今日俄罗斯》的评论，探讨了俄国革命的起因。

1919 年茅盾用"冯虚女士"笔名为《妇女杂志》撰写了很多文章。友人问他为什么要用女性笔名？他说："'冯'者'凭'也；'虚'，子虚乌有；'冯虚'乃凭空虚造是也。"

茅盾在上海编辑《小说月报》，整天忙碌。他说："先是人办杂志，后来就变成了杂志办人。"

有人常说"小说是一面镜子"，茅盾却说："小说不是一面镜子，把东西照下来就算。"

茅盾写小说《子夜》，最初书名曾拟 3 个：夕阳、燎原、野火。曾选用《夕阳》，取"夕阳无限好，只是近黄昏"之意，最后定为《子夜》。茅盾写作时，如果没有因患胃病而被迫休息，导致他可以跑到金融资本家的亲友家中细密考察，《子夜》是写不出来的。《子夜》甫一出版就得到文坛好评。最早的评论文章出于瞿秋白笔下，称《子夜》为"中国第一部写实主义的成功的长篇小说"和"中国文艺界的大事件"。《子夜》手稿能完整无损地保存至今，全赖茅盾二叔父沈永钦，当时他在交通银行做会计。他接到《子夜》手稿以后，就把它锁入了银行所用的保险柜当中。

20 世纪 30 年代茅盾与鲁迅一同寓居于上海，两楼卧室相对。此时茅盾正在创作《追求》，常常深夜失眠。遥望对楼鲁迅，亦深夜灯火通明，他不禁喟然叹曰："亦有失眠似鲁迅，不独失眠是茅盾。"

茅盾创作有历史小说《大泽乡》《豹子头林冲》《石碣》等。他自己认为《大泽乡》写得最亲切，而曹聚仁却称赞那篇以《水浒》结尾为题材的《石碣》。

抗战时期茅盾撰文说，桂林文化市场起到了"大饭桶"的作用。后凤子约稿，他遂在文末加上一联句："饭桶酒囊亦功德；鸡鸣狗盗是雄才。"

## 徐志摩：天空里的一片云

徐志摩（1897—1931），浙江海宁人。现代诗人、散文家。1915年毕业于杭州一中，先后就读于沪江大学、北洋大学和北京大学。1918年赴美国克拉克大学学习银行学。1921年赴英国剑桥大学留学。1923年成立新月社。1924年任北京大学教授。1926年任光华大学、大夏大学、中央大学教授。1930年辞去上海和南京职务，应胡适之邀再度任北京大学教授，兼北京女子师范大学教授。1931年11月19日因飞机失事罹难。代表作有《再别康桥》《翡冷翠的一夜》等。

徐志摩唯一的剧作《卞昆冈》系与陆小曼合作。全戏结构虽出自徐，但是大纲、对白之国语则出于陆。

徐志摩对苍南某茶园撰有一联："三间东倒西歪屋；几个稀奇古怪人。"

徐志摩生前曾把自己的日记喻为"八宝箱"，又称"文学因缘箱"。

徐志摩在光华大学授课，有一次领学生们至荒郊。他自己坐在坟头，学生均坐于荒草间。徐说："这里是小鸟的歌声，那边是微微的春风；这边是烂漫的野花，那边是潺潺的流水。总之，这便是诗。"

赵家璧念书时，向老师徐志摩求教读书的办法。徐说："书是一张'网'。各人都有自己去接近文学宝库的方式与途径。但要记住，你接近的正是一张层层相连、环环相扣的'蛛网'。"

徐志摩讲演、上课有个习惯，就是拿着讲稿当众宣读。他说自己这是模仿牛津大学的方式，并非不会讲演才照本宣读。徐有次上课带来一只很大的烟台苹果，一边吃一边讲。他对学生说："中国的东西并不都比外国差，烟台苹果就是好！"

徐志摩写作态度谨严，不轻易多用一个字。他说每个字有每个字的份量，是"半斤"的地方，用"七两"（旧制半斤为八两）字嫌不够，用"九两"字又嫌过大。因此，他常为了一个字眼反复推敲，将一首诗搁上一两个月。他在《轮盘集》自序中说："我敢说我确是有愿的想把文章当文章写的一个人。"

徐志摩对孙大雨的三百多行长诗《自己的写照》赞赏备至。他在孙赐与自己的《猛虎集》扉页写上"大雨元帅匠正，志摩小先锋赠"，然后回赠给孙。

徐志摩爱龚自珍诗，在《志摩的诗》扉页就集了龚自珍两句诗："瓶里帖妥炉香定，免我童心二十年。"

徐志摩有个笔名叫"黄狗"。1947年由上海晨光出版社出版的《志摩日记》，其中有徐书写的唐代诗人刘禹锡一首绝句，署名"黄狗"。

徐志摩曾戏谓刘半农："我苟飞死，君当为我作挽联。"后成谶言，徐果死于飞机失事，刘撰挽联有："一夕清谈成永诀；万山云雾葬诗魂。"

新月社筹备时，很多人为取不出合适社名感到忧虑。最后还是由徐志摩一时灵感，提出"新月必圆"含意，取名为"新月社"。

徐志摩家悬挂"无爪猫"画。绘者为此题款："志摩多所爱，近复移其爱于猫，余为画猫而去其爪，虑所伤于志摩者也。"查孟济寄以句称："吾辈爱猫宁畏爪，誓随鼠首供销磨。"徐大喜，告杨杏佛。杨亦报以句："记取画像珍惜意，莫负猫爪缉群魔。"为此查又有句寄杨："君自畏猫防锐爪，何妨畜鼠耗前锋。"

上海追悼徐志摩时，徐新久挽联最恰切："轮盘永转，新月长悬，虽死难忘裘丽亚；猛虎未除，翡翠终冷，此恨当伴曼殊斐。"盖此联集诗人作品书名而成。

# 朱自清：宁廉洁正直以自清严

朱自清（1898—1948），原籍浙江绍兴，生于江苏东海，后随祖父、父亲定居扬州。中国近现代散文家、诗人、学者、民主战士。1916年中学毕业并考入北京大学预科。1919年开始发表诗歌。1928年第一本散文集《背影》出版。1932年任清华大学中国文学系主任。1938年任西南联合大学教授。1948年8月12日因胃穿孔病逝于北平。代表作《荷塘月色》《桨声灯影里的秦淮河》等。

朱自清儿时上扬州梅花岭，在史可法衣冠冢前雪地上用小树枝写下文天祥名句"人生自古谁无死，留取丹心照汗青"。朱为林庚《中国文学史》作序称："文学史之研究，得有别的许多学科做根据，主要是史学，广义的史学。"

朱自清原名"朱自华"。1917年报考北大，为勉励自己在困境中不丧志、不灰心、保持清白，他便取屈原《楚辞·卜居》"宁廉洁正直以自清严"中"自清"二字，改名"朱自清"。

朱自清写《谈抽烟》，仅八百字，却花了两个下午。他写文章总是改了又改，决不草率发表。他给《文艺复兴》杂志寄去一篇《好与巧》，才过了几天，又去快信索回修改。朱写作时喜以笔尖沾纸，速度不快，往往要细心斟酌后方才写下，所以定稿后无需多加删减，即成佳作。

朱自清写文章，爱审慎而细推敲。在清华大学时，他每天只能写五百字。而李长之有一天曾写过一万五千字的论文，还外加两篇杂文。朱写稿常有所涂改，都是把口气改得尽量缓和些。在他的文章中很少有"绝对""万分""必定"等字样。

朱自清、浦江清等人相约每周三下午2至5时，在清华园中文系会议室聚集，把《历代诗话》和《历代诗话续编》分人剪贴，另设总论及杂类；均按罗马字母排列，半年后即完成《诗话大系稿本》。

有一年朱自清开选修课《文辞研究》，仅有学生两人，他仍按时上课。他在治学上认真严肃，从不滥竽充数。1934年朱应郑振铎邀请，一个晚上赶写了一篇《论逼真与如画》，其材料依据《佩文韵府》，因来不及检查原书，就在文章后面写明是"抄《佩文韵府》"。朱原系哲学系学生，故他后来写的文章，章士钊说夹有很多佛经内容，原来朱乃拟佛典而作。

朱自清求知欲极为浓厚。据其同事罗常培称："一事不知，马上登记在小本儿或卡片上，逢人便问，绝没有强不知以为知的态度。"

1921年除夕叶圣陶与朱自清促膝长谈，点起两支白蜡烛。朱随即写了只有3行的短诗《除夕》："除夜的两支摇摇的白蜡烛光里，我眼睁睁瞅着，1921年轻轻地踅过去了。"

抗战初期，《大公报》刊载两条似乎是并排在一起的广告：一条是郁达夫找妻子王映霞；还有一条是朱自清找儿子。朱那条用的是文艺写法，极为动人。

朱自清有一篇两千多字的稿子，缺掉最后一句，排字工人将这纸片遗失了。校对的人要熊佛西补作，熊要他们先印出。后来朱去信问这最后一句"哪里去了"，在得知原委以后，又写信与熊，希望补登此句。

朱自清对教学十分认真，他对学生作业格式有具体规定：作业本第一页要空下来，把一学期的作文题目依次写下，并注明起讫页数，以便查阅，就像一本正式出版之书的《目录》一样。朱对学生作文总是竭力推崇，而对同辈作品却常用一惯说法："不，不好。"

朱自清在西南联大时对学生热情鼓励，但并不轻易称许，往往为一个问题与他们争得不可开交。他曾风趣地对学生说："你们不易说服我，我也不易说服你们，甚至我连我的太太也说不服，虽然民主的精神在于说服。"

朱自清曾为清华大学第十级级歌作词。他是先见了谱，再根据曲谱来填词的，其精通音律可见一斑。

朱自清《荷塘月色》中提及蝉，但有人说蝉在夜晚是不叫的。他在请教了昆虫学家之后答复说："我们往往由常有的经验作推论。例如有些蝉子夜晚不叫，便推论到所有蝉都夜晚不叫。"

朱自清在《旅英杂谈》中说："有许多名著，初读往往大失所望。我读莎士比亚《哈姆雷特》，曾经开卷数次，每次都是中途而废。但看了福圣股生扮演，才领悟其好处。"

朱自清在《小说月报》发表处女作《别》之前，将此文改了又改。有人问他为什么要这么仔细，他说："怕遇到别人的指责。"

朱自清将书屋命名为"犹贤博弈斋"，取研究学问还是比赌博下棋好之意。

朱自清晚年在书案玻璃板下压有纸条，上书："但得夕阳无限好，何须惆怅近黄昏。"这显然是对李商隐名句"夕阳无限好，只是近黄昏"的反弹琵琶。

朱自清死前唯一的遗嘱，就是对妻子说不要接受美国救济物资，因为他已签过名拒绝美援。朱逝世后，许德珩写挽联："教书三十年，一面教，一面学，向时代学，向青年学，生能如斯，君诚健者；存留五一载，愈艰苦，愈奋斗，与丑恶斗，与暴力斗，死而后已，我哭斯人。"

朱以《背影》盛名，他逝世后，报上的大字标题如此写道："一代文宗溘然长逝，朱自清《背影》去矣。"

## 郑振铎:第一位食蟹的人

郑振铎(1898—1958),原籍福建长乐,生于浙江温州。文学家、文学史家、翻译家。1919年参加五四运动并开始发表作品。1932年《插图本中国文学史》出版。1949年后任全国文联福利部部长、全国文协研究部长、人民政协文教组长、中央文物局局长、国家民间文学研究室副主任、中国科学院考古研究所所长、文化部副部长等职。1957年出版《中国文学研究》3卷。1958年10月17日因飞机突然失事遇难殉职。

郑振铎早年好学不倦,但买不起书。他说:"我要看书,总是向人借。"后来在许地山处翻到一本日文版《泰戈尔诗集》,该书吸引了他。许还向他介绍泰翁的《新月集》,就此郑开始译诗。

中国最早翻译列宁著作的是郑振铎。1919年12月《新中国》月刊发表他译的列宁著作《俄罗斯的政党》(现名《俄国的政党和无产阶级的任务》)。

1922年郑振铎主办上海《儿童世界》杂志,一年就进行了3次大改革,刊物以图画为主体。他在短短3个月里亲自为幼儿写了22篇图画故事。

郑振铎创办《儿童世界》杂志,但发刊词分别刊发在比它早几个月出版的《妇女杂志》《文学周报》上,而《儿童世界》却并不登载。

郑振铎编写《文学大纲》,其中日本部分是谢六逸所写,苏联部分是瞿秋白所写。

郑振铎曾在日记中制订一条读书方法：读书毋草率，每读一书必一页一页读过；随有所见，即做札记。

郑振铎《中国俗文学史》中有关敦煌卷子的部分，乃是许地山根据他的需要，到英国伦敦图书馆找来的。因该馆不准携带纸笔入内抄录，许只好先默记，后再凭记忆写下，寄回中国。

郑振铎对中国戏文研究的起源长达七八年，认为它是从印度输入，但无文字依据。后温州古寺发现梵文写本，经陈寅恪辨明是印度剧本《梭康特拉》，方下结论。

郑振铎是中国介绍希腊神话的先驱者。在这之前，很多人都不敢尝试，生怕会得到诽谤，以为一切迷信都是它造成的。郑说自己要成为这个"第一位食蟹的人"。

郑振铎初恋并不顺利。那时他正在北京读书，福建籍同学组织抗日联合会，经常聚集。他自然是每次必到，到则必慷慨陈词。当时全国女子最高学府——北京女子高等师范学校里，以战国"四公子"自许的女高师"四公子"当中，就有3个是福建籍。其中有个叫黄世瑛的，出身于有钱人家，家里既有恒产，又代代做官，她父亲此时正任教育部主事。像她这样的千金小姐，居然也参加爱国活动，还担任了校学生自治会主席，而且又长得很漂亮。在爱国学生运动中，郑对她很有好感。不知从什么时候开始，他觉得只要几天不见黄，便仿佛定不下心来。有时他正好有关于学生运动的事，便闯进女高师红楼去。当时因五四运动的冲击，女高师当局已被迫放宽原先如同监狱看守般的门卫制度。但遗憾的是，由于黄自己的犹豫和她父母的反对，郑长时间处于无可奈何的痛苦中，最终以失败告终。

# 老舍：人民艺术家

老舍（1899—1966），满族正红旗，北京人。中国现代著名作家、戏剧家，杰出的语言大师，新中国第一位获得"人民艺术家"称号的作家。毕业于北京师范学校，曾任天津南开中学、北京一中教员，英国伦敦大学东方学院讲师，齐鲁大学、山东大学教授，建国后任中国作协副主席、北京市文联主席等职。代表作有《骆驼祥子》《四世同堂》《茶馆》等。

老舍的读书原则是："不懂的放下，使我模糊的放下，没趣味的放下，我不能叫书管着我。"

老舍著《四世同堂》，先绘了一幅北平小羊圈胡同全景草图，写了一份有六七十人的人物世系表，然后才动笔写书。

老舍写了长诗《成渝道上》后，有一天与陈子展一起喝酒。沉醉后为陈赋长句相赠，其中有一联句是："漫惊诗得江山助；实以文和血泪书。"

老舍在青岛教书时，有学生问："怎样训练写文章，到什么程度才能投稿？"他说："我劝你多看书，少写作。书看多了，自然会写。写好了，自然人家会把你的文章印刷出来。"

老舍当教师时，每星期有4节课随赵少侯学法文。赵要学生交练习簿，说：

"舒先生也要交。"舒（老舍本姓舒）点了头，第二天上课果然交了作业。

老舍离开南开大学准备出国，致书张伯苓校长："如蒙加薪 5 元，前言即作罢论。"张接信后即发一封快件，并声明马上加薪，但老舍已自沪出洋了。

1924 年老舍到英国伦敦大学东方学院教中文，被尊称为中国语言大师。他却谦虚地说自己不是教中文，而是教洋人说官话。老舍写小说《老张的哲学》《赵子曰》，常把廉价笔记本里写坏了的零页撕下来，在观察时作札记用。

1934 年夏老舍全家三口在青岛海滨嬉乐，并摄有合照一幅。老舍亲笔题诗以志其事："爸笑妈随女背书，一家三口乐安居。济南山水无名士，篮里猫球盆里面。"

老舍常对别人说，作家应该谦虚些，要向厨师学习。因为厨师从来不会听到有人说菜不好吃就板起脸来，让顾客下厨自己动手。

赵景深编《青年界》杂志，向老舍索稿，仿三国鲍超事，大书一"赵"，用红笔圈起来，旁注："老赵被围，请发救兵也。"老舍回信极妙："元帅发来紧急令，内无粮草外无救兵。小将提枪上了马，青年界上走一程。呔！马来。'参见元帅。''带来多少人马？''两千来个字，还都是老弱残兵！''后帐休息。''得令！'正是：旗帜明朗，杀气满山头。"

老舍给冯玉祥主办大众刊物《抗到底》，为此冯对老舍常报以感激话语。而老舍却风趣地说："哪里，哪里，我们走在一起，还不都是为了'抗到底'？再说这阵儿，咱俩也是'俗气'相投嘛！"

老舍用"舒庆春"的原名在英国教学，与房东艾支顿相处极善。老舍回国后，艾出版了《金瓶梅》英译本，扉页上写着"献给我的好友舒庆春"。但他始终不知，他的这位中国朋友，已使用"老舍"的笔名成为世界著名文学家。

陈逸飞戏称老舍为"笑王"。老舍回信说："您封我为'笑王'，真是不敢当！依中国逻辑，王必有妃，王必有府，王必有八人大轿；而我无妃无府无轿，其'不王'也明矣！"

老舍在山东大学讲课，用语不同他人。当他讲到皇帝、大臣或皇宫中人役时，用一种口吻说话；但当他讲到贩夫走卒、市井无赖时，口吻就会变得粗野鄙俗，使听者仿佛身临其境，大有收获。

老舍曾在一个学生纪念册上题写："对事要卖十分力气，对人不用半点心机。"

老舍早年不善与女性交往，所以他较早几部小说中几乎没有女人。老舍也曾云："我怕写女人，平常日子见到女人也觉得拘束。"并承认他的小说中女角都写得不行。

老舍代表作《骆驼祥子》在《宇宙风》杂志连载。与其他连载小说不同的是，老舍是把整个作品写完才拿出来发表，他自谦"没胆子写一点发表一点"。老舍写作喜欢用毛笔，一点一划都不疏忽，写得非常整齐，涂改的地方也用墨涂掉。《骆驼祥子》用的是3种型号的稿纸：第一至第三章用的是国立山东大学合作社每页500字的稿纸，以钢笔书写；第四至第七章用的是青岛荒岛书店每页600字的稿纸，以毛笔书写；第八至第十三章用的也是国立山东大学合作社的稿纸，以钢笔书写；第十四至第二十章用的是老舍自印的"舍予稿纸"，每页728字，用钢笔书写。

《骆驼祥子》是老舍辞去山东大学教职后，作为职业作家第一部作品。他说："这是一本最使我自己满意的作品。"他说，从写这本书起"我开始专以写作为主，一天到晚心中老想着写作这回事，虽然每天落在纸上的不过是一二千字，可是在我放下笔的时候，心中并没有休息，依然是在思索；思索的时间长，笔尖上便能滴出血与泪来"。

老舍有许多"怪"：写了文章，不留底稿；文章在报刊上发表后，不留剪样；日记每天记，就是不记当天写了什么作品；文章到处发，可是不爱出集子。他的文章就像嫁出去的女儿、泼出去的水——出了手就不再管。

老舍书赠汉藏教理院太虚法师一条幅："大雨洗星海，长虹万籁天，冰莹成舍我，碧野林风眠。"诗后附说明："三十年四月，集当代艺术家笔名成小诗。大雨诗人孙大雨，洗君音乐家，长虹、冰莹、成舍我、碧野均写家，万籁天剧导家，林风眠画家。写奉太虚法师教正。"

# 闻一多：斗士·诗人·学者

闻一多（1899—1946），湖北浠水人，中国现代伟大的爱国主义者，坚定的民主战士，中国民主同盟早期领导人，新月派代表诗人和学者。1912年考入清华大学留美预备学校。1916年开始在《清华周刊》发表系列读书笔记。1925年在美国留学期间创作《七子之歌》。1928年出版第二部诗集《死水》。1932年离开青岛，回到母校清华大学中文系任教。1946年7月15日在云南昆明西南联大被国民党特务暗杀。

闻一多在昆明时，以钟鼎文书写"鸟兽不可与同群，吾非斯人之徒与而谁与"以赠吴晗，成为吴墙上唯一装饰品。闻在昆明的书斋名"何妨一下楼"，因他在此研究《楚辞》《诗经》时，常旬日不下楼。

闻一多在西南联大讲课时教导学生："书要读懂，先求不懂。"即先找出难点、疑点、不懂之处。他在讲授唐诗时，经常把自己编选的《全唐诗抄》目录借给学生用。他开设的《庄子》课，新校舍的大教室一连几年挤满了听课的人群。有学生为撰写论文而请教闻。闻说："我劝青年朋友们暂且不要谈创作，先读二十年书再说。"

闻一多写作，所下结论一定要经过好些反证才敢自信，等到经过朋友讨论才敢肯定，再经过一些时间的思考才去发表。他喜欢黑色。1928年出版诗集《死水》时，他自己设计用黑纸作封面，只在中间贴了很小的写有书名和作者名的白纸。

闻一多喜欢焚香默坐的环境，认为那是东方人特有的一种妙趣。他特别欣赏陆游两句诗："欲知白日飞升法，尽在焚香听雨中。"

在青岛时，有书商向闻一多兜售旧书，颇多善本，自言出于长沙王氏。闻问他莫非"复壁藏书"、以身殉书的王某，他连声称诺。闻大喜，与其盘桓数日。后他人说起，此中多是赝品，闻为之茫然。

闻一多认为，中国的文学作品浩如烟海；要在研究上有点成绩，必须学西洋人治学的方法，即先挑选一两个作家来研究，或选定一个时代来研究。

闻一多在清华上学期间，每年暑假回家乡湖北浠水度假，从不轻易出门，充分利用这几个月来读书。他的读书札记分别用中、英文抄写，题为《二月庐漫记》。其书屋也名"二月庐"。他喜爱读书，随时有笔记，看过的书有密密麻麻的眉批，旁人就管他叫"书痴"。他在清华学校念书时，主张一人一名、名号统一，不再用别名、字号等。他便改名"多"。他甚至提出称呼时只呼名不呼姓。但因其为单名，故人仍称他"闻多"。后同学潘光旦建议他加个"一"字，以后他就叫"一多"了。

闻一多在美国留学时，曾对同学潘光旦说："你研究优生学的结果，假使证明中华民族应当被淘汰、灭亡，我便只有先用手枪打死你。"

闻一多最早显露的才华是绘画。他住在北京时虽不搞美术，但居室仍是一个艺术家的装饰。他把屋子全部涂成黑色，镶以金边，自己就生活其间。闻在1927年参加国民革命军，绘制反军阀的宣传画和巨大壁画，还绘了一幅孙中山像。

抗战时米珠薪桂。闻一多兼刻图章以补家用，每天清晨到深夜忙碌不休。有次儿子闻立鹤与他争辩，说他刻图章那么贵还不是发国难财？闻听了并不生气，只说了一声："立鹤，你这话我将一辈子记着。" 闻刻卖图章小启，是浦江清起的稿，骈俪四六，很是典雅，文中有称"程瑶田之长髯飘拂"，指的就是闻。

1938年闻一多从长沙随西南联大到昆明，走了68天。道上不便，留起了美须。就此他宣称：这一把胡须因抗战失利留起，便一定要到抗战胜利才剃掉。

闻一多在抗战时曾与冯友兰相约："不凯旋回北平，终身不剃胡子。"后冯的胡子长可及胸，有"美髯公"佳号。

闻一多蓄着一口大胡子。有一次在昆明参加第五军时事座谈会，吃饭时，主持者推他和冯友兰上座，说两位老先生年高德劭。在座的吴晗插话说，闻德虽劭而年不高，今年他才45岁。

昆明开办"三友"金石书画社，挂的招牌是云南大学胡石予教授的书法，画是张克（李公朴岳父）的作品，图章是闻一多教授的。

1944年西南联大国文学会举办"五四"文艺晚会。主席罗常培说："今天唱压轴戏的是杨今甫，杨先生将到美国讲学。"但在杨讲过话后，闻一多第二次走上台说："今天唱压轴戏的不是杨先生而是我，我研究中国文学二十年，目的就在摧毁这座封建的精神堡垒。"

闻一多和梁实秋在清华时，数学均勉强及格。梁因补修，总算获得通过；闻以为性情不近数学，何必勉强学它？因此数学成绩始终不好。

闻一多于古文字学每有新见。某学生跟他先谈新诗，然后听他讲古文字，不久该生便有文章发表。每当同闻交谈后，此人总有文章发表。还说闻曾有此说，其实是错的。他人问闻，为什么不揭穿？闻只是一笑，不再往下说了。

1945年西南联大等校举办"五四"纪念会议。会开了不久便大雨如注，秩序将乱。闻一多在台上讲话："今天是雨洗兵。武王伐纣那天，陈师牧野的时候，也是同今天一样下着大雨。"学生们被他所说服，顿时秩序井然。

朱自清称闻一多有三重人格：斗士、诗人、学者。说他作为学者的时期最长，斗士的时期最短，然而他始终不失为一个诗人。

闻一多的道路，按吴晗说是曲折、多变的。因此罗隆基笑着指闻说："一多是善变的，变得快，也变得猛，现在是第三变了，将来第四变不知道会变成什么样子！"闻也大笑道："变定了！我已经上了路，摸索了几十年才成形，定了心，再也不会变了！"

## 冰心：有你在，灯亮着

冰心（1900—1999），福建长乐人。现当代作家、翻译家、儿童文学家、社会活动家。先后毕业于燕京大学、美国威尔斯利女子大学。在1919年8月《晨报》上发表第一篇散文《二十一日听审的感想》和第一篇小说《两个家庭》。1923年出国留学前后，开始陆续发表总名《寄小读者》的通讯散文，成为中国现代儿童文学奠基之作。1946年在日本被东京大学聘为第一位外籍女教授，讲授"中国新文学"课程，1951年回国。

冰心幼时学习写小说。第一篇是白话文《落草山英雄传》，写到第三回，因"金鼓齐鸣，刀枪并举"重复了几十次，便写得没劲了。以后又换了《聊斋志异》的体裁，用文言文写一篇《梦草斋志异》，但也因重复"某显者，多行不道"，用了十几次，又觉得没劲，也不写了。

少时的冰心曾获"女才童"美称。一天，先生教她对句。先生曰"春风红杜鹃"，冰心即对"秋霜白玫瑰"。

1924年在美国"杰克逊总统号"轮船上，冰心和梁实秋经许地山介绍相识。他们在船上办了文学壁报《海啸》，事后选了其中14篇诗文寄回上海，《小说月报》发了个专辑。

冰心原名"谢婉莹"。在《晨报》上发表《两个家庭》时始用笔名"冰心"。她说，自己之所以用这个笔名，"一来是因为"冰心"两字，笔划简单好写，而且是莹字的含意。二来是我太胆小，怕人家笑话批评，"冰心"这两个字是新的，人家看到的时候，不会想到这两个字和谢婉莹有什么关系。"

冰心敬仰同为闽籍的爱国将军萨镇冰。她说自己还能背诵萨曾在平汉列车上所作的一首七绝："晓发襄江少未寒，夜过荥泽觉衣单。黄河桥上轻车渡，月照中流好共看。"

冰心丈夫吴文藻因聚神于书，有次外出购货，将点心"萨其马"误记成"马"，又误购了一丈多羽毛纱，且漫不经心将"丁香"误认为"香丁"。冰心父亲说他"真是个傻姑爷"。冰心就此写有宝塔诗："马、香丁、羽毛纱，样样都差，傻姑爷到家，说起来真笑话，教育原来在清华。"在座的清华大学校长梅贻琦当即续笔两句："冰心女士眼力不佳，书呆子怎配得交际花？"

冰心家大门上贴着"医嘱谢客"4个字。但它其实只"谢"过一个人，那就是冰心丈夫吴文藻之学生费孝通。有一次费来访，走到门口看到那4个字，踌躇了一会，就走了。

费孝通系吴文藻学生，于冰心九十寿辰赠以《杂写戊集》。冰心诙谐地介绍道："费孝通生肖属狗，他是文藻得意门生中四条'狗'之一。"

冰心概括自己作品说："我的作品中有甜、酸、苦、辣。'甜'是指《寄小读者》，从我23岁起，断断续续写了将近六十年；'酸'以《分》为代表，那是我看到了社会生活中有阶级的分别；'苦'是十年浩劫；'辣'则是指《万般皆下品》等近十年的作品。"

冰心会客室里挂有梁启超集龚自珍诗的对联："世事沧桑心事定；胸中海岳梦中飞。"那是1925年她留学美国时托人向梁索取的。

## 沈从文：宁可少写，不可滥写

  沈从文（1902—1988），苗族，湖南凤凰人。现代著名作家、历史文物研究者。14岁时投身行伍，浪迹湘、川、黔交界地区。1924年开始进行文学创作，撰写出版《长河》《边城》等小说。1931—1933年在青岛大学任教，抗战爆发后到西南联大任教，1946年回到北京大学任教。建国后在中国历史博物馆和中国社会科学院历史研究所工作，主要从事中国古代历史与文物之研究，著有《中国古代服饰研究》。

  1915年沈从文由私塾进凤凰县立第二初级小学读书，半年后转入文昌阁小学。因沈天性活泼好动且贪玩，常常逃学去街上看木偶戏，书包就藏在土地庙里。有一次他照样把书包放在土地庙，看了一整天戏。戏看完了，别的孩子早已放学回家，他再回到土地庙取书包，才发现书包不见了。第二天他硬着头皮照样上学，刚走到校园里一株楠木树下，就遇见了级任教师毛老师。毛老师罚沈跪在那株楠木树下，大声责问他昨天到哪里去了。沈回答："看戏去了。"毛老师见沈贪玩逃学还如此理直气壮，便狠狠地批评他说："勤有功，戏无益。树喜欢向上长，你却喜欢在树底下，高人不做做矮人，太不争气了！"经毛老师耐心说服教导一番后，沈知耻而后勇，一改以往顽劣脾气，勤奋学习，成绩提高非常快。

  沈从文第一次对书发生趣味、得到好处是5本医书，从中知道鱼刺卡喉时，用猫口涎液可治愈。他第二次对书发生趣味、得到好处是读《西游记》，培养了他的幻想。他说，使我明白与科学精神相反那一面种种的美丽。第三次看的是一部兵书，本来他认为可以世袭云骑尉，但读后有了一个转变，发现自己已没有拘束别人的兴味。沈说："这三种书帮助我、影响我，也就形成我性格的全部。"

沈从文在西南联大任教时，因藏书太多，在客厅和一间书房里都以肥皂箱叠成各式书橱，而每本书都以白纸另作封套，再写上书名和作者。

沈从文为人书写楹联，有时署名用"上官碧"或"上官紫"。

沈从文创作，自称能在一件事上发生五十件联想。他的创作态度十分严肃，很少写应景文章。一次，有人问他对于写作的态度如何？他回答说："写自己所知道的，宁可少写，但千万不可滥写。"

沈从文在上海吴淞中国公学教书时，第一次上讲台，看见台下学生挤得满满的，他涨红了脸，好半天才拿起粉笔，在黑板上写道："我第一次上讲堂，看见你们人多，害怕了。"下课后学生议论纷纷，传到校长胡适耳朵里。胡适笑着说："上课讲不出话来，学生不轰他，这就是成功。"

沈从文经常向相熟的报刊编辑推荐学生习作。为节省邮资，他大都把原稿纸边裁去后再寄出。

1946年湖南遭受特大旱灾。湘籍作家沈从文在昆明报纸上刊登启事，立下心愿，卖字赈灾。启事中写道："湘灾严重，死亡太多。我会写几个草字，想义卖100件，全部作赈灾捐款。"

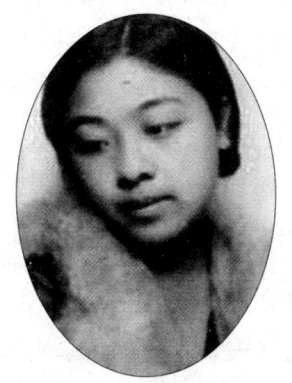

## 丁玲：昨天文小姐，今日武将军

丁玲（1904—1986），湖南临澧人。毕业于上海大学中国文学系，著名作家、社会活动家。1936年11月到达陕北保安（今延安），是第一个到达解放区的文化人。她的到来，给陕甘宁抗日根据地原本力量薄弱的文艺运动增添了新鲜的血液，在中国现代文学史上作出了无法取代的贡献。代表作有《太阳照在桑干河上》。

丁玲早年看了电影之后，要导演洪深介绍她去当电影演员。洪深带了她到电影公司观看《三个摩登女性》拍摄，一会儿她便逃了出去。事后她对沈从文说："那也是生活呀？有那么多人成天胡闹，忙得像把扫帚！"

丁玲原名"蒋冰之"；1921年在新思潮的影响下，废姓，只用"冰之"；后因称呼不便，采用笔划最简的"丁"字为姓，叫"丁冰之"；1925年她想当演员，又与几个朋友在字典里各找一字，她摸到一个"玲"字，从此以"丁玲"为自己的新姓名。

丁玲第一个短篇小说《梦珂》，是叶圣陶1924年在商务印书馆代郑振铎主编《小说月报》时从来稿中发现的，并在《小说月报》上以头条位置给予发表。

丁玲在动笔写长篇小说《太阳照在桑干河上》之前，只写了一个两百来字的"情节概括"和一份十分简单的"人物表"。她说："《太阳照在桑干河上》

我已构思成了,现在需要的只是一张桌子、一叠纸、一支笔了。"该书手稿共有4册,第一册是用草纸订成的练习簿,16开大小,共143页,写着1至28章的内容;第二册为战时缴获来的日本"日记簿",从144页至249页,写着29章至44章的内容;第三册是一本日制账簿,从250页至283页,写着45章至54章的内容;第四册系一银行发送单订成的小簿本,共22页,在其空白处写着55章至58章的内容。

丁玲晚年接见作家殷白、王群生时说:"我原名蒋冰之,可我的真姓并不是蒋而是李,如追宗溯源,我算是李自成后代。"丁老家在湖南常德。据民间传说,当年闯王李自成起义失败后一直南逃,在湖北九宫山并未被当地地主杀害,而是躲到常德石门境内的夹山寺出了家。

# 巴金：我的灵魂为着世间的不平而哭泣

巴金（1904—2005），四川成都人。现当代作家、翻译家、社会活动家，无党派爱国民主人士。出生在一个封建官僚家庭，五四运动后深受新潮思想影响，并在这种思想影响下开始个人的反封建斗争。1923年离家赴上海、南京等地求学，从此开始长达半个世纪的文学创作生涯。建国后曾长期任中国作家协会主席，《收获》杂志主编，完全靠稿酬谋生。代表作有《家》《春》《秋》。

巴金在《灭亡》扉页上写有献辞："献给我的哥哥。"然而，《灭亡》的发表并未增加大哥对巴金的了解，却替他选定了著书的职业。

巴金为他主编的《文学丛刊》写过这样一个广告："我们既不敢扛起第一流作家的招牌欺骗读者，也没有胆量出一套语文范本贻误青年。""不过我们可以给读者担保的，就是这一丛刊里没有一本使读者读了一遍就不要再读的书。"

由三联书店出版的鲁多夫·洛克尔所著之《六人》，其封面上印着"巴金试译"4字。巴金在《后记》中写道："没有能够传达原文的音乐美"，虽花了3年时间译完，却没有"在发印前仔细地校阅我的译文"，于是觉得"对读者，我除了告罪外，别无他话可说"。

巴金在翻译法国作家王尔德童话《快乐王子集》时说："王尔德所爱的东西只有两样：美与人类。"

1928年巴金在法国巴黎写完第一部中篇小说《灭亡》，抄在5个硬皮练习本上，寄给在开明书店的朋友索非。索非又把它转交给了《小说月报》。叶圣陶将小说连载于《小说月报》1928年1—4月号上，使巴金一举成名。

"巴金"这一笔名，第一次使用是在发表小说《灭亡》时。据巴金自称："巴"是为了纪念"一个使我痛苦的在项热投水自杀的姓巴的北方同学"（巴恩波）；"金"则因为"我刚译完克鲁泡特金的《伦理学》前半部"。

巴金谈起自己写作长篇小说《秋》时说："我使死人活起来，又把活人送到坟墓中去。我使自己生活在另一个世界里，看见那里的男男女女怎样欢笑、哭泣。我是在用刀子割自己的心。我的夜晚时间就是如此的可怕。每夜我伏在桌上常常写到三四点钟，然后带着满眼鬼魂似的影子上床，有时在床上我也不能够闭眼。"

巴金写中篇小说《憩园》时，正值抗战期间颠沛流离在前往西南地区的路上。他常常在皮包里放一锭墨、一支小字笔和一大叠信笺。他到了一个地方，便借人家一个小碟子，倒点水，把墨在碟子上磨几下，就写作起来。这部小说，从贵阳旅馆一直写到重庆才写完。

1946年《上海文化》曾请读者投票选举当时国内"最钦佩的作家"，结果前3名是巴金（190票）、郑振铎（103票）、茅盾（51票）。

1947年《大公报》编辑学者与作家特辑，搜集照片却颇费一番功夫，原因是很多人拿不出来。冯至说："近来遇到须贴相片时，都改作打手印了。"钱钟书说："外面寒风苦雨，也实在怕上照相簿。"沈从文是临时从照相簿上将14年前的旧影扯下来充数，巴金是不得已以现成画像代替。

# 谢冰莹：中国第一女兵

谢冰莹（1906—2000），湖南新化人，1921年开始发表作品。她是中国近代史上第一个女兵，也是中国近代史上第一个女兵作家。据不完全统计，谢一生出版的小说、散文、游记、书信等著作达八十余种、近四百部、两千多万字。代表作有《女兵自传》等，相继被译成英、日等十多种语言。其散文《小桥流水人家》被选入2013年人教版实验教科书语文第八课。

谢冰莹（非谢婉莹）年仅5岁就阅读《唐诗三百首》《随园女弟子诗集》和《史记》等书。

谢冰莹21岁参加北伐，沿途以膝为桌，写下著名的《女兵自传》与《从军日记》。该书被译成各国文字后，法国文豪罗曼·罗兰写信对她表示赞赏。

谢冰莹在上海时，看了美国好莱坞电影《翠堤春晓》8遍、《魂断蓝桥》5遍。她说："好的影片我看了永久不会忘记。"

谢冰莹以为，研究儿童心理，除了从事儿童文学创作的专家学者，最适合的，一是小学教师，二是有小孩的家庭主妇。

谢冰莹主编《黄河》杂志，缺文稿，临时请卢冀野撰稿。卢即刻写诗一首："长安倦旅雪中行，香米园西遇女兵。号角诗筒同一吼，黄河从此怒涛生。"

谢冰莹组织"湖南妇女战地服务团"在上海抗日前线支援我军，被誉为"女兵"首领。何香凝有诗赠之："征衣穿入列军中，巾帼英雄武士风。锦绣江山遭惨祸，深闺娘子去从戎。"柳亚子也作一诗云："三载不相见，意气还如旧。歼敌早归来，痛饮黄龙酒。"

谢冰莹除教书和写作以外，还要忙于家务和外出应酬。故齐如山有诗赠曰："做饭洗碗扫房间，铺床铺被洗衣衫。写文改课教儿读，吊贺迎送兼聚餐。慰问访问又探病，讲演开会还上班。诸事日有一百件，学校还将功课担。事事摒挡都井井，写的文章堆如山。这样写作三十载，胜我一百二十年。"

谢冰莹认为有4部译作引导她走向写作，那就是《茶花女》《茵梦湖》《罗密欧与朱丽叶》和《少年维特之烦恼》；而其中最令她神往的还是《茵梦湖》。

# 钱钟书：文化昆仑

钱钟书（1910—1998），江苏无锡人。中国现当代作家、文学研究家。1929年考入清华大学外文系。1932年在清华古月堂前结识妻子杨绛。1937年以《十七十八世纪英国文学中的中国》一文获牛津大学艾克赛特学院学士学位。1941年完成《谈艺录》《写在人生边上》。1947年长篇小说《围城》由上海晨光出版公司出版。1958年创作的《宋诗选注》列入"中国古典文学读本丛书"。1972年开始写作《管锥篇》。1976年参与翻译的《毛泽东诗词》英译本出版。1982年创作的《管锥编增订》出版。

钱钟书原名"仰先"，周岁时"抓物"，得一本书，故其父为他取此名。

钱钟书读小学时，写小楷用墨甚淡，难得有一字能规规矩矩写在方格里。但先生却常以"眼大于箕""爽若哀梨"评述他的文章。

钱钟书少年时爱读张船山、黄仲则的近体诗。陈衍对他说："走那条路子不仅作不出好诗，更严重的是会'折寿'。"从此他改弦易辙，去探索风格高雅的诗路。后来钱爱读李商隐诗，但少年时在气质上佩服项羽。

钱钟书撰述百万言巨著《管锥篇》。据柳存仁考信，钱采用"管锥"为书名带自嘲味，即"以管窥天，以锥测地"之意。

钱钟书读书极快。别人需要几星期或一两个月才背得了的书，他一般只需要一个星期。他读书不用卡片，全凭大脑记忆。他的《管锥篇》《谈艺录》引用中外书籍达四千多种。

20世纪30年代钱钟书在牛津，论文预试考版本和校勘，要能辨认15世纪以来的手稿。他毫无兴趣，因此每天读一本侦探小说"休养脑筋"，结果考试不及格。

钱钟书与夫人杨绛均爱书如命。在五七干校中，杨指着菜园里用玉米秸搭盖的窝棚问钱："给咱们这样一个窝棚住行吗？"钱认真地想了一下说："没有书。"杨说："真的，什么物质享受全都舍得，没有书却不好过日子。"

1932年3月钱钟书在《清华周刊》发表赠吴晗诗："精研博综一身兼，每读高文竟不厌。余事为诗亦妙绝，多材多艺太伤廉。"

钱钟书素以博闻强记名于世。一次，学生吴小如曾为一个洋典故去请教他。只见他把厚厚一本外文书当场信手一翻，要找的内容便如探囊取物，手到擒来。其速度与精确度令人目瞪口呆。

1933年钱钟书大学毕业后，伦敦大学请他到英国讲英国文学。这在伦敦大学历史上是从未有过的。

钱钟书是个"甘于寂寞"的人，他最怕被宣传。小说《围城》出版后，一位英国女士来电约见。他婉言谢绝无效，便说："假如你今天早上吃了个鸡蛋，觉得不错，何必要认识那个下蛋的母鸡呢？"

钱钟书字"默存"，对夫人杨绛自称："拙夫黑犬才子。"盖"默"分为"黑犬"，"存"分为"才子"。

钱钟书被18家电视台列入《当代中华文化名人录》电视片。当他得知被拍摄者有报酬时，淡然一笑说："我都姓了一辈子钱，难道还迷信钱吗？"

钱钟书写《围城》时，杨绛甘做"灶下婢"，包揽劈柴生火、烧饭洗衣等家务。两年里钱"锱铢积累"地写，杨"锱铢积累"地读，读完后夫妇相视大笑。而杨总将自己的小说全部写完才给钱看，钱说好，就算成了；钱说不好，杨就扔下了。

杨绛出版的《干校六记》《将饮茶》《洗澡》等集子都由钱钟书题签。钱还为《干校六记》作序。钱说："《干校六记》写出来,可能要得罪一些人,我写个序,替她分担一半责任。"

钱钟书自称"文改公"。他对自己著作常感不满,他说《围城》"不很满意";他说《宋诗选注》"想付之一炬"。正因如此,对这些早已完成的著作,他老是不厌其烦地补订、删改、修正。

钱钟书对自己要求严格。每写一篇文字,必改了又改。他的《谈艺录》手稿,有人第一次看时已觉得很精彩;谁知隔天再去看时,却被涂抹得面目全非了,以后不知又删了多少次才付排印。据说他还在校样上润色文字。

钱钟书只发表类似札记、随笔性质的著作和单篇论文。他在几十年前就决定不轻易写"有系统的理论书"。有人劝他写部文学概论之类的书,他拒绝了。他说,那种书"好多是陈话加空话",即使写得较好的,也"经不起历史的推排消蚀",只有"一些个别见解还为后世所采取而流传"。

钱钟书的两部学术巨著《谈艺录》和《管锥篇》均用文言文写成,那是"因为都是在难以保存的时代写的"。《谈艺录》写于20世纪40年代上海陷落后的"孤岛"时期;《管锥篇》完成于黄钟毁弃、瓦缶雷鸣的"十年浩劫"时期。

有段时间,许多人以谈中西文化比较为时髦。钱钟书甚为憎恶这种学风,说:"有些人连中文、西文都不懂,谈得上什么比较?戈培尔说过,有人和我谈文化,我就拔出手枪来。现在要是有人和我谈中西文化比较,如果我有手枪的话,我也一定要拔出来!"杨绛指着笔说:"没有手枪,这个也行。"

# 张爱玲：要比林语堂还出风头

张爱玲（1920—1995），原籍河北唐山，生于上海。中国现当代作家。作品主要有小说、散文、书信、电影剧本及文学论著等。1944 年结识胡兰成并与之交往。1973 年定居美国洛杉矶。代表作有《倾城之恋》等。

张爱玲 12 岁时就熟读了《红楼梦》。对于不同版本的《红楼梦》，她根本不用留神看，稍微眼生点的字就会跳出来。

1937 年夏张爱玲从上海圣玛利亚学校毕业。再隔一年，圣校在贝当路美国礼拜堂举行毕业典礼。中学时代就这样结束了！她自己说："中学时代是不愉快的。"毕业典礼那天，汪宏声先生还专门找到她，希望她以后有时间不妨多写写。一直以来，张对汪先生是心存感激的。是汪先生最早发现了她在写作方面的才华，并给了她热情的鼓励，那毕竟是她整个灰色调的中学时代里最富有光彩的地方。几年后张从香港回到上海，见到老同学就问起汪先生的近况，听说他已不在上海。没有机会见到他，张颇感惆怅。

在张爱玲的心中，中学毕业是一件开心的事儿。她感觉自己终于要自由了，离开这个家，奔向自由，奔向阳光灿烂的前程。那时她的想法是："中学毕业后到英国去读大学……我要比林语堂还出风头，我要穿最别致的衣服，周游世界，在上海有自己的房子，过一种干脆利落的生活。"张家死气沉沉，父亲喜怒无常，继母残暴凶狠，已使她无法忍受。她找父亲说出自己的想法，父亲大发雷霆，他最讨厌女人留学，总觉得是"出国留学"破坏了他和前妻黄逸梵（张之生母）的婚姻。所以张留学的事情就暂时搁置了下来。

张爱玲为着去英国留学的理想用功读书，所有功课都是第一名，两年内囊括了港大所有文科奖学金。她还认识了一生的挚友炎樱。张为了像林语堂那样自如地用英文创作，便放弃中文写作，全部用英文练笔，熟读英文书籍，水平大长，渐渐应用如母语。张唯一一次用中文创作，便是她的散文名作《天才梦》，这是《西风》杂志创刊3周年征文比赛的应征之作，但张的佳作仅名列荣誉奖最末位。

张爱玲崛起于1942年，仅仅一两年光景，张就以无比才情和气度征服了在战争浮世中无以聊生的中国人——尤其是"孤岛"中的上海人。张一生之中大部分优秀作品均告完成，发表在《天地》《万象》《杂志》等性质不同却同样有名的刊物上。她"衣不惊人死不休"的照片，被用作上海滩最洋派、最知名的刊物封面。大街小巷的书店、书摊上，炫目地闪耀着她那平凡且带点俗气的名字。这时等待这位年轻女作者的，是一场乱世的"倾城之恋"。

20世纪40年代，张爱玲与胡兰成夫妻俩合办《苦竹》月刊（出了4期）。其封面满幅竹枝竹叶，系出自女友炎樱的手笔。

张爱玲及其女友炎樱在上海开设时装设计公司，两人经常在马路上散步。张将闲谈中炎樱的话编成《炎樱语录》发表。以致常有读者问询："炎樱"是否即张的笔名？

张爱玲写作不同于其他作家，她写文章总喜欢自己动手画几幅漫画插在其中。她的插图跟她的文章一样，寥寥几笔就能将人物的精髓表达出来。她花十年时间考据《红楼梦》，写了《红楼梦魇》。

艺─苑─恒─星

# 谭鑫培：伶界大王

谭鑫培（1847—1917）。籍贯湖北黄陂，生于武汉江夏。著名京剧演员，主工老生，曾演武生。其父谭志道亦是京剧名角，主工老旦兼老生。代表作《空城计》《定军山》等。

谭鑫培有一次出演《黄金台》，他扮演齐国丞相田单。因时间紧张，他匆匆忙忙上了台，却忘了戴冠。观众们正在为他的扮相惊愕不已，只听得谭念起了两句开场道白："国事乱如麻，忘了戴乌纱！"观众们一听，立刻发出会心的笑声，无不为他的机智所折服。这两句顺口溜似的诗，既针砭了时弊，又补上了没戴帽子的错漏。

谭鑫培临急不乱，处变不惊，自圆其艺。在其他演员逢了急难时，他也能凑趣应答，化险为夷。有一次戏班唱《辕门斩子》，扮演焦赞的小青年没戴髯口就上了场。台下一看，顿时大声起哄。演员此时已不能下台改装，急得额头直冒汗珠，只好给扮演杨六郎的谭先生作揖。剧场也很快平静了下来，观众们都瞪大眼睛，想看看事情究竟如何进展，看看谭先生怎么"救场"。谭随机应变，便开腔问话："小小孩童，你是何人？" 谭的问话启发了小青年，他应声答道："启禀元帅，我是焦赞儿子。""你来做甚，叫你父来！"演员这才得以下台，换好行头之后重新上台。

有一次谭鑫培到堂会上演出，唱《文昭关》一出，他演的是伍子胥。伍是武将出身，出场时应腰佩长剑，其唱词有："过了一天又一天，心中好似滚油煎。腰中空悬三尺剑，不能报仇也枉然。"谁知那天管行头的居然稀里糊涂给谭先生挂上了腰刀，而当时谁也没有发现纰漏。谭是上了场以后，正要手抚剑柄开唱，一摸不对劲——剑柄成了刀把。但这时锣鼓已响，只听谭唱道："过了一朝又一朝，心中好似滚油浇。父母冤仇不能报，腰中空悬雁翎刀。"还没等台下省过神儿来，台旁后台就叫起好来。识者无不称赞谭先生应变之机敏，一时被传为佳话。

谭鑫培曾为百代公司灌了《洪羊洞》《卖马》两张唱片。公司给他价值50两银子的报酬，他说："唱了两段戏就要这么大的礼物，真有点不过意。"

1917年谭鑫培溘然逝世。当时闻人杨度作《挽谭供奉》联："国事不如人，寄语衮衮诸公，无端莫学《空城计》；世情都似戏，除此皤然二老（谭），有谁得知上台难。"

# 齐白石：笔底鱼虾得天趣

齐白石（1864—1957），湖南湘潭人。近现代中国书画大师，世界文化名人。早年曾为木工，后以卖画为生，57岁定居北京。擅画花鸟、虫鱼、山水、人物，笔墨雄浑滋润，色彩浓艳明快，造型简练生动，意境淳厚朴实；所作鱼虾虫蟹天趣横生。书工篆隶，取法秦汉之碑，行书饶古拙之趣。篆刻自成一家，又善写诗文。曾任中央美术学院名誉教授、中国美术家协会主席等职。

日军侵占北平期间，齐白石多次在大门上贴出字条"心病复作，停止见客"，但这些字条常被人偷揭了去珍藏。

齐白石述自己绘画之甘苦，写有对联："三思难下笔；一技几成名。"齐自称是北平"西城三怪"之一；而金梁则把他和吴佩孚、赛金花列为"燕山三怪"。

1931年秋北平大学艺术学院聘请齐白石任教授。齐亲笔于聘书上写道："此翁已于今夏逝世，原书璧还。"院长无可奈何。

齐白石不肯做作，也不怕人骂。他对门生说："人家骂你，不必害怕"。他为李苦禅的画题字："布局心要小，下笔胆要大。世人好要骂，吾贤休吓怕。"

齐白石性情孤僻，铭文亦怪。某年春节，北平铸新照相馆将身着翻面狐裘、头戴黑子羔之土耳其式冬帽、手摇一扇的齐之肖像放大嵌镜,悬于门首。相片上有齐自撰之"裘扇铭",文曰:"摇扇可以消夏,着裘可以御凉。二者日日须防,任人窃笑颠狂。"

齐白石不见未约之人。如客按时赴访,亦必叩门半小时,始见老人由内院出来,隔门窥视来者是否应约之人。倘未约而往见之,老人必隔门说:"齐白石不在家!"倘不肯离去而再三麻烦,则被刺以幽默口吻,说:"齐白石已经死了。"

20世纪30年代初,北平有一饭店老板慕名请齐白石题写店铺招牌"清真烤肉苑"。齐翻书查典,仅有"熵""考"等,就是无"烤"字。齐写毕5字,并自注:"诸书无'烤'字,应人所请,自我作古。"从此后才有了"烤"字。

齐白石以为绘画并非易事,有题郭味蕖画联语:"开图草里惊蛇乱;下笔阶前扫叶忙。"

齐白石往往以作品换门口小贩食物,如酱醋油盐等。先时小贩不识货,不肯要齐之作品。齐乃向他说:"我是齐白石,你拿这张画去卖,若卖不到四十块钱,你退回给我,我再给你现款。"后来果然如齐所说。自此小贩常到他家。

20世纪二三十年代,坊间摹仿齐白石的画甚多,且难辨真伪。齐得知后对诸访者说:"到了我大门口,不一定能得到真迹;进了中厅,也不见得就可靠;只有在我的书房里,由我亲自面交的,才假不了。"

1933年盛成在北平结婚,证婚人是新娘郑坚之老师齐白石。齐作画志贺,时国事蜩螗,因此在画上题了10个字:"一双比翼鸟,两个可怜虫。"

日本诗人桥川时雄在北平访问齐白石。齐拿了二十几幅画,每幅4尺,指壁上所贴润例读给他听,说花卉每枝1元,加虫鸟者1.5元,山水2元。桥川说这定得太低,哪有画家把作品当布论尺寸来卖的?齐说:"我只要这么多就够了,就算做个布贩子吧。"

齐白石赴西安某阔人家应酬,满屋人都不认识他,对其投以鄙视眼光。这时梅兰芳进来,见齐孤零零地坐在一旁,立即很恭敬地鞠了一躬,然后热情交谈,并向大家介绍。事后齐画了《雪中送炭图》,还作诗"而今沦落长安市,幸有梅郎识姓名",表示感谢。

1936年春北平印社在天津开书画展。齐白石在扇面画上用印时,无意中将名章盖倒,发现后搓手长叹。后即在扇面上添画一只蜜蜂(原本画的是花卉),另在题签处补写道:"老眼昏花,忙中竟将名章用倒,如有购者,特加画蜜蜂一只补过。"这倒盖名章的扇面展出后,竟首先被人抢购。

日军侵占北平,原已患疾病的陈散原绝食二日殉国。齐白石感慨系之,作挽联一副:"为大臣嗣,画家爷,一辈作诗人,消受清闲原有命;由南浦来,西山去,九天入仙境,乍经离乱岂无愁。"

抗战时期,齐白石拒见登门求画的日本人,写有告曰:"官入民家,主人不利。"又贴了另一告白:"拒止减画价,拒止吃饭馆,拒止照像。"并加小注:"吾年八十矣,尺纸6元,每寸加2角,卖画不论交情,君子自重,请照润格出钱。"

齐白石晚年作画用印极为严格。某画须用某印、盖在某处等,均有规定。此外还在每一幅上钤一钢印,以防仿制作假。

齐白石将学生张丕振所画马蹄莲误识为芋苗,为其题跋:"饭豆芋魁,吾家所有,芋魁是此花否,吾已忘之矣,因离乡卅年也。丕振弟画,白石题。"后齐发现误识,又在同画一角写道:"丙子冬,一日丕振又来,自言此花名马蹄莲,求予更改,再题几字。"

娄师白在学习齐派艺术上已达到惟妙惟肖程度。齐白石曾在娄的一幅《青蛙芦苇》画上题词:"少怀弟能乱我真,而不作伪,吾门客之君也。"在娄临摹的《残荷》画上题词:"少怀仁弟临摹残荷,足以乱真,真可畏也。"又在娄的一幅《菊花》画上题词:"娄君之手少怀之心,何以似我?乃我螟蛉乎?"

齐白石从周之美学木匠手艺,出师之日也是他与童养媳陈春君圆房之时。这天他在门上贴出大红蜡光纸对联:"超人技艺,得名师指点扬乡里;美满姻缘,承祖宗福荫启后人。"横批是"鲁班门人"。

齐白石85岁时即自作挽联:"有天下名画,何必忠臣孝子;无人间恶相,不怕马面牛头。"

## 黄宾虹：下笔不觉师造化

黄宾虹（1865—1955），原籍安徽歙县，生于浙江金华。近现代画家，擅画山水，一代宗师。6岁时临摹家藏的沈庭瑞山水册。后曾从郑珊、陈崇光等学花鸟。精研传统与关注写生齐头并进，早年受"新安画派"影响，以干笔淡墨、疏淡清逸为特色，为"白宾虹"；80岁后以黑密厚重、黑里透亮为特色，为"黑宾虹"。

黄宾虹11岁时用一个来月时间临刻了邓石如篆印十多方。父亲起初还不信，及至亲眼见他走刀时，才惊呆了。

黄宾虹在上海美专任教时赴杭州写生。曾在西湖畔口吟一首七绝："昔日曾见此湖图，不信人间有此湖。今日打从湖上过，画人还欠着工夫。"

黄宾虹最为赞赏清初画家石涛的诗："对花作画将人意，画笔传神总是春。"

在我国近现代绘画史上有"南黄北齐"之说，"北齐"指的是居住在北京的花鸟虫鱼画巨匠齐白石，而"南黄"说的就是浙江的山水画名家黄宾虹。二人被美术界并列在一起，足见黄的艺术功力和成就非同一般。

1933年早春，黄宾虹去四川青城山途中遇雨，全身湿透，索性坐于雨中细赏山色变幻，从此大悟。第二天他连续画了《青城烟雨册》十余幅：焦墨、泼墨、干皴加宿墨。在这些笔墨试验中他要找到"雨淋墙头"的感觉：雨从墙头淋下来，任意纵横氤氲，有些地方特别湿润而浓重，有些地方可能留下干处而发白，而顺墙流下的条条水道都是"屋漏痕"。

"瞿塘夜游"是发生在游青城后的5月，回沪途中的四川奉节。一天晚上，黄宾虹想去看看当年杜甫在此所见到的"石上藤萝月"。他沿着江边朝白帝城方向走去。清朗月色下的夜山深深吸引着他，于是在月光下摸索着画了一个多小时速写。翌晨，黄看着其速写稿大声叫道："月移壁，月移壁！实中虚，虚中实。妙，妙，妙极了！"至此后，黄的雨山、夜山是其绘画最擅长、最经常的主题，合浑厚与华滋而成美学上自觉之追求。

# 马一浮：一代儒宗

马一浮（1883—1967），浙江绍兴人，生于四川成都。现代思想家、书法家和诗人。他是中国引进马克思《资本论》的第一人，与梁漱溟、熊十力合称"现代三圣"（或"新儒家三圣"）。原浙江大学教授、《浙江大学校歌》词作者。

马一浮出身于书香门第，天资聪颖，记忆力超人，过目成诵，在当地有"神童"之称。5岁能背诵《唐诗三百首》。时家中聘请某举人为师，教了两年，因无可再教，自告辞职。8岁初学作诗，9岁就能读《文选》《楚辞》。

马一浮10岁时，母亲指着庭前菊花命他作五律诗，限麻字韵。应声而就，曰："我爱陶元亮，东篱采菊花。枝枝傲霜雪，瓣瓣生云霞。本是仙人种，移来高士家。晨餐秋更洁，不必羡胡麻。"母亲听后高兴地说："此诗虽有稚气，颇似不食烟火。汝将来或不患无文，但少福泽耳。"没想到，这首诗竟成了马一生坎坷的先兆。

马一浮12岁时应县试，在会稽县（今绍兴市）五百余名考生中获第1名，而鲁迅为第37名，周作人为第31名。

戊戌变法后西学在中国大盛，留学潮兴起。1903年马一浮父亲、妻子接连去世。为排遣心中伤痛，更为往西方寻找救国真理，他踏上赴美国、德国、日本诸国留学之路。可是在国外的两年让他逐渐认识到，西方思想并不能真正解决中国的问题，希望循着西学之路来解救祖国是行不通的。只有重兴中国固有学术传统，以心性之学来扭转社会风气、矫正人们思想，才是正途。于是，自辛亥革命一直到20世纪30年代后期，马基本上隐居不出，一心读书治学，整理古代经典。他寄居于杭州西湖广化寺，潜心国学，3年足不出户，尽读《四库全书》三万六千余卷。

但不久之后抗日战争爆发，改变了马一浮的想法。他觉得，独善其身不仅于民族救亡无益，而且也有悖于儒家做人之根本。因此他应邀出山讲学，开始了一生最重要的时期。

马一浮书画润例，先有声明只写1年，并订3条规则：（1）一律不题上款；（2）他人书画碑帖真赝杂出，凡有友朋见属，概谢不应；（3）凡自作诗者请其缮写，皆以1首为限，过此弗应。还有，无介绍不书，立索不书，祠墓碑表寿序等联、市招征启及讣告题签一概不书。

马一浮曾为杭州"石氏眼科医院"题额。他写道："余苦目疾，久不愈。石君为我悉心治疗，既愈，概璧余酬。诘以故，曰：愿得某书一额，于愿足矣！余感其意，而乐为之书。"

马一浮岳丈、浙省名士汤寿潜曾发起成立浙江铁路公司，准备修建沪杭铁路。当时杭州拱辰桥是日本租界，工业比较发达，因此汤最初把该铁路终点站定在艮山门，再铺一条支线到拱辰桥。马刚从欧美学成归来，汤即将图纸拿出请他参议。谁知他看过后，却将图纸一把撕成两半，在座众人大惊失色。马大声说："中国人造铁路要为中国人着想，为何不把终点站定在羊市街闹市区北端附近，再铺一条支线到南星桥，以便水陆衔接及今后铁路南延；却把终点站定在艮山门，铺支线到拱辰桥租界去方便日本人呢？"汤最终接受了马的建议，将沪杭铁路终点站建在羊市街北端。

## 梅兰芳：国粹之魂

梅兰芳（1894—1961），原籍江苏泰州，生于北京。京剧表演艺术大师。8岁学戏，9岁拜吴菱仙为师学青衣，10岁登台。1949年前先后赴日本、美国、前苏联演出，并荣获美国波莫纳学院和南加州大学荣誉文学博士学位。1950年任中国京剧院院长，1951年任中国戏曲研究院院长，1953年任中国戏剧家协会副主席。在五十余年舞台生涯中，他发展和提高了京剧旦角的演唱和表演艺术，形成一个具有独特风格的艺术流派，世称"梅派"。代表作《贵妃醉酒》等。

梅兰芳年轻时就喜爱养鸽。他说养鸽有许多益处：其一，须早起开笼放飞，能呼吸新鲜空气，自然对肺部有益处。其二，可以练眼睛。梅晚年眼睛有些近视，眼皮下垂，眼珠转动也不太灵活，这对演员来说是一个很大生理缺陷；而养鸽放飞时，须随时追逐观察其飞翔情况，就这样，通过几年养鸽，梅不知不觉练成了一双神光四射、精气内含的俊眼。其三，为了引飞鸽，须不断挥舞一根丈把长的竹竿，无形中锻炼了胳膊，增强了臂力。

梅兰芳口述《舞台生活四十年》。为求内容翔实，他常委托笔录者许姬传向老艺人萧长华、王瑶卿等人反复核实资料，弄清史实。此文在上海《文汇报》连载时常有来信纠误，梅都一一加以核实，更正错误。梅说："掌故资料对后学有启发教育；不可掉以轻心，误人子弟。"

梅兰芳画《罗汉倚松图》，为陈师曾、罗瘿公等人称好；唯金拱北以为罗汉未着草鞋、带佛经，而画已成。遂金即在画中罗汉身后添了一根禅杖，杖上挂了一双草鞋和一卷佛经。

1924年梅兰芳在上海新舞台演出1个月，沪上轰动，宁杭人士多有专车来观。《申报·自由谈》辟有"梅讯"专栏，为梅之言行记录，连载3个月。画家邓湛叟观后为之倾倒，即为梅作肖像图，并题七绝："畹华歌舞倾天下，居士丹青薄有名。从此芳草嗟老大，图中相对感浮生。"

梅兰芳名声过于响亮，很多富商名流都想借名望笼络人心，牟取暴利。一天晚上梅刚演完戏，到后台卸妆，只见一个衣着华丽的富商笑眯眯地迎了上来，恭维道："梅先生艺高绝伦，可贺，可贺！一点意思，聊表寸心。"说着递过来一张1万元的现金支票。梅接过支票，看也不看，就从口袋里掏出一盒火柴，随手把支票点燃烧掉。众人大吃一惊，那个阔佬气得脸色铁青。梅笑笑说："艺术不是用金钱收买的，你走吧。"

在梅兰芳演过的戏里，有不少表达女人吃惊的细节。为演好这一细节，他呕心沥血，反复琢磨。一天，他回到家里，看见妻子正在聚精会神地整理衣服，灵机一动，抄起身旁一只兰花盆，狠狠往地上一摔，"啪"的一声巨响，瓷盆粉碎。妻子当即惊恐地一回头。就在这一瞬间，梅准确捕捉住了妻子的神情。后来，他根据妻子当时的表情反复进行练习，穿插进戏里，把人物刻画得更加活灵活现。

# 徐悲鸿：悲天鸿鹄

徐悲鸿（1895—1953），江苏宜兴人。现代画家、美术教育家。曾留学法国学习西洋画，归国后长期从事美术教育，先后任教于国立中央大学艺术系、北平大学艺术学院和北平艺专，1949 年后任中央美术学院院长。与张书旗、柳子谷三人被称为画坛"金陵三杰"。所作国画彩墨浑成，尤以奔马享名于世。被称为中国现代美术教育奠基者，主张发展"传统中国画"改良，立足中国现代写实主义美术，发表近代国画之颓废背景下的《中国画改良论》。

徐悲鸿 7 岁时，听父亲讲卞庄子刺虎的故事，想绘老虎，于是请邻人绘制虎图，天天临摹，后来却发觉邻人画的是一只狗。

徐悲鸿年轻时，以 1 个月看完林纾所译之全部外国小说。

徐悲鸿请齐白石以"荒谬绝伦"4 字刻章一方，说："别人看我是'荒谬'，我看自己是'绝伦'。"

张若谷与徐悲鸿相晤在南京石婆婆巷。徐即席写就《嗟我忆故人》诗一首："仍由石婆巷，往来一小桥。故人今何在？直忆到深宵。"

1918 年徐悲鸿看了梅兰芳所演的《天女散花》，向梅索剧照。徐以一大型油画《天女散花图》回赠梅。画中人物脸部用西画技法，而身躯则采用国画技法，并题诗一首："花落纷纷下，人凡宁不迷。庄严菩萨相，妙丽颏神姿。"

1928年徐悲鸿在福州拜访陈子奋，对他治印佩服不已。陈答应为徐刻百印，后刻了六十多方。徐的印章几乎均出自陈之手。

徐悲鸿书室里悬有自集泰山经石峪刻字所写对联一副："独持偏见；一意孤行。"

抗战时徐悲鸿住在桂林附近的阳朔，并刻有"阳朔天民"印章。当他人问其为何要住阳朔时，徐要他背诵南山厄石碑刻的一首诗："陶潜彭泽五株柳，潘岳河阳一县花。两处怎如阳朔好，碧莲峰里住人家。"然后说："这不是回答了你的问题吗？"

徐悲鸿为绘出行走的狮子一只提起的后腿，每天到动物园里寻找机会速写，接连3个月方才成功。

1932年徐悲鸿曾绘一幅《八哥图》赠陈登恪（排行第八），并题有一诗："赢得立场好饶舌，而今为政在多言。"

1934年徐悲鸿在前苏联办画展时，当场绘下一匹奔马。在场的布琼尼元帅直率地要徐将这匹"马"赠给他，徐点头同意了。布琼尼极为高兴地说："你笔下的奔马，比我所骑过的有些战马更加奔放、健美。"

徐悲鸿画马闻名于全国。白崇禧说，曾亲见他在南宁只用5分钟就画了一匹马，很是生动。

徐悲鸿称赞张大千："五百年来第一人也。"但张说："徐先生画的马很绝，我学不到这一手。"

徐悲鸿在桂林时与学生论画有"五之诀"：古法之佳者守之；垂绝者继之；不佳者改之；未足者增之；西方之可采者融之。

徐悲鸿要求学生经常绘自画像，他说这有许多可取处："（1）自画只需有镜子，你要画多久就画多久；（2）你们画别人我不认识，不知画得像不像，我无从评定，如画自己，一看就知道是否画出个性神采；（3）让我看看你认为自己是个什么才具；（4）有些人自命不凡，画己成英雄或宋玉，那也可以，至少是懂得刻画人物了；（5）可以使你勤快些，你总不能说找不到对象给你画吧？"

徐悲鸿说："中国有两个半油画家，一个是常书鸿，一个是我，还有半个是潘玉良。"他画了一幅《枇杷图》赠友人，并题款："明年定购香槟票，赢得头奖买枇杷。"

徐悲鸿的油画《田横五百壮士》，是先在人群中找到典型的人物形象，再画下来的。

徐仲年认为徐画的马论百盈千，但可分为3大类：（1）天马行空的天马；（2）立马斜阳的立马；（3）小步奔走的走马。但所绘的马都是瘦马。

白蕉题徐悲鸿画的马，有诗五绝："未见平生志，霸风起铁骊。安知非逸足，莫伤道旁儿。"

张聿光国画展览，徐悲鸿题词："士大夫者，即咬文嚼字，浑体糊涂，安坐而食，不辨菽麦，无业之人也。"

刘勃舒10岁时临摹徐悲鸿画的马，然后将画稿寄去，求其指点。徐即回信："学画最好以造化为师，故画马即以马为师，画鸡即以鸡为师。""不必学我，真马较我所画之马更可师法也。"

# 刘海粟：宠辱不惊，去留无意

刘海粟（1896—1994），江苏常州人。现当代画家、美术教育家。1912年与乌始光、张聿光等人创办上海图画美术院，后改为上海美术专科学校并任校长。1949年后任南京艺术学院院长。曾任上海美术家协会名誉主席、中国美术家协会顾问。早年习油画，苍古沉雄；兼作国画，线条有钢筋铁骨之力；后潜心于泼墨法，笔飞墨舞，气魄过人；晚年运用泼彩法，色彩绚丽，气格雄浑。英国剑桥国际传略中心授予"杰出成就奖"，意大利欧洲学院授予"欧洲金棕榈奖"。

刘海粟认为，在新文艺作家的队伍中，郁达夫的诗歌，除鲁迅、田汉外，能与之抗衡者寥寥。郭沫若作新诗是一代巨匠，但说到旧体诗词，却稍逊一筹。刘并称郁虽无意做诗人，"但讲到他的文学成就，我认为诗词第一，散文第二，小说第三，评论文章第四。"

1935年刘海粟40岁生日。蔡元培写了一副对联为他祝寿："技进乎道庶几不惑；名副其实何虑无闻？"

刘海粟筹备个人美术展览，以得意杰作《比利时之狮》请求于右任题字。于征求他人意见。王漱芳说："题'是邪非邪'何如？"刘恺钟说："不如题'其传之非其真耶'尤妙！"于说："我当时看此画时，也曾误为石头，后见蔡子民先生等题，始知为狮，不知此系画中何派？"王陆一说："大约是属于印象派,比如明明系一成年男子,画时的印象仿佛是一个小孩,遂画成小孩子。"最后于从王议,写了"超以像外,得其环中"几个字。

刘海粟在南京办美术展览,有山水国画一立幅,题款曰:"醉后戏墨,一扫魏晋唐宋元明清人笔意。"周觉见后叹道:"大矣哉,此画也!超魏晋之前,其为秦砖汉瓦乎?"

刘海粟曾撰联自题书斋(也是画斋):"宠辱不惊,看庭前花开花落;去留无意,望天上云卷云舒。"此联后来影响甚大,被多人引用。

1935年刘海粟上黄山,画成《古松图》一幅,送与狱中的陈独秀看。陈在画上题词:"黄山孤山,不孤而孤,孤而不孤;孤与不孤,各有其境,各在其图。"

刘海粟创办了中国第一所美术学校,率先使用女模特作画,展出裸体模特的素描。由于当时社会风气并未很开化,此次展览引起轩然大波,并被冠以"丧心病狂,败坏风化"的恶名。

刘海粟与胡适之,当年一个被谴为"艺术叛徒",一个被责为"文学叛徒"。有位钱化佛君,即别出心裁地取一柄折扇,求刘画上山水,又请胡题几行诗。当时人们戏称此扇为"叛徒扇"。

有一次刘海粟在桂林应邀作画,五尺皮纸上墨彩并用,大笔挥洒,顷刻间一幅泼彩荷花脱手而出。刘自己题词:"毕竟西湖六月中,风光不与四时同。接天莲叶无穷碧,映日荷花别样红。一九七八年三月廿三日刘海粟写坡公句意于桂林。年方八三。"岂不知他犯了张冠李戴的错误:画中所题是宋朝杨万里《晓出净慈寺送林子方》中的诗句,而他却把它塞在苏轼名下。苏写西湖名作乃是《饮湖上初晴后雨》:"水光潋滟晴方好,山色空蒙雨亦奇。欲把西湖比西子,淡妆浓抹总相宜。"

# 田汉：中国的"戏剧魂"

田汉（1898—1968），湖南长沙人。话剧作家、戏曲作家、歌词作家、电影编剧、小说家、诗人、文艺批评家、文化活动家，中国现代戏剧三大奠基人之一。早年留学日本时，曾自署为"中国未来的易卜生"。他创作的歌词《万里长城》第一段，后成为中华人民共和国国歌《义勇军进行曲》。代表作《关汉卿》《谢瑶环》《名优之死》等。

田汉自幼便写得一手好字，8岁时就开始替人书写门联。他喜欢写字，凡有人索字，都高高兴兴地去写。因为他觉得这是练习写字的好机会——不必自己去买笔墨、纸张。

女影星胡蝶于沪结婚时，田汉在宁来不及赴会，就拍了一封长电报去。电文为一首新体诗："昨夜飞来红帖子，一时举国欢无比。煮酒都开玳瑁筵，罗丝看绣鸳鸯字。所惜今日事急矣，严霜将已大风起。也应三日下厨房，莫把生涯关在厨房里。"

大同电影公司拍摄影片《二百五小传》，后经田汉修改、补拍后，改名为《梨园英烈》。

田汉非常称赞中法战争时期刘铭传固守台湾基隆的作战计划，说他的"军事观点何其吻合今日殖民地民族战争的要求"。

《少年中国》杂志缺乏稿源。田汉参加少年中国学会后，编辑知道他重情重义，从不计较金钱，就请他免费为该刊撰写了许多文章。

田汉在长沙教书，藏书以欧美文学为最；所以讲国文时，也就专讲文艺思潮和西洋文学史，尤其戏剧，因此被学生戏称为"外国国文教员"。

田汉早期致力于中国话剧运动，曾写了不少剧本，其中以《黄花岗》《黄鹤楼》《黄歇浦》最出名，当时被文坛誉为"三黄史剧"。

田汉到上海，得悉我空军猛轰日本"出云旗舰"，但隔于电网，仅伤及其尾部。他大为痛心，遂在报上献策如何炸沉该舰，所言凿凿。读者为之惊服，时任国民政府海军署署长陈绍宽并来电。原来田年轻时留学日本即学的海军。

1927年田汉主持上海艺术大学招生工作时，主张"投考资格不论，唯以有天才者为合格"之标准。陈凝秋既交不起学费又交不起伙食费，因具有诗人气质，田当即决定免费让他入学。

1931年"九一八"事变后，田汉创作大独幕剧《乱钟》，直接把剧本刻写在蜡纸上，稍成段落就排戏，所以全剧刻了两天半，排剧也只用了三天半，6天就正式上演了。

1933年田汉36岁生日庆祝会上，突然闯进两个密探。在场的聂耳即用小提琴按音符"3331536"，边拉边唱，绕着他们转圈子。与会者也跟着唱和、拍手掌。密探以为弄错了，就走了。人们问聂刚才是什么曲子，聂笑道："这曲子是1933年3月15日，36岁，是拉给田汉听的。"

田汉最初开办的《南国》专刊附在《醒狮周报》上，因此有人怀疑他是醒狮派。田戏说："我天天喝酒，时常大醉，非醒狮派，倒可称为醉狮派。"

20世纪40年代名记者杨潮逝世，上海新闻界举行追悼会。田有悼诗数首，其中最佳句为"喷潮犹战法西斯"。

抗战末期，在田汉与林维中的离婚告白内，引用了英国文豪王尔德一句话："吾人常以误解而结婚，常以理解而离婚。"

## 丰子恺：不乱于心，不困于情

丰子恺（1898—1975），浙江桐乡人。现代漫画家、散文家、美术教育家、音乐教育家、书法家和翻译家。曾师从弘一法师，以中西融合画法创作漫画以及个性化散文而著名。建国后任中国美术家协会理事、上海美协主席、上海中国画院院长。代表作"芥子园"系列。

丰子恺10岁即以《芥子园画谱》影描人家。为此塾师命其绘一孔夫子像，悬挂于私塾正堂中，供学生晨夕参拜。

1921年丰子恺初读紫式部小说《源氏物语》，觉得像《红楼梦》，由此学习日本古文，直至1961年才开始翻译该书。他自称："白头今又译'红楼'，时人将谓老风流。"

丰子恺早年出版的漫画集《护生画集》中有一小诗："至诚所感，金石为开。至仁所感，猫鼠相爱。"

1930年丰子恺由上海江湾迁居嘉兴杨柳湾，即作诗句："故乡石门湾，工作在江湾，暂寓杨柳湾，平生与'湾'有缘。"

20世纪40年代初，丰子恺欣赏柳亚子诗句："半壁有人娱富贵，中原无地哭苍生。"便特地到重庆沙坪坝拜访柳亚子。

丰子恺居上海，取书房名为"日月楼"，并有句："日月楼中日月长。"后马一浮撰联以赠："星河界里星河转；日月楼中日月长。"

1973年丰子恺应广洽法师之请为新加坡妙香林撰写对联。其一联集《华严经》句："真观广大智慧观；梵音胜彼世间香。"丰因其"缘缘堂"藏书2万册为战火所毁，感世事无常，从此不买书，而喜施舍。

丰子恺《赤心国》发表后，引起社会兴趣。有汉口读者写来《赤心国归后的一位军官访问记》，据传许钦文亦拟写《重游赤心国记》。

丰子恺一生治学严谨。他曾创造过一个"二十二遍读书法"。一篇文章，他每读一遍，就在题的旁边画一笔。一遍一笔，一笔一笔积累起来，组成一个繁体的"读"字，共22笔。

丰子恺学外语，要求自己对每篇课文都读22遍：第一天读第一课10遍；第二天读第二课10遍、第一课5遍；第三天读第三课10遍，第一、二课各5遍；第四天读第四课10遍，第二、三课各5遍，第一课2遍。他还写一个繁体字"读"，下加两横，帮助记忆遍数。几个月后他就能看外文长篇小说，并能从事翻译了。

抗战胜利后，丰子恺返杭数月，《正报》给他一个浑名"三不先生"（不教书、不讲演、不赴宴）。抗战前他是"三湾先生"（住过石门湾、江湾和杨柳湾），现在变成"三不先生"。丰说："三不先生"的资格，我也许不能永久保有；但至少不赴宴会这"一不先生"的资格，我是永远充分具备的。

丰子恺说他的心为4事占据着：天上的神明与星辰、人间的艺术与儿童。

丰子恺平生最崇敬两个人：一个是恩师李叔同，他由翩翩公子变为留学生、教师、道人，最后变为和尚；另一个是指点李叔同学佛的马一浮。

丰子恺常翻阅佛教书籍。他说："我只能算与佛教恋爱，而不能说是结婚。"

丰子恺译《源氏物语》，因原著中常见白居易之诗，又有日本女子读中国《史记》《汉书》和"五经"，自感仿佛是在读中国自己的古书。

丰子恺为弘一法师六十寿辰，完成《续护生画集》60幅。弘一曾与他相约，

《护生画集》续册，70 岁绘 70 幅，刊第三集；80 岁绘 80 幅，刊第四集；90 岁绘 90 幅，刊第五集；乃至 100 岁绘 100 幅，刊第六集。

丰子恺漫画中，常有垂柳和燕子作为陪衬物。其挚友俞平伯首先发现这一特点，十分欣赏，即赠丰一个别名叫"丰柳燕"。丰笑以为然。

丰子恺绘画别有风格，常不画眼睛。抗战期间，重庆某报副刊曾有文道《丰子恺不要脸》，内引古人论画，"远人无目，远水无波"王维之说。丰读后一笑置之，未加答辩。

夏丏尊译作《续爱的教育》，封面由丰子恺绘晴空、大海、红云、白鸥，象征青年前程万里，符合古诗"海阔凭鱼跃，天高任鸟飞"之意。

丰子恺某日正作画，题曰："田翁烂醉身如舞，两个儿童登上船。"正巧田惜庵来访并索画，丰笑道："正为足下所作"。

抗战时期，大后方旅途困难。丰子恺有一画绘汽车破旧，并题诗："一去二三里，抛锚四五回，修理六七次，八九十人推。"

1947 年丰子恺绘了几张画，送到浙江民众教育馆所办的展览会上。展览会开幕后有人即来告知，他的漫画被窃，并特为致歉。过了几天，丰在《杭州日报》上登出一则有趣的启事，他欢迎窃画人持画到他家，可在画上补题上款，赠作纪念。

丰子恺在上虞白马湖春晖中学教音乐课，有时课间他会突然离开琴畔，跑到教室外很远的地方去听学生演唱。等学生唱完了，他又急忙跑回来说："很好，很好。"或说："某节应该改正。"从不对学生发脾气。

丰子恺将李叔同出家前二十余首歌词收入《中文名歌五十曲》。他说："李先生有深大的心灵，又兼备文才与乐才。据我所知，中国能作曲又作歌的乐家，也只有先生一人。"

丰子恺晚年用李叔同《送别》曲调为儿童填写《游春》新词："星期天，天气晴，大家去游春。过了一村又一村，到处好风景。桃花红，杨柳青，菜花似黄金。唱歌声里拍手声，一阵又一阵。"

# 张大千：东方之笔

张大千（1899—1983），祖籍广东番禺，生于四川内江。现代著名画家、书法家。20世纪50年代游历世界，获得巨大国际声誉，被西方艺坛赞为"东方之笔"。他与二哥张善子创立"大风堂派"，是20世纪中国画坛最具传奇色彩的泼墨画工。后旅居海外，画风工写结合，重彩与水墨融为一体。与黄君璧、溥心畬以"渡海三家"齐名。

张大千12岁时第一次卖画，得了80个铜板。那是应一位女卜者之请，替她画了一套24张新的算命图片。

张大千十几岁时在上海跟大书法家李瑞清学书。李要他听谭鑫培的戏，说："谭的唱腔抑扬顿挫，如同书法的运笔。尤其谭的收音，就像写字的收笔，精神饱满，而非一泻而尽。"

张大千因素爱张大风人物画，恰巧又与其同姓，名字中又有一字相同，遂将画室名为"大风堂"。张曾获五代顾闳中《韩熙载夜宴图》，一直携带在身，并刻印"呢宴楼"。

张大千有一印，为"千千千"，以寓三千大世界之意。

张大千藏有许多精品。他有个图章，篆文是"富可敌国，贫无立锥"。前句是指他的收藏；后句是指他平日为了购画，经常弄得不名一文。他还有个印文为"只有相逢无别离"的图章,常常盖在他心爱的藏画上。

张大千居北平时曾养过一只波斯猫,后为徐悲鸿索去。数月后徐写信与张说,此猫极怪,不但不捕鼠,且"鼠吃猫粮",鼠猫同器而食。

张大千将去法国拜访毕加索。为了要送他几支上等画笔,张派人赴巴西牧场,从两千五百头牛的耳里剪取耳毛,共得1公斤;再由飞机送往日本,托玉川堂、喜屋两家笔店制成画笔8支(一说50支),笔杆上题"艺坛盟主",送毕2支。

张大千在重庆参加画家联欢会,人以其胡子作嘲笑资料。张乃讲一故事:"昔刘备伐东吴,张苞与关兴争当先锋。备令两子各述父功,以父功尤者充先锋。苞称飞功,次乃羽。兴云父亲有五绺长髯,人称美髯公,余功叙述不出。是时关公拨云显圣大骂道:你这小子,不谈你父别的事,专讲你父的胡子。"满座人哭笑不得。

张大千拟向黄宾虹借所藏石涛和尚画卷供其揣摩,黄没有应允。张于是临摹石的一个手卷。黄见后竟当作石之画,想把它买下。

张大千临摹清初石涛画,几可乱真。一次,著名画家兼收藏家陈半丁在北平荣宝斋买到一册石之画页8帧,如获至宝,后告示诸友欣赏。张见首页题签"金陵胜景"4字后,即道:"这个册子是我仿石画着玩的。"接着他丝毫不差地道出了下面几页画的燕子矶、玄武湖等景。

张大千宴请张学良,并亲自手写菜单。宴后学良将菜单留作纪念,并由大千加以题识。大千在菜单后空白处画上一小撮萝卜茎及5只红萝卜,接着横列几棵大白菜,且题诗一首:"萝菔生儿芥有孙,老夫久已戒腥荤。脏神安坐清虚府,那(哪)许羊来踏菜园。"

张大千唯一落款"大帅"的画,是因20世纪60年代他由巴西返回中国台湾,台一大报称"张大千大帅回台",加以报道。张见张学良即说:"在机场加官晋级,何止统帅三军,在此统帅纸、笔、墨、砚四军。"并作了幅"山山水水图",上款题道"汉卿先生方家正之",落款"大千大帅"。

## 夏衍：戏里戏外皆传奇

夏衍（1900—1995），浙江余杭人，祖籍河南开封。现当代著名文学、电影、戏剧作家和社会活动家，中国左翼电影运动开拓者、组织者和领导者之一。早年参加五四运动，编辑进步刊物《浙江新潮》。从浙江省立甲种工业学校毕业后，公费留学日本。1927年被日本驱逐回国。1930年同鲁迅等创建中国左翼作家联盟。1994年被国务院授予"国家有杰出贡献的电影艺术家"称号。建国后历任上海市委宣传部部长、中国文化部副部长、中国文联副主席等职。代表作《包身工》《法西斯细菌》《上海屋檐下》等。

1920年夏衍一口气写下5篇小说，寄给创造社，结果都被退回；从此改弦易辙不写小说，后以剧作家雄踞文坛。

夏衍年轻时以快写闻名文坛。他说郭沫若比他还要快。两人曾比赛一天，结果郭写了一万四千字，夏写了一万二千字。夏说过，在他的创作生涯当中，各种文学体裁都尝试过，唯独没发表过诗，以为诗这种文体是最难写的。他建议青年朋友们应先练写散文、随笔。

夏衍留日后，母亲挂念着他，尤其是他的婚姻，于是开始为其物色对象，最后选中后来升任杭州纬成丝织公司驻上海总经理蔡某之长女蔡淑馨。蔡原在老家读书，后转入浙江女子师范学校。1924年暑假夏来到杭州正式相亲，两人彼此心仪。1925年从女师毕业的蔡，在校长鼓励下也去往日本，进入奈良女子高等师范学校学习。于是夏在京都租了套小木屋，以后每逢假日，便常与蔡及朋友们来这里小聚。

1930年夏衍和蔡淑馨在上海举行婚礼。婚后，蔡为支持丈夫的工作与事业，即放弃自己所学专业。在以后的峥嵘岁月里，于各个历史时期，她都默默地协助着夏，殚精竭虑，风雨同舟。

夏衍擅长写报告文学。他的第一篇作品《泰兴染坊底调查》发表在1920年《浙江甲种工业学校校友会刊》上。夏曾说此文谈不上有什么文学性。

夏衍出于对政治的热情和对信仰的追求，一心想要自己的创作介入政治生活领域。但他并未简单地以艺术图解政治，而是以自己日臻成熟和明晰的创作个性，以自己对政治与艺术关系的独特理解，化开了僵硬的政治外壳。可以说，夏衍正是以其敏感多思、善于冷静观察和剖析的艺术气质，将作品的政治倾向性与艺术审美性完善地结合在一起，形成了他富有个性的戏剧艺术风格。

## 傅抱石：我用我法

  傅抱石（1904—1965），江西新余人。现代画家、美术理论家。早年毕业于江西第一师范学校，后留学日本，回国后执教于中央大学，1949年后曾任南京师范学院教授、江苏国画院院长、中国美术家协会副主席、江苏美协主席等职。擅画山水，中年创"抱石皴"，笔致放逸，气势豪放，尤擅作泉瀑雨雾之景；晚年多作大幅，气魄雄健，具有强烈时代感。人物画多作仕女、高士，形象高古。与齐白石称"南北二石"。其成名作为《江山如此多娇》，今已收入初一美术课本。

  在踏上艺术道路的初始，傅抱石首先把用于谋生的刻字，转移到了艺术状态的篆刻上，一本赵之谦的《二金蝶印谱》成了他最初的范本和教科书。他不断模仿，使之习赵印章真伪难辨，连教他刻字的师傅也为之赞叹。从此南昌城里不断有"赵之谦"印章出现，好事者常常津津乐道，而傅也多了一条养家的途径。第一师范中的"印痴"，成了南昌城里的知名人物。

  在江西一师这段时间，傅抱石不断去旧书店，开始读一些古代画史画论方面的著作。当他读到记述石涛的《瞎尊者传》（陈鼎著）中一句"我用我法"时，顿开茅塞，并对石涛"搜尽奇峰打草稿"的思想欣赏不已。为表达自己对石涛的情有独钟，傅不仅刻制了"我用我法"印章，还开始用"抱石斋主人"作为自己的别号。他用很多时间去读史论著作，并开始研究画史画论中一些具体问题，从顾恺之《魏晋胜流画赞》到石涛《苦瓜和尚画语录》，他都一一涉猎。1925 年，年仅 22 岁的学生傅抱石完成他第一部著作《国画源流述概》。

　　1926 年傅抱石从江西第一师范学校毕业，并留校任教于一师附小。他又开始《摹印学》的写作，把自己多年来治印的体会融于其中。显然，傅对史论的兴趣，为他未来在绘画上的成就奠定了厚实的基础，成为他艺术人生中一个显著的特色。1929 年傅为编写教学讲义，又完成了《中国绘画变迁史纲》一书。在这本书里，傅提出"研究中国绘画的三大要素——人品、学部、天才"，还提出"提高中国绘画的价值"和"增进中国绘画对于世界贡献的动力及信仰"的观点，反映了他对于中国艺术的一些独特思考。

　　1934 年在导师金原省吾帮助下，傅抱石首次个展《傅抱石中国画展览》在日本东京银座松坂屋举行。著名画家横山大观、篆刻家河井仙郎、书法家中村不折及文部省大臣、帝国美术院院长正木直彦等都参观了展览。金原省吾在其日记中写道："这个期待了这么久的展览会终于成功了！"而这个成功的展览，在傅此后的艺术之旅中对他有着至关重要的影响。不久傅的作品《离骚》又夺得全日本篆刻大赛冠军，使他的事业发展锦上添花。

　　傅抱石和宋振庭为至交。据宋回忆，两人单独交谈的时间加起来不超过三十个小时，却成了挚友。傅后来对夫人说："人活一辈子有些事很奇怪。这次在东北认识了宋振庭，我们虽是初交，却一见如故，两心相印，三生有幸，四体不安，五内如焚，六欲皆空，七情难泯，八拜之交，九死不悔，十分向往。"

　　傅抱石热爱故乡江西新余，凡画作都题有"新余傅抱石"字款，并特刻椭形白文印"新谕"（晋时地名）、方印"新喻"（唐时地名），加盖画卷。

# 曹禺：东方的莎士比亚

曹禺（1910—1996），祖籍湖北潜江，生于天津。杰出的现代话剧作家。作为新文化运动开拓者之一，与鲁迅、郭沫若、茅盾、巴金、老舍齐名。1922年入读南开中学，并参加南开新剧团。1934年处女作《雷雨》问世，在话剧史上具有极其重大的意义，被公认为是中国现代话剧成熟的标志，曹也因此被誉为"东方的莎士比亚"。其他作品还有《日出》《原野》等。建国后历任中国文联执行主席、中国戏剧家协会副主席、北京市文联主席等职。

曹禺10岁时就显露出不凡的文学天才，写出了"大雪纷纷下，穷人归无家"等诗句，几乎可与杜甫、骆宾王儿时诗作相颉颃。

曹禺从小就与戏剧结下不解之缘。他在天津南开中学读书时，曾扮演过易卜生作品《国民公敌》里的女儿和《玩偶之家》里的女主角娜拉。

有一次曹禺谈到戏剧中人名的问题。他说："名字一定要与剧中人的性格相吻合。比如我叫'万家宝'，这是我祖母给取的名字，不适合我的身份。我哪里像个'宝'呢？"

曹禺原名万家宝。他解释："我原本姓万，这个万字，草头下面一个禺。年轻时的风气，写文章总得有个笔名，于是把万字拆开，成了'艹禺'。但草头不像个姓，谐音，就来个'曹'吧。这个名字很好，既上口好记，又不容易重复。"

曹禺成名作《雷雨》构思于1928年（18岁），正式动笔是在1933年（23岁）。当时他躲在清华大学图书馆一个专门搁外国杂志的屋子里，一个人从早到晚不停地写，一直写了半年多。

曹禺说："我写《雷雨》是在写一首诗。""《雷雨》是我的第一声呻吟，或许是第一声呼喊！"《雷雨》经巴金推荐在《文学季刊》上发表，担任剧本编辑和校对的就是靳以和巴金。曹禺创作此剧，从酝酿到推出共用了5年时间；其中有七八个月是撰写，先编写全剧大纲、人物小传和高潮片断，然后再正式写作全剧。这时他才23岁。

20世纪40年代初中国文坛盛行写诗剧，不少初出茅庐者跃跃欲试。有人问曹禺是否也要写诗剧，他说："诗剧很不容易写，必须有最丰富的人生体验，以及最伟大的想象力。我现在年纪还轻，等年纪大一点才敢尝试。"

曹禺曾说："我喜欢写人，我爱人，我写出我认为英雄的可喜的人物；我也恨人，我写过卑微、琐碎的小人。我感到人是多么需要理解，又是多么难以理解。没有一个文学家敢讲这句话：'我把人说清楚了。'"

# 聂耳：人民音乐家

聂耳（1912—1935），云南玉溪人。中国现代音乐家，中华人民共和国国歌《义勇军进行曲》曲作者。他创作了数十首革命歌曲，他的一系列作品影响了中国音乐几十年。他的音乐创作具有鲜明的时代感、严肃的思想力、高昂的民族精神和卓越的艺术创造力，为中国无产阶级革命音乐的发展指明了方向，树立了中国音乐创作的榜样。作品还有《渔光曲》《卖报歌》《毕业歌》等。

聂守信（即聂耳）年轻的时候对音乐就特别敏感。大家都说，只要能从人耳朵里进去的，都能从他嘴里唱出来。久而久之，大家都叫他"耳朵"。

在一次联欢会上，聂守信不但能表演舞蹈，模仿各种人说话，还能让两只耳朵一前一后地活动。这是一般人很难做到的，大伙儿都被逗得大笑起来。老板给聂送礼物，并称他为"聂耳博士"。聂笑着对大家说："你们硬要把一只耳朵送我，也好，四只耳朵（"聂"的繁体为"聶"）连成一串，不像一个炮弹吗？"从此聂改名为"聂耳"。

聂耳初到上海时，每天晚上站在华懋饭店餐厅门外偷听里面的音乐，还典当衣服观看津巴利斯特的小提琴演奏。

聂耳在北平时穷得买不起棉衣，却在秋末时节深入到贫民区天桥等地，用有限的几个钱来收集北方民间音乐素材,并在"充满了工人、车夫、流氓无产阶级们的汗臭"环境中聆听卖嗓子、卖武艺吼声,从中知道他们"生命的挣扎"的心曲。他在上海一年苦苦积攒,才买到一把多年梦寐以求的廉价小提琴。在上海,他经常踏着晨霜夜路,体验女工上班的辛苦,从而创作出《新的女性》。聂耳还与小报童交上了朋友,天天问寒问暖,那首著名的《卖报歌》正是在此种环境下创作出来的。

聂耳一直没有像样的创作条件。他居住的斗室冬冷夏热。他到北平连续登台演出4天,仅得6元钱报酬。这不仅使他从心底更加憎恨资本家老板剥削的冷酷,其作品也不断呼喊出人民要求解放的心声。

聂耳说自己的《渔光曲》不足为傲,是在《孟姜女寻夫》旧调子上发展而成的。他一面歌唱一面比较,指出其雷同之处。

郭沫若在聂耳去世后,称其为"人民音乐家","他是天才的音乐家,又是革命者"。

学人方家

# 谢无量：提倡唯物史观

谢无量（1884—1964），四川乐至人。学者、诗人、书法家。1901年与李叔同、黄炎培等同入南洋公学。清末任成都存古学堂监督。民国初期在孙中山大本营任秘书长、参议长、黄埔军校教官等职。之后从事教育和著述，在国内多所大学任教。中华人民共和国成立后历任川西博物馆馆长、中国人民大学教授、中央文史馆副馆长等职。

谢无量幼年号称"神童"。6岁会作诗，其《风筝》："凭藉春风力，直飞上青云。"某客来访，坐谈良久，谢不胜厌烦，写就一诗以呈，客见后笑道："小公逐我去矣。" 12岁时他就读完"五经"，立志成为像清代顾（炎武）、黄（宗羲）、王（夫之）"三君子"那样品行和学识皆为世人所称道的读书人。

1898年浙江爱国实业家和政治活动家汤寿潜来到安徽芜湖，年仅14岁的谢无量拜其为师。汤为维新派人物，谢从此开始接受新思潮，时常与老师及同窗探讨经世之学，关心国家命运。

18岁时谢无量第一次出游。他从上海到北京，再经张家口到太原。这正是两年前八国联军入侵京城时，慈禧太后挟光绪帝逃往西安的路线。沿途所见，尽是山河破碎、民不聊生的惨状。这次旅行深深刺痛了谢，也改变了他的人生志向。他毅然决定不参加朝廷科举考试，于1901年和李叔同、黄炎培、邵力子等一同考入南洋公学。

求学期间，谢无量与马一浮、马君武等人一起创立翻译社，发行月刊《翻译世界》，向民众介绍外国文学名著及其他社会科学书籍。不久结识章太炎、邹容、章士钊等人，积极为《苏报》和《国民日报》撰稿，秘密参加反清斗争。1903年6月《苏报》案发生后，邹容与章太炎入狱，谢暂避日本。

在日本期间，谢无量补习了日文、英文、德文。马一浮从美国带来英文版《资本论》，谢当时英文水平还不高，但他以极大毅力专心阅读，接触到了马克思主义。俄国十月革命后，谢有机会读到更多马列著作，对马克思主义也有了进一步认识。因此他后来在南京东南大学任历史系主任时，能以唯物史观反驳梁启超唯心史观，在学术界引起震动。

谢无量著《中国六大文豪》，其中川人有司马相如、扬雄、李白，竟占一半。他受陆丹林所嘱，为大风社书联："庄叟逍遥齐大小；荆卿叱咤起风雷。"

谢无量本名"大澄"，与马一浮志趣相投，结为少年挚友。为纪念友谊，谢与马均改为今名。谢与人作书，只写"无量"两字。他说："少写一字，可节省时间，别无他意。"

谢无量有名号图章多方，但字书上不用。有面请盖章者，谢笑说："当面见我亲手所书，可以放心是真迹了。有图章者反成为假托。如定要盖章，外人认为伪作，我更是出门不认了。"

谢无量本擅书法，可是写件例不钤印。他认为，书法之美已充分表现于波磔点画中，钤印未免多此一举。

谢无量卖字，总写自己作的诗，写出来就被人买完。于右任说谢的字是"干柴体"，笔笔挺拔，别有韵味，是受朱熹影响。

毛泽东评价说："谢无量先生是很有学问的，对中国古典文学和哲学都很有研究。思想也很进步，在苏联十月革命以前就写了《王充哲学》，这是提倡唯物史观的哩！"

## 熊十力：我有法眼，一切如量

熊十力（1885—1968），湖北团风人。著名哲学家、思想家，新儒家开山鼻祖，国学大师。与其三位弟子（牟宗三、唐君毅、徐复观）和张君劢、梁漱溟、冯友兰、方东美并称"新儒学八大家"。著有《新唯识论》《原儒》《体用论》《明心篇》《佛教名相通释》《乾坤衍》等书。《大英百科全书》称"熊十力与冯友兰为中国当代哲学之杰出人物"。

熊十力少年时即天资聪慧，出口成章。有一天熊的脚板被木刺扎入，后为嫂子挑出，免除痛苦。他当即吟诗一首："小小黄泥垭，有个木将军。侵犯脚板国，攻进皮掌城。杀到骨肉府，鲜血溢淋淋。哎哟哎哟哟，痛得泪珠滚。踉跄回到家，禀告穆桂英。桂英持银枪，威武出了征。撵到皮川县，追至骨肉城。挥枪大血战，活捉木将军。斩首来示众，谈笑收了兵。"甚有庄周之夸张想象力！

熊十力勉强接受桂系将领陈铭枢给他的每月生活费30元。有一次出纳忘了寄，他写了一封信给陈，上面画着一百个王八蛋。陈吓得连忙把出纳开除，亲自将钱送去。

新文化运动前夕的1918年，未进大学的熊十力，集自己札记二十余则编成《心书》，自行印刷。蔡元培视之甚佳，亲为作序，推其为两千年来完全脱离宗教窠臼以哲学家立场和方法研究并补正佛学的第一人。

熊十力好于强记，有次他将一册账簿阅读一遍后，就把它撕毁了。然后熊凭着记忆重写了一遍，经仔细验证，无丝毫差错。他被称为世界上唯一没有藏书的大学者，写书作文之案桌上只有纸和笔，信息全贮于自己脑中。

熊十力与冯文炳（废名）同在北大教课。一天，两人为某个问题争得面红耳赤，后竟扭打起来。熊指着冯说："你错了，我的道理对。"第二天熊却找冯说："昨夜我回去想过之后，还是你的道理对。"说罢两人相视大笑。

熊十力在北京大学教授哲学。学生问他死后轮回之事，他说："你们未有死，问它做什么？照理，死后还是有的。"

抗战时期，熊十力《读经示要》出版。学生徐复观将此书呈送蒋介石，蒋即赠以法币200万元。但熊痛斥徐之鲁莽，竟拒收蒋之分毫。

熊十力长期不与家属住于一起，为的是集中精力研究学问。他每天清晨4点起床读书、写作，中午亦只闭目坐上片刻，书桌边贴有"说话勿超过3分钟"字条。

熊十力与林宰平（志钧）、梁漱溟从未三日外相见。他们之间争论问题，各不相让。林戏称："老熊眼在天上。"熊戏曰："我有法眼，一切如量。"

熊十力《新唯识论》出版后，吕澂严加批评。熊再反加批评，但他仍赞扬吕是"为学缜密，素履冲澹"。20世纪50年代，熊第一个提出在中国恢复佛学院，并建议由吕主持。

张东荪称熊十力《新唯识论》是一部奇书；书内主张也许为我们所不赞同，然其好学深思的结果则不容否认。

## 刘文典：最懂庄子的人

刘文典（1889—1958），安徽怀宁人。近现代杰出文史大师、校勘学大师与庄子研究专家。曾任北京大学教授、国立安徽大学校长、清华大学国文系主任；1938年至昆明，先后在西南联大、云南大学任教。终生从事古籍校勘及古代文学研究和教学，所讲授课程从先秦到两汉，从唐、宋、元、明、清到近现代，从希腊、印度、德国到日本，古今中外文史哲学无所不包。

刘文典在西南联大专题演讲《红楼梦》，两三百名听众在室外广场席地而坐，秩序井然。

西南联大教授刘文典，自以为是刘申叔（刘师培）的私塾弟子，故根本看不起别人。他常说："联大只有三个教授，陈寅恪先生是一个，冯友兰先生是一个，唐兰先生算半个，我算半个。"

刘文典学生沈从文将由副教授升教授，人皆举手，独刘不肯："沈从文是我学生，他都要作教授，我岂不是要作太上教授了吗？"

西南联大师生躲避日机空袭，沈从文从刘文典身旁擦肩而过。刘略显怒愠，对同行学生说："我刘某人是替《庄子》跑警报，他替谁跑？"

刘文典任西南联大中文系教授时，有一次在课堂上对学生说，要把文章做好，只须注意"观世音菩萨"就行。当时没有一个学生懂得他讲的是什么意思。他加以解释说："观"，是要多多观察；"世"，是要懂得世故；"音"，是要讲究音韵；"菩萨"，是要有救苦救难、为广大人民服务的菩萨心肠。

刘文典在西南联大讲课时，以国内有名的庄子研究专家自称。他曾说："在中国真正懂得《庄子》的就只有两个人，一个是庄周，还有一个就是我刘某人。"

刘文典上课很有个性。讲到得意处，从不理会下课铃响，有时一高兴就讲到五点多才下课。有一次，刘才上了半小时课，便结束了上一讲的内容。学生以为他要开讲新课。这时他忽然宣布："今天提前下课，改在下星期三晚饭后七时半继续上课。" 原来下星期三是阴历五月十五日，他要在月光下讲谢庄的《月赋》。届时在校园里摆下一圈座位，刘坐于中间，当着一轮皓月大讲其《月赋》，生动形象，见解精辟，让听者沉醉其中而不知返。

每逢讲授诗歌，刘文典常常摇头晃脑、浅吟低唱，到激越处则慷慨悲歌、言辞激烈。他不仅自己吟诵，还要求学生模仿。有的学生不遵命，他虽不悦，但也不苛责，只是打比方点拨："诗不吟，怎知其味？欣赏梅（兰芳）先生的戏，如果只是看看、听听而不出声吟唱，怎么能体会其韵味呢？"

刘文典上课征引繁富，经常一堂课只讲书中一句话。故而讲萧统《文选》，一个学期只能讲半篇《海赋》。后因吸食鸦片，有时上课中间瘾发，便狂抽香烟。由于其发音多通过鼻腔，故而含混不清。讲《文选》时，只能听到他嗫嚅而言："这文章好！这文章妙！"

大名士吴宓对刘文典很是敬重，常拿自己诗作请他润饰，还喜欢听他的课。刘也不介意，他讲课时喜欢闭目，讲到自以为独到之处，会忽然抬头看向坐在后排的吴，然后问："雨僧兄以为如何？"每当这时，吴照例站起来，恭恭敬敬一面点头一面说："高见甚是，高见甚是。"惹得学生们纷纷窃笑。

# 陈望道：把墨汁当红糖吃

陈望道（1891—1977），浙江义乌人。现当代教育家、修辞学家、语言学家。出生于农民家庭，早年就读于金华中学，曾赴日本早稻田大学学习文学、哲学、法律等并阅读马克思主义书籍，回国后任复旦大学校长、上海大学等高校教授、民盟中央副主席等职。他在中国第一个翻译《共产党宣言》，撰写《漫谈"马氏文通"》和《修辞学发凡》等专著，担任旷世巨著《辞海》总主编。

陈望道有段时间住在陈宅旁破陋不堪的柴屋中，里面有一块铺板和两条长凳，既当书桌又当床。时值早春天气，还相当寒冷。到了夜晚，刺骨的寒风透过四壁漏墙向他袭来，冻得他手足发麻。陈的一日三餐和茶水等常常由母亲给他送过来。为了让儿子补补身子，有一次母亲特地用糯米包了粽子送来给他吃，还加上一碟当地盛产的红糖。过了一会，母亲在屋外高声问他，还要不要再添些红糖，他连声答话："够甜够甜了。"待到母亲进来收拾碗碟，只见他满嘴墨汁，不由得哈哈大笑。原来陈专心致志译书，竟把墨汁当作红糖蘸着粽子吃，自己却全然不觉。就这样，陈以平时5倍功夫进行翻译，一盏昏暗的煤油灯伴随着他送走了无数个漫长的寒夜，迎来了黎明前绚丽的曙光。1920年4月下旬，陈终于在分水塘完成了《共产党宣言》的中文翻译工作。

陈望道随时留心修辞现象，身边总带有一本手册和一支钢笔。他常说："画家身边常带速写簿,我们身边就应该带手册。"

陈望道治学谨严,有一次为学校一张油印报撰写文章,短短几百字,至少修改了3遍。陈为了几句修辞用语,经常不惜花钱买很多书,看过之后,记下一两笔,就撂掉了。十余年后才写出《修辞学发凡》。

陈望道与蔡葵结婚时,他的3个复旦学生去祝贺,并自我介绍。蒯斯曛说:"我是问号 question。"席涤尘说:"我是公民 citizen。"曹亮说:"我叫曹亮,曹操的曹,诸葛亮的亮。"

陈望道任复旦大学新闻系主任时,曾提出"七分学者气,三分才子气",即应该读书时就得老实读书,应该活动时便猛烈活动。

陈望道反对轻浮、呆滞,因此他要学生"含蓄中活泼""活泼中稳重"。他还将自己办公室交与学生管理,让他们玩闹和读书,给以充分自由,只要不触犯校规。

陈望道的《修辞学发凡》是中国第一部修辞学专著,他选定此书作为教材。上课时他首先对同学们说:"凡已买了《修辞学发凡》的都上来吧。你们买书时,在定价中有一小部分是出版社付给作者的版税。现在我把版税退给你们,我不收学生的版税。" 在《修辞学发凡》中陈称《红楼梦》为一部三角恋爱小说,因宝玉与黛玉,玉与玉相对;宝玉与宝钗,宝与宝相对。

陈望道著述谨慎,考虑周密。他从1923年起研究中国修辞学,但到他的《修辞学发凡》出版却是1932年了。十年春秋,细磨精琢,只写了一部书。

陈望道平时表情严肃,言语不多;但一旦发言,总能别开生面,幽默诙谐,常常让人捧腹。为推动复旦招收女生,陈曾对老校长李登辉采用激将法,提议把复旦改名为"复旦男子大学",以与北京女子大学相呼应。后李校长很快改变态度,同意招收女生。

# 刘半农：教我如何不想她

刘半农(1891—1934)，江苏江阴人。新文化运动先驱，文学家、语言学家、教育家。1911年参加辛亥革命。1912年后在上海以向鸳鸯蝴蝶派报刊投稿为生。1917年到北京大学任法科预科教授，并参与《新青年》杂志编辑工作。1920年到英国伦敦大学学习实验语音学。1921年转入法国巴黎大学学习。1925年获法国国家文学博士学位，所著《汉语字声实验录》荣获法国康士坦丁·伏尔内语言学专奖。1925年秋回国，任北京大学国文系教授，讲授语音学。

刘半农少年时在自己日记本扉页上题词："狗屁连篇其中固有点；一语千金难道没得么？"

20世纪20年代，刘半农写《半农谈影》，凡摄影之曝光度、光圈大小等都详尽述及，因此其广告语为："凡爱好摄影而若不见法者，都宜人手一册。"

刘半农编《初期白话诗稿》，1933年由北平琉璃厂"景云堂"影印。内容系《新青年》时代诸人手迹，但唐俟（鲁迅）之诗稿乃由周作人代抄。林语堂以为此书装潢精美，比《道咸同光名人手札》更有价值。

刘半农著文《群言堂评》，称林语堂即是"群言堂"。因多木则为林，士多曰士林，故林与群合二为一，且言为语，故为"群言堂"。他编纂中国大辞典，为解释一个"一"字，所搜集材料就可印一部三百多页的书，于是先编了部"中国小字典"。

刘半农商之于袁同礼、蒋梦麟，将北平图书馆和北京大学所藏金尼阁《西儒耳目资》合印500部。

刘半农颇有讽刺才能。20世纪30年代写过一篇《南无阿弥陀佛戴传贤》，发表在南京《民生报》，轻轻开了考试院长一个玩笑。斥责他不应迷信，不应禁止考古发掘。开头几句是："赫赫院长，婆卢羯帝！胡说乱道，上天下地。疯头疯脑，不可一世！即顾旁人，皱眉叹气。"

刘半农见林损为舅母郑孺人所写之颂古色古香，特撷拾林文中典故，撰寿联一副："诗书易礼春秋纬；孟荀程杵诸葛韩。"

1933年8月26日《北平新闻》上有一文仅五六百字，但文中称江亢虎博士竟有15次之多。刘半农颇为反感，故而作诗《江博士》："别来无恙江博士，一博士来再博士，三四五六七博士，不念弥陀念博士。"

刘半农在《论语》杂志上撰写打油诗，署名"桐花芝豆馆主"。时人不察其意。原来刘好谑，笔名中的桐子、花生、芝麻、大豆等皆打油之原料也。

刘半农提倡"俗文学"，特在《晨报》上刊登启事征求"国骂"，要汇集全国各地骂人的语词以编书。当天赵元任见了启事就来到刘家，拍着桌子，用湘、皖、川等方言大骂他；接着周作人用绍兴话骂他；在上课时，学生又用广东、宁波等话相继咒骂，弄得他啼笑皆非。

刘半农等人到河南巩县游石窟寺，此间多穴居者。刘等在县署西边住了一宿，次晨出穴，相谓称，吾等乃新出土古物也！刘为此赋诗一首："古物今朝新出土，寥寥四件不为多。苏州空头（沈仲章）江阴盗（刘自称），偃师野蛮（石璋如）徽骆驼（郑颖孙）。"

王月芝为刘半农绘肖像。刘有《题画像诗》称："翻眼注明劳碌命，评头未许穴窬钻。"并自注释："余眼角下垂，相者言是一生劳碌之征；头大而方，实不宜于钻狗洞。"故周作人和诗也有"眼斜好显蛾眉细，头大难将狗洞钻"之语。

刘半农任女子学院院长时，决定将称呼"密斯"改为"姑娘"。女子学院送刘一个银盾，后银盾被窃，而红木衬板留下。刘即赋诗于板上，仍置原处。诗中借用崔颢《黄鹤楼》中句子："大贼声中闹小贼，小贼偷了银盾去。银盾一去不复返，此地空余几木板。"

刘半农推崇清末小说《何典》，还据书中人物绘了"鬼脸一班"附在书之扉页。并在画上自注说："不会画人像，何妨画鬼相？若说画得不像，提他一个来比，看他像也不像？"

刘半农作诗《教我如何不想她》，经赵元任制谱，传唱甚广。十年后刘与读者见面，一女青年说："原来是这样一个老头儿！"由此刘回来后写了一首诗："教我如何不想他，可能相共吃杯茶？原来这样一老朽，教我如何再想她？"

刘半农为《论语》写有4句："不耻不仁，为狗为鼠；无奉无勇，靡室靡家。"并称上联集《易》、下联集《诗》，困难中书此，可无愧于《论语》之道矣。

中国报纸何时有副刊，很难讲得清楚。刘半农在《世界日报》副刊发刊词中称："这个问题是谁也回答不出的。不过好像是'报谱'上写着，有报必有副刊。"

徐耀辰于骆驼书店宴请老友。周作人于腰间摸索许久，出一纸相示，乃其五十自寿诗也①。刘半农甚感兴趣，纳入怀中，声言非干杯不可。周说，能步原韵见和一首，则听君便。沈兼士说："限'袈裟'两字不许连用。"刘说："有何难哉？"即写一首："咬清声韵替分家，柯出为'袈'擦出'裟'。算罢音程昏若豕，画成浪线曲如蛇。常还不尽文章债，欲避无从事务麻。最是安闲临睡顷，一支烟卷一杯茶。"刘称此乃自己生活之真实写照。

---

① 周作人自寿诗两首。其一：前世出家今在家，不将袍子换袈裟。街头终日听谈鬼，窗下通年学画蛇。老年无端玩骨董，闲来随分种胡麻。旁人若问其中意，且到寒斋吃苦茶。其二：半是儒家半释家，光头更不著袈裟。中年意趣窗前草，外道生涯洞里蛇，徒羡低头咬大蒜，未妨拍桌拾芝麻。谈狐说鬼寻常事，只欠工夫吃讲茶。

## 胡适：为学要如金字塔

胡适（1891—1962），安徽绩溪人。中国著名思想家、哲学家、文学家、教育家、社会活动家，以倡导白话文、领导新文化运动闻名于世。幼年就读于家乡私塾。19岁考取庚子赔款官费生，留学美国，师从哲学家杜威。1917年回国，受聘为北京大学教授。1918年加入《新青年》编辑部。20世纪20年代办《努力周报》，20世纪30年代办《独立评论》，20世纪40年代办独立时论社。1938—1942年任国民政府驻美大使。1946—1948年任北京大学校长。1949年去美国。1952年返台湾任"中央研究院"院长。

胡适初到美国，在康乃尔农学院实习。他花上两个半小时，才将三十余种苹果分辨出二十种左右，只得转学文史。同时因《生活》杂志刊登有他在火柴盒上签名的照片，于是每到一处大学演讲，学生即赠以各式火柴盒。他在美8年，竟成全球著名火柴盒收藏家。但他平时吸烟，却都是用打火机。

胡适在美国求学时，一天，他问了五十个中国朋友对于《天演论》是否相信，结果个个回答相信。后胡再问《天演论》是根据什么凭据考证而成立，却只有两三个人回答得出。

胡适以八仙桌为大书桌，上面堆满线装书。在那些乱书之中放着一个小砚台，他比作万山丛中的"雁荡"和"天池"。

胡适是个"日记作家",他前几十年的日记原稿虽都遗留在北京大学,但都保留了影印的缩微胶卷;后二十年的日记虽所记不全,但完整无缺。他所用的清一色红封皮日记簿,是当时美国所产最名贵的一种。有部日记里记载着胡适每日的活动感想,还贴有报纸资料。故不仅是其个人日记,还是社会史料。他说:"这是我留给儿子唯一的遗产,等我死后发表。"

胡适写文章慢得出奇。他常说:"人家都以为我胡适写文章总是下笔千言,一挥而就,其实我写起文章来是极慢极慢的。"

1922年胡适读《诗经》,自称有两大发现:一为"于以采苹?南涧之滨"中的"于以"作"哪儿"解;一为"黄鸟于飞"中的"于"单用作"于是"解。但杨树达引证经史,认为"于"训"在","以"训"何"。钱玄同据钟鼎文证实杨之见解正确。胡即放弃己见,而从杨解。

1922年梁漱溟主持由梁启超批评胡适哲学史大纲的集会。漱溟开始有顾虑,怕胡有意见。但胡说:"好呀,请他来吧,我也出席。"在会上,启超先指出此书什么地方不对,什么地方更不对。胡只是微笑,后来他答辩,说什么地方都对,什么地方你不懂,态度平和自然。继而漱溟作讲解,启超什么地方对了,什么地方不对;胡什么地方对了,什么地方不对。因启超据中国文化传统来批胡,胡据实验主义来答辩,漱溟又超然于哲学作合理讲话,以使这场辩论完美结束。

1923年胡适曾为青年拟定《最低限度的国学书目》,把《三侠五义》《九命奇冤》也列入。梁启超对胡说:"我便是没有读过这两部书的人。我虽自知学问浅陋,但说连国学最低限度都没有,我不服。"

1924年北洋政府教育部开列禁书单,其中有英国作家嘉本德《爱的成年》、周作人《自己的园地》等与政治毫不相关的作品。为此胡适给政府写信,要求消除这种笑话。

1925年清华大学国学研究院建立。校长曹云祥请胡适主持,胡说不够格,推荐梁启超、王国维、罗振玉和章太炎。王开始不答应,胡找溥仪,溥劝王去,王因清华是洋学堂,仍不愿去。溥只得下了"圣旨",王没办法,这才去了。但章不去,他因为在日本时曾与梁打过笔墨官司;另外也反对甲骨文,说那是商人伪造，信它的是妄人。梁、王都希望他去，但章始终没有去。

1925年胡适著文谈"读书"，指出"精"和"博"是读书两个要素。他将这个看法编成两句口号："为学要如金字塔，要能广大要提高。"

1928年胡适和友人同游庐山，对山上耶舍塔做了四千字考证。有人说他小题大做，但胡适说："学问是平等的……一个塔的真伪，同孙中山遗嘱的真伪有同等考证价值。"

胡适爱书成癖。珍珠港事件前，北平图书馆有数百部善本书运至华盛顿，托美国国会代为保存，特请中国大使胡适等人察看。胡一进书库，即情不自禁席地而坐，旁若无人地看起书来。

抗战前夕，日本人清水安三在北平办崇贞女校，能操华语。一日访胡适，胡赠以诗："忘也忘不了，放也放不下。刚忘了昨儿的梦，又想起了梦中的一笑。"

上海现代书局出版《招商局三大案》（李孤帆著）。胡适写道："公开检举是打倒黑暗政治的唯一武器，光明所到，黑暗自消。"陈衡哲和任鸿隽结婚，胡赠以对联："无后为大；著书为佳。"

胡适在1930年到北京大学之前写有一条幅："做学问要在不疑处有疑；待人要在有疑处不疑。"

胡适在北平某大学演说，题目为《胡适之》。他说：鄙人于五四运动之时提倡白话文学，国学大师章太炎怒骂："适之小子，你之名字，何不改为往哪里去？"听者哄然大笑。

1932年胡适在北大讲授中国哲学史时，经常说："我在27岁时就完成了《中国哲学史大纲》。"顾颉刚事后对人说："我真为班中30岁以上的听讲者捏上一把冷汗。"

1937年适因徐世昌"有几部书奉赠"，以为是珍本，当日即赶到天津；但徐送他的《颜李师承记》及《语要》都是书坊间常见的，且胡早就读到过。

胡适题陈垣所藏程子陶画的弥勒："瞧这一个大肚皮，瞧他总是笑嘻嘻。

这是佛法这是佛，大家相信莫怀疑。明天日出肚皮消，连这笑也不存在。昨天大家乐一场，绝对真实无可赖。"

胡适为《努力周报》副刊《读书杂志》写发刊词，文末要大家写些读书研究的收获来发表。说："一来呢，各人的心得可以因此得着大家的批评；二来呢，我们也许能引起国人一起读书的兴趣，大家少说点空话，多读点好书。"

胡适《藏晖室日记》原拟1923年由亚东图书馆出版，后因战火起，直至1939年方由商务印书馆出版，并改名《胡适留学日记》，只销了2000部。曹聚仁说，如果早十几年出版，至少可销几万部。

胡适平时爱引用格言。他最喜欢引佛经上一句话"功不唐捐"，意思是"努力必不白费，有耕耘即有收获"。

胡适的卧室内，挂满了古今中外名人的格言。不但墙壁上，还有床上，到处可以发现格言一类题字。他尤喜林纾所译小说中的神妙句子。

胡适11岁时读到司马光家训中一段话："形既朽灭，神亦飘散，虽有剉烧舂磨，亦无所施。"从此倾向于无神论。18年后他又撰写《不朽》一文，以说明他的宗教观。

新文化运动中，胡适最欣赏的人物是两周（鲁迅、周作人）和许地山。他虽与许并不相识，却向香港大学推荐其为文学院院长。胡本是章太炎崇拜者，出名后也常向章请教。但是请教之后，问题解决了，便马上对章来个反驳，来次攻击。

丁文江对自己不喜欢的人总是斜着头，从眼镜里看他；眼里露出白珠多、黑珠少，样子怪可嫌的。胡适对丁说："史书上说阮籍能作青白眼，我从来没有懂得，自从认识了你，我才明白了'白眼待人'是个什么样子。"丁听了大笑。

黎元洪政府曾颁发勋章给胡适。胡在报上刊登启事："四月五日《益世报》上登出新发表的大批勋章，内有'胡适给予三等嘉禾章'一项。我是根本反对勋章、勋位的，如果这个胡适是我，还是请政府收了回去罢。"

朱经进在美国留学时与胡适同学。朱伉俪情深，到美之后，得夫人手书大喜。胡问朱何事，朱说，无他，不过问归期耳；又称来信情急，缠绵写成别字。胡即填《虞美人》："先生几日魂颠倒，她的书来了，虽然纸短却情长，带上两个别字有何妨。可怜一对痴儿女，不惯分离苦，别来还没几日时，早已书来细问几时归。"

胡适和陶行知是同乡，小时是同学，又在美国一起留学。抗战前夕胡乘机赴两广，写有《南游小赞》："天上不须半日，地上五千里。古人辛苦学神仙，要受千百戒。看我不修不炼，也凌云无碍。"陶以为认为这种诗是"害了贫血症的文艺"，想给他输送新血，于是和了一诗："天上不须半日，地上汗万滴。辛辛苦苦造飞机，无法上天嬉。让你看山看水，还要吹牛皮。"

胡适掌校中国公学时，某日演讲《长寿秘诀》说："昔有善睡者，作诗云：'每日昏昏睡，睡起日已午。人活七十岁，我只三十五。'我之新诗则为：'不做无益事，一日如三日。人活七十年，我活二百一。'长寿秘诀，尽于此矣。"听众大笑。

杨振声为青岛大学校长时，胡适将由北平到上海，相约在青讲演。船抵青，风浪险恶，不能靠岸。胡去一电，文仅5字："宛在水中央。"杨即回电："盈盈一水间，脉脉不得语。"

胡适主编《努力周报》时，自称是"一只多病的徽骆驼"。

胡适、胡政之、胡健中、胡次威有一天在庐山会前闲谈。蒋百里见后大叫："幸只'四胡'，否则我国就危险了。"大家正感惊异，他笑指"四胡"又说："若多一胡，岂不成了'五胡乱华'，那还得了？"

抗战之后，胡适在北京大学一次欢迎会上说，五四运动不是我提出来的。"五四"是星期日，陈独秀在北京写了一天文章，我在上海欢迎杜威。5月5日才惊讶各报没有北京专电。并说："以上非谦虚，因怕将来有人写错，变成了假历史。"

胡适和汤用彤闲谈。汤说，我有一个私见，就是不愿意说什么好东西都是从外国来的。胡适也笑着对他说，我也有一个私见，就是说什么坏东西都是从印度来的。说完，两人相视大笑。①

---

① 汤用彤（1893-1964），哲学家、佛学家、教育家。与陈寅恪、吴宓并称"哈佛三杰"。胡适如此开玩笑，因汤用彤是精研印度哲学的大家，也是现代中国学术史上少数几位能会通中西、接通华梵、熔铸古今的国学大师之一。

胡适应邀到长沙讲学。湖南省主席何键以湘绣数匹、大洋五千。胡本着却之不恭，拜而受之。事后有人撰联嘲胡："轻轻摇动三寸舌；整整赚得五千元。"瞿秋白亦有诗称："好向侯门买廉耻，五千一赠未为奢。"

胡适应邀到某大学演讲。他引用孔子、孟子、孙中山的话，在黑板上写"孔说""孟说""孙说"。最后他发表自己意见时，引得哄堂大笑，原来他写的是"胡说"。

胡适曾公开宣称，冯玉祥为中国豪门之一，在美国有多少财产宝物、多少美金存款。冯写了一封信来责备他，信中称：你不要以为你姓胡，就可以糊里糊涂地胡说。结果胡只好公开道歉。

胡适表示，文学革命后自己决不再做文言文。但当北京大学某刊物要他用文言作序时，胡即写了《淮南子集解序真伪考》。有人说，三百年后如有人考证此文真伪，一定认为是伪造的。

胡适认为，从前的革新家说中国有三害：鸦片、八股和小脚；其实中国还有第四害，就是麻将。前三害经近代革新差不多已为陈迹，唯独麻将日兴月盛。

胡适教授伦理学，主张学生多看侦探小说，因为侦探需用科学实验方法。

胡适在中国公学毕业典礼上对学生说："你们现在离开母校了，我没什么礼物送给你们，只好送一句话：不要抛弃学问。……达尔文一生多病，不能多做工，每天只能做一点钟的工作。你们看他的成绩！每天花一点钟看十页有用的书，每年可看三千六百多页，二十年可读七万页书。七万页书可以使你成为一个学者了。"

胡适自称其思想是在赫胥黎和杜威的路上。赫氏的思想教人怎样怀疑，教人不信任一切没有充分证据的东西；杜氏教人把一切学术思想都看作待证的假设。

胡适《谈五十年来中国之文学》中说："这五十年（指1872年至1921年）是中国古文学的结束时期。"胡认为章太炎是古文学"光荣的下场"，但不能救古文学的必死之症。

陈子展把所作《水灾诗》给陶行知看，副题为《题仿洛阳体》。陶没有回答。但当陈称胡适诗为"胡适之体"而戏仿其《飞机赞》时，陶就讥胡是"个人主义的作家"。

胡适常惜鲁迅《阿Q正传》未用绍兴土白写,以为若如此则当更出色。

陈独秀在南京读了罗尔纲《太平天国广西起义史》草稿,要和他合作写太平天国史。胡适持异议,对罗说:"仲甫是有政治偏见的,他研究不得太平天国史,还是你自己努力研究吧。"

胡适极少为人推荐工作,谁也不敢去求他。只有罗尔纲来信请求,介绍自己到中央研究院历史语言研究所工作。因其成绩好,于是留在胡家工作。

梁启超比胡适大18岁。胡小时候受梁的影响至深。但在胡留美归来之后,却时时以新创见刺激梁。梁因而奋发,写出许多精彩的著作。

任鸿隽和胡适在上海和美国曾两度同学。胡说:"吾数年来于文学之兴趣,若无(任)叔永、(杨)杏佛,定无《去国集》;若无(任)叔永、(梅)觐庄,定无《尝试集》。"

1923年刘文典《淮南鸿烈集解》由上海商务印书馆出版。胡适序称:"叔雅治此书,最精严有法。"7年后胡适《中古思想史长编》第五章再次提到:"近年刘文典《淮南鸿烈集解》搜罗清代学者校注最完备,为最方便适用的本子。"

有人问胡适:"如果一个外国人要你举出10个对中国文化贡献最大的人物,你将推荐何人?"胡说:"我的排名榜是:(1)孔子;(2)老子;(3)墨子;(4)韩愈;(5)杜甫;(6)范仲淹;(7)王安石;(8)朱熹;(9)王守仁;(10)顾炎武。若是再加几名,则可列上孟子、司马迁、王充和张居正。孟子是儒家代表;朱元璋晚年读《孟子》一书,颇为惧怕,令人删去三分之一,因其对君主不利。王充为大思想家,值得推崇。张居正为明代名相,有功于世。"

胡适和汤用彤闲谈。汤自称,只能作小心求证,不能作大胆假设。胡认为他极小心,处处注重证据,无证之说虽有理亦不敢用,这是最可效法的态度。

胡适在1937年的日记里说,汤用彤的训练极精,工具也好,方法又细密,所以他写的《汉魏两晋南北朝佛教史》为最有权威之作。

# 郭沫若：中国的歌德

郭沫若（1892—1978），四川乐山人。现代文学家、话剧家、历史学家、社会活动家，中国新诗奠基人之一。1914年留学日本，在九州帝国大学学医。1921年出版第一本新诗集《女神》。1930年撰写《中国古代社会研究》。1949年当选为中国文联主席，另任中国科学院院长、中国科学技术大学校长、国务院副总理、全国政协副主席等职。著作另有《王昭君》《屈原》《洪波曲》《奴隶制时代》等。

1919年宗白华与郭沫若通过向《学灯》杂志投稿相识，两人相见恨晚。宗称赞郭："你的诗是我最爱读的，你诗中的境界是我心中的境界。"郭则对人云："白华是我的钟子期呀！"

郭沫若说，常人以为郁达夫颓唐，其实是皮相的见解。1920年春，郭从日本回国，郁写信规劝他不要为流俗所染，不要忘记海外的妻子。这给郭感受最深。

1922年闻一多写了一篇长文，尖锐批评郭沫若翻译的《鲁拜集》，指出其中的错误。郭收到此文后表示敬服，并将它发表于《创造季刊》。

1929年2月创造社被查封。郭沫若的《反正前后》《创造十年》《沫若诗集》及《浮士德》译稿，均由潘汉年经手转与现代书局出版；后又将《少年维特之烦恼》译稿交联合书店重印。

　　郭沫若写作初期，因无人评论或推荐其作品，所以一篇也卖不掉。但他还是埋头写作，文章卖掉与否从不注意。他说文学的生活决不是舒服的，日子虽与以前一样贫困，但是用自己的力量去生活，自然是快乐的。郭写《凤凰涅槃》长诗仅用一天时间：上午听课时，在抄本上写出前半篇；晚上就寝时诗兴勃然，伏在枕上用铅笔写成后半篇。

　　1934年郭沫若流亡日本东京时，在中华青年会讲演《中日文化的交流》，有少数反动分子当场投抛梨子捣乱。事后郭曾作一联以志其事，联曰："妄把梨儿充炸弹；误将沫若当潘安。"

　　郭沫若在日本时倾心于王阳明，在《王阳明的礼赞》一文中，他提到自己学习静坐的事。由此用古语集联："内圣外王一体；上天下地同流。"

　　郭沫若写诗《百花齐放》100首，还写了《其他一切花》作为第101首。他说："因为它似乎象征一元复始，万象更新。这里有'既济未济'的味道，完了又没有完。'百尺竿头，更进一步'，这就意味着不断革命。"

　　郭沫若在重庆，前往北碚看望熊十力，曾书一笺："应吾夫子，永恒康健，爱国讲学，领袖群伦。"峨嵋山僧果玲要郭题字，郭即写下"果决方能精进，玲珑便是禅机"。

　　1937年"八一三"事变后两月，郭沫若在上海前线劳军。有一广东兵为此赋诗，并请郭指正。郭即"毫不客气"作了修改："弹雨淋漓风改色，阵前木叶如蝗飞。同仇敌忾拼生死，狮吼摇天万坚威。"

　　李根源和张一麐均力主抗日。郭沫若赞誉他们是国家的大老，并风趣地把张比作诸葛亮，把李比作关羽。

　　1930年"左联"成立时，郭沫若正流亡于日本。他委托冯雪峰将自己十分畅销的译著《少年维特之烦恼》版权捐给"左联"，收入作为"左联"活动的基金。

　　1946年初郭沫若在上海提出纪念鲁迅的3点建议：(1)设立鲁迅博物馆，由景宋（许广平）任馆长；(2)多多塑造鲁迅巨像；(3)把杭州西湖改为鲁迅湖。

郭沫若原学医术，后因耳聋无法诊断；只得改用眼睛，把全部精力用到文学、考古上去，弥补了耳聋的缺陷。

郭沫若得悉廖冰兄取名，乃是有个妹妹叫廖冰，就开玩笑说："我明白了，郁达夫的妻子一定名郁达，邵力子的父亲一定名邵力。"

徐悲鸿、廖静文在重庆举行新式婚礼，移风易俗，声明概不受礼，会场上仅扎结青松翠竹。郭沫若当场写贺联一副："嘉陵江水碧于茶；松竹青青畦似花。"

郭沫若校阅专著《十批判书》等多次，最后仍发现有错字，就写了一段题词："《青铜时代》和《十批判书》都由我自己校对了几遍，但终不免仍有错字，深感校书之难。中国假如专由我辈任校对，而有更笃实的学者著书，学术界的进展谅必大有可观了。"由此出版社将它印成书签夹在书中。

郭沫若寓居香港时，对门住一交际花，找她的人常误叩郭门。郭大为所苦，言及柳亚子。柳索取纸笔，写下一联："南郭先生隐几卧；洛阳女儿对门居。"嘱贴门上，可避干扰。但郭没有照办，却将它裱糊珍藏。

抗战时期郭沫若归乡，为谢发妻张琼华二十年奉侍父母，录旧诗作写了两幅条屏，在短跋中都有"书付琼华"字样。他对张开玩笑说："以后你如果没有钱用，可拿去卖几十个大洋。"

1938年国民党就《抗战将军李宗仁》小册子专门发了训令称：近查三厅所印各种宣传文件中，每有"人民""祖国""岗位"等字样，此等文字殊不妥帖。"人民"应一律改用"国民"，"祖国"改用"国家"，"岗位"改用"职份"。三厅负责人郭沫若当即指出："查中山先生生前文章，已屡见'人民'与'祖国'等字样。是否亦应一律改用'国民'与'国家'？"

1940年郭沫若到重庆缙云寺游览，太虚法师请他题诗。郭打开摺式留言册，赫然发现上面已有田汉诗："太虚浮海自南洋，带来如来着武装。今世更无清静地，九天飞锡护真光。"郭正欲步其原韵酬和，忽传空袭警报。警报解除后，郭写诗道："无边法海本汪洋，贝叶群经灿烂装。警报忽传成虚事，顿教红日暗无光。"

日本学者游泰山，见石壁上镌刻有"虫二"两字，难以解释，即求教于郭沫若。郭提笔在"虫二"两字外边分别加以"几"和"刀"，便成了"风月"。郭说："这两个怪字应读作'风月无边'。不过是古人的文字游戏而已。"

1942年郭沫若创作话剧《孔雀胆》。他对翦伯赞说："将在这火热的天气中，写一部火热的剧本。"而此时翦正开始撰写《中国史纲》上古部分，故而说："而我在当时，却正在研究冰河时代的中国史。"

1951年郭沫若在沈阳参观辽宁省图书馆，题联一副："宋人方守株待兔；大道以多歧亡羊。"前句出自《韩非子》，后句出自《列子》。

1956年郭沫若、沈雁冰、范文澜、邓拓、张苏和吴晗等人打报告请示国务院，要求发掘明长陵（永乐帝墓）。但郑振铎、夏鼐不同意。后来由国务院颁下指示，只发掘明定陵（万历帝墓），此后不准再发掘古代帝王陵墓。

郭沫若多创作诗歌。但他说，做旧体诗律句首推（郁）达夫，绝句应推寿昌（田汉），"我虽然爱写，就不如他们了"。

柳亚子和郭沫若在饮酒时，柳不禁脱口自喻："才子居然能革命。"郭即应了一句："诗人毕竟是英雄。"后柳以此联句治印，时时用于手书诗文条幅。

李一氓认为，郭沫若的学术成就：第一是考古学，第二是史学，第三是文学。

沈从文曾评论郭沫若写小说："小说方面他应当放弃了他那地位，因为那不是他发展天才的处所。一株棕树是不会在寒带地方发育长大的。"

郭沫若写《孔雀胆》附录，有联句称："返国空余挂墓剑；靳况难觅运风斧。"并有附记："余与鲁迅素未蒙面而时受斥责，虽当时受之，每有难忍之处，但今实求之而不可得矣。"

郭沫若以几天时间读完李劼人《死水微澜》等三部曲，说它是"小说的近代史""小说的《华阳国志》"，并称李是"中国的左拉"。

郭沫若曾评价郁达夫的旧体诗"颇耐人寻味，真可谓名实相符，'郁郁乎文哉'（此句出自《论语》，而郁达夫原名郁文）了"。

# 赵元任：罕见的语言音乐天才

赵元任（1892—1982），原籍江苏武进，生于天津，清朝著名诗人赵翼后裔。现代著名学者、语言学家、音乐家。先后任教于美国康乃尔大学与哈佛大学、清华大学（著名的清华大学国学研究院四大导师之一）、中央研究院史语所及美国夏威夷大学、耶鲁大学、密歇根大学，后长期任教于美国加州大学伯克利分校。他是中国近现代语言学先驱，被誉为"中国现代语言学之父"；同时也是中国近现代音乐学先驱，"中国科学社"创始人之一。

赵元任小时候爱读唐诗，长大后在床头总备有一本《唐诗三百首》。在住医院时，他也让女儿带一本放在病床上。逝世前一天，他还在用常州方言读"星垂平野阔，月涌大江流"（杜甫）。

赵元任把《康熙字典》"浓缩"为两千多汉字，取名《通字》，并认为日常汉语行文用这些字就足够了。赵在清华大学任教时，曾向学生吴组缃求教其家乡安徽泾县方言。

赵元任曾于新年将其小照赠与友人，并题英文于其上。友人问何解，赵说："此即中文所谓'新年传旧影，短语寄长思'者是也。"

赵元任将其妻杨步伟自传译为英文。1947年出版后，成了哈佛大学学生了解中国文化的指定入门读物。

赵元任自幼善于辨别各种语言,甚至极细微的声调,听觉特灵敏;从小就能说多种方言,一星期内学会一种方言,跟老辈学常州话,跟母亲学北京话,跟姑妈学常熟话,此后即终生不忘,将三十余种方言应用自如。赵曾与来自8个地方的人同桌就餐,言笑谈欢;两次之后,他竟能讲8种方言。

赵元任用几乎同音的许多字编出一个有趣的故事《施氏食狮史》:"石室诗士施氏,嗜狮,誓食十狮。施氏时时适市视狮。十时,适十狮适市。是时,适施氏适市。施氏视是十狮,恃矢势,使是十狮逝世。施氏拾是十狮尸,适石室。石室湿,施氏使侍拭石室。石室拭,施氏始试食是十狮尸。食时,始识是十狮尸,实十石狮尸。试释是事。"此文印在《(大英)不列颠百科全书》里,把中国语言和文字的相对独立特征巧妙地表现出来了。

赵元任与友人信中云:"要是你收不到这封信,请你赶快通知我,我好告诉你是什么时候付邮的。"

美国学者裘斯曾说:"赵(元任)是不犯错误的。"为此,81岁的赵元任特地为裘斯的纪念论文集写了《回想我在语言上犯过的错误》。

赵元任认为汉字一直在自然简化,这当然可以。但现在公布的如"關"字简化为"关",结果"无门可关",实在是不成体统。

赵元任儿时看当知州的祖父审堂打犯人板子,弄通了差役数数的特别办法:有的数是一拍,有的数是半拍,有的数省略……后来他搞音乐节拍,一学就精。1920年赵元任用白话歌词和民族音调创作《尽力中华》时,采用和尚放焰口时唱的音调,将它改编并配置和声。赵曾在杭州西湖看到一家木鱼店,就在每个木鱼头上打了一记;仅仅几分钟,就选出了十几个小木鱼,凑成一套音阶协和、可以演奏的乐器。

赵元任在清华国学院时,某日周末同乐会表演;他用7只茶杯,敲打调正为七音,可奏出一首乐曲。

1921年赵元任、杨步伟结婚,只请胡适、朱征吃饭并作证人,仅花了4角印花税。翌日《晨报》发布消息,冠以特大标题《新人物的新式结婚》。

赵元任与杨步伟结婚40周年纪念会上,有人将赵比作《西游记》里的唐僧,说唐僧所以成功,应归功于观世音菩萨的保护,而杨就是赵的观世音菩萨。

赵元任最早翻译《阿丽丝漫游奇境记》。他说,这是一部给小孩子看的书,是一部童话书,又是一本哲学和伦理学的参考书。

1971年赵元任写有一篇类似的《席熙戏犀》,特注明:"席,檄倪切,音兮,齐韵。一姓氏,二山名。"全文仅数十字:"西溪犀,喜嬉戏。席熙夕夕携犀戏,席熙细细习洗犀。犀吸溪,戏袭熙。席熙嘻嘻希息戏,惜犀嘶嘶喜袭熙。"他以此说明,中国文字,只有形、音、义同时出现,才可表达文章意思。

1973年赵元任回国,在北京参观一所幼儿园时唱道:"人人都说小孩小,谁知人小心不小。你若小看小孩子,你就比一个小孩子还更小、小、小。"

刘半农去内蒙古考察,患回归热病,返至北京,死于协和医院。赵元任有挽联:"十载奏双簧,无词今后难成典;数人弱一个,叫我如何不想他。"

赵元任和章元善在南京江南高等学堂预科读书时,两人卧榻顶头相接。他们以绳将枕连结,先醒者牵动绳索,然后同时起身,到操场上高声练习英语发音。

## 顾颉刚：宁可劳而不获

  顾颉刚(1893—1980)，江苏苏州人。著名历史学家、民俗学家，古史辨学派创始人，现代历史地理学和民俗学开拓者、奠基人。1920年毕业于北京大学，后历任厦门大学、中山大学、燕京大学、北京大学、云南大学、兰州大学等校教授，新中国成立后任中国科学院历史研究所研究员、中国民间文艺研究会副主席、中国民主促进会中央委员等职。

  顾颉刚6岁时，祖父带他上街，看见匾额、牌楼或桥梁等，必讲其历史。就是这些关于姑苏古城掌故旧闻的讲述，启发了顾对史学的兴趣。顾12岁时提出3个"恨不能"：恨不能战死沙场，马革裹尸；恨不能游尽天下名山大川；恨不能读尽天下图书。他18岁时写的第一篇评论《妇女与革命》，用其妻吴徵兰名字在1912年《妇女时报》上发表。

  1922年顾颉刚为《教育月刊》作《对于苏州图书馆的一个计划》，指出："设立图书馆的目的是给看书的人以便利，不是单单请几个人去守着一座锁闭森严的书库。"

  1925年顾颉刚在笔记《泣吁循轨室笔记》序中写道："余自知治学，即欲按计划读书，……刊物既频见余名，社会对余之要求遂日切，而余乃无日不在茶酒宴会之中。此非玉成余，实毁裂余也。因自标居室为'泣吁循轨'，谓己之生活太无轨道,泣而吁之循,惟以自警。"

1926 年顾颉刚为日本《改造杂志》作《苏州的歌谣》,顾称:"予文被译为日文者,这是第一篇。" 顾于文言、白话两者都擅长。由于幼年时期作文言文成为习惯,故他后来写作,不得不先作成文言文,然后自己再分几次译成白话文。20 世纪 30 年代他为蔡尚思《中国思想研究法》一书作序,声明道:"大作序文,……因事务过烦,无暇作白话(弟幼年习文言文甚久,作文言文反容易,白话则必须易稿数回),乞恕之。"

1927 年 2 月 24 日,顾颉刚在厦门青年会以《怎样读书》为题演讲。他说:"应注意两点,一是不可有成见,不能一味拿有用无用的标准来判定学问的好坏;二是应多求常识,既应对自己研究的一科极尽精微,又要对别人研究的各科略知一二。这并不是贪多事博,只因为一种学问是不能独立的缘故。"

1927 年顾颉刚作《国立广州中山大学购求中国图书计划书》(后收入中山大学图书馆丛书)。上海图书馆馆长顾廷龙说:"我从事图书馆古籍采购将近五十年,即循此途径为收购目标,颇得文史学者的称便。"

顾颉刚常说,他一生得力于手勤,每天把所见到的有意义的材料都抄成笔记。他一生积累笔记两百余册,四五百万字。他备有便于携带的袖珍本(抄摘见闻或见解)和正式的红格簿(为最后誊清而用)。20 世纪 30 年代专心致志于《尧典》《诗经》研究,两三天即写笔记一册。但抗战中因无法作系统研究,有时一两年才写毕一册。顾爱做笔记同时又有藏书癖,同一时期仅为绘制历代地理沿革图,单材料一项就耗费六七两黄金。

顾颉刚从 1914 年冬开始写读书笔记,到 1980 年 12 月逝世,整整 66 年。这是他治学的结晶,其中有很多创见。长期坚持撰写读书笔记,是他成为著名学者的重要途径。朱星曾为编写《汉语史》请教他:"周吴太伯何时离家,中经何地,发生何事,定居何地?"顾略一回想,便从一柜子笔记本中抽出一本,翻开给他说:"这就是吴太伯离周入吴的路线。"

顾颉刚教书时常写黑板,以补讲义不足。他告诉学生:"这须重视之,要一字一句地把它抄下来。"顾与政客式学者不两立,他自认"不会用了势力的眼光去看不占势力的人物",并说:"不靠实学而靠活动和其他关系得来的有名学者，也会像司马迁说的'当时则荣，殁则已焉'。"

顾颉刚在五大学会开讲演会时谈及他担任高考典试委员，出历史试卷"中国交通始于何时，盛于何时"和"诸葛亮治蜀"两题。答案竟有"始于元，盛于唐"和"始于18世纪，盛于28世纪"者。最妙者，一卷中竟有"诸葛亮枪毙马谡"之句。

顾颉刚续弦殷履安女士度完蜜月后住在娘家。顾在苏州时，每隔一二天即去一长信，半个月内写了13封信，共达两万余字。信中谈天说地、评古论今，夫妻恩爱与少年壮志融为一体。

顾颉刚有藏书六万余册。1952年全国院校调整，他和十几个教授都被集中到复旦大学。但顾提出一个要求，由于他之藏书比其他教授多，请让他多占3位教授的住宅；等他死后，全部图书都送给学校。此事久未解决。后中国社会科学院历史所调他去任研究员，他把所有藏书用火车运去了北京。

顾颉刚赠语学生史念海："宁可劳而不获，不可不劳而获，以此存心，然后乃有事业可言。"史视为座右铭，并以此薪传勉励后辈。

顾颉刚在燕京大学讲《尚书》。因学生谭其骧对其提出《尧典》十二州是受汉武帝十三州影响而有异议，顾即鼓励谭写出意见，然后将两人讨论信札以《尚书讲义》"丁种之三"刻印发给学生。他还在日记中说："其骧熟于史事，余自顾不如，此次争论汉武十三州问题，余当屈服矣。"

顾颉刚对洪业说：傅斯年书房里挂着一副对联"六亲不认；四海无家"，你看他好大气魄！有点像曹操"月明星稀，乌鹊南飞，绕树三匝，何枝可依"的意味。这人有点霸气，可是后来参加了国民政府。

顾颉刚办《禹贡》杂志培植后进。他先给青年人出题目，指定参考资料，要他们写文章；写好之后，顾亲自修改，并署上自己名字，联合发表；当青年人渐渐有点名气了，再把"顾颉刚"3字去掉。

# 范文澜：板凳要坐十年冷

范文澜（1893—1969），浙江绍兴人。历史学家、教育家。曾在南开大学、北京大学、国立河南大学、北京师范大学、中国大学、辅仁大学、中原大学、华北大学等校任教。主编《中国通史简编》，并长期从事该书修订工作；还著有《中国近代史》（上册）《文心雕龙注》《范文澜史学论文集》等。

范文澜十四五岁时，在当地小学（蕺山书院旧址）读书。每天见到明刘宗周画像，即认为他"清癯庄严，眉目愁蹙，使人感动"。范就读书方法说："读书并无妙法，正是慢慢从第一篇读到第末篇，第一遍读了读第二遍，第二遍读了读第三遍而已。"

范文澜是浙江山阴人，口音较重。每次学校开大会，范起身讲话，许多同学只能听懂一句："全心全意为人民服务。"

范文澜得了眼病，一目失明。在修改《中国通史简编》和《中国近代史》时，由荣孟源、王南读给他听，他提出应修改之处，叫他们去查书。范口授修改意见，由荣等拟稿；再把草稿读给他听，最后完稿。

范文澜写文章反对"放空炮"。韩儒林曾写了一副对联称赞他："板凳要坐十年冷；文章不写一句空。"

范文澜夫人戴冠芳是浙江宁波人，长范1岁。范从北京大学毕业后，回到任河南省河北道尹的叔父范寿铭家，与戴结婚。范、戴是结发夫妻。戴之父在河南当过县官，年少时她在河南生活过，因而会说北方话。范任北方大学校长时，戴也在校中帮忙家务，每天纺棉花、烧火做饭，精心照料范之生活起居。戴曾对范的学生说："范老是大学教授，而我却是一个字也不认识的文盲。"尽管两人文化程度相差太大，但范戴夫妻感情一直很好。

范文澜在北平中法大学教书时，正值日本侵略军危及平津。他应学界要求，为大中小学生分别开有一份读书目录：小学生读明刘宗周《人谱》；初中生读《论语》《孟子》；高中生读《韩非子》《纲鉴易知录》；大学生读《杜甫诗集》。

范文澜在北平修订《中国近代史》，就太平天国将领李秀成被俘事几次易稿，最后定为"李被俘以后晚节不保"。但到发稿前夕他突然通知荣孟源："明天不要发稿，因为有人对李秀成晚节表示惋惜，所以稿子还要改。"最后改过付印。但在出版后范仍对荣孟源说："这样写还是不妥。下次重印，一定要在评李秀成后加上这句话：'事实上，不论李秀成当时究竟有何种想法，向敌人乞降的可耻行为，任何辩解都不能减轻他自己造成的大污辱。'"

范文澜编写《中国通史》第4册时，把隋炀帝吹嘘洛阳吃饭不要钱的史实写了进去。写到唐代文化时，其中唐诗部分只占两万字，他却把《全唐诗》整部通读一遍，才开始动笔。他说："不通读，我怎么会知道要用什么，不用什么？"为了写好唐代佛教部分六万字，他让助手阅读了全部佛经，而后自己又精读了助手摘录的一百万字。

范文澜编写《大丈夫》，集历史上26个"大丈夫"，如岳飞、文天祥、戚继光等人传记，不以成败为标准。他说："事业成败大部分是受环境支配；道德的责任，任何人都可以负担起来。"

范文澜一贯主张读书治学要做到"天圆地方"。他认为，"天圆"和"地方"是科研工作者必备的两个条件，倘若缺乏这两个条件，将"天圆"和"地方"倒过来，变成"天方地圆"——既不会思索又不认真读书、做事，那将一事无成。

# 金岳霖：越名教而任自然

金岳霖（1895—1984），祖籍浙江诸暨，生于湖南长沙。著名哲学家、逻辑学家，新道家代表人物。北京清华学堂毕业，后留学美国，先后在宾夕法尼亚大学、哥伦比亚大学学政治学，获哥伦比亚大学博士学位。后在英、德、法等国留学和从事研究工作，1925年回国。1926年与冯友兰等人创办清华大学哲学系。新中国成立后，历任清华大学哲学系教授、系主任、文学院院长，北京大学哲学系教授、系主任。1955年后任中国科学院哲学研究所研究员及副所长、哲学社会科学部学部委员。著有《论道》《逻辑学》等。

金岳霖16岁时正逢辛亥革命。他剪去辫子，即仿唐崔颢诗作了一首打油诗："辫子已随前清去，此地空余和尚头。辫子一去不复返，此头千载光溜溜。"

金岳霖十几岁的时候就觉得中国俗语"金钱如粪土，朋友值千金"有问题。他说，如果把这两句话作为前提，得出逻辑结论就是"朋友如粪土"。

金岳霖很爱读小说，最爱读的是《江湖奇侠传》（平江不肖生著）。有一次沈从文请他主讲《小说和哲学》，不料他讲了半天，结论却是："小说和哲学没有关系；《红楼梦》里的哲学不是哲学。"

金岳霖从青年时代起就饱受欧风美雨沐浴，生活相当西化。他西装革履，加上一米八高个头，仪表堂堂，极富绅士气度。然而他又常常不像绅士。他酷爱养大斗鸡，屋角还摆着许多蛐蛐缸。吃饭时，大斗鸡堂而皇之地伸脖啄食桌上菜肴，他竟安之若泰，与鸡平等共餐。听说他眼疾怕光，长年戴着像网球运动员的一圈大檐帽，连上课也不例外。他的眼镜据传两边不一样，一边竟是黑的。

金岳霖28岁时候《晨报·副镌》上写过一篇文章，题目是《优秀分子与今日社会》，是参加由蔡元培、胡适发起的关于"好人政府"之讨论。当时金有一个看法，即希望知识分子能成为"独立进款"的人。所谓"独立进款"，简单说就是要靠自己的本事吃饭，这话听起来很简单，却不是谁都能做到的。

早在20世纪20年代末30年代初，金岳霖在《哲学评论》和《清华学报》上发表论文多篇。张申府撰文赞扬说："如果中国有一个哲学界，金岳霖先生当是哲学界第一人。"

金岳霖哲学专著《知识论》长达七十万字。抗战期间金在昆明完成的初稿，在一次空袭警报中全部丢失。他没有灰心，又花了几年心血重新写成了这部书。

抗战当中，金岳霖将其著作名为《论道》。有人问他为什么要用这个陈旧的名字？金说，要使它有中国味。冯友兰说，在那个时候，哪怕只有一点中国味，也许对抗战都是有利的。

冯友兰说，金岳霖是中国第一个真正懂得近代逻辑学的人，是使认识论和逻辑学在现代中国发达起来的第一个人。

金岳霖生前经常做一些有趣的事，如他有时居然会把自己名字忘记。有一回他给陶孟和打电话，陶家佣人问："您哪位？"他张口结舌答不出来，又不好意思说忘记了，只好说："你不要管，请陶先生接电话就行了。"但那个佣人说不行，他便又请求了两三次，还是不行。于是他跑去问给他拉洋车的王喜，谁想王也说不知道。他急了，问："你有没有听别人说过？"王这才想起："我听见人家都叫金博士。"阿弥陀佛，原来自己姓金！

# 林语堂：两脚踏东西文化

　　林语堂（1895—1976），福建龙溪人。现代著名作家、学者、翻译家、语言学家，新道家代表人物之一。早年留学美国、德国，获哈佛大学文学硕士、莱比锡大学语言学博士。回国后在清华大学、北京大学、厦门大学等地任教。1945年赴新加坡筹建南洋大学并任校长。曾任联合国教科文组织美术与文学主任、国际笔会副会长等职。1940年和1950年先后两度获得诺贝尔文学奖提名。1966年定居台湾。1967年受聘为香港中文大学研究教授。代表作有《京华烟云》《苏东坡评传》等。

　　林语堂乳名"和乐"，13岁入中学时改名"玉霖"，之后入上海圣约翰大学时才改名"玉堂"。因"玉"与"语"音同，笔名便用"语堂"。

　　林语堂8岁时偷偷写了一部教科书，一页是课文，一页是插图，被人发现，不久所有兄弟姐妹都会背了："人自高，终必败；恃战争，靠弓矢；而不知，他又强；他人力，千百倍。"

　　林语堂早在二十岁前就知道古犹太国约书亚将军吹倒耶利哥城等西方故事；可是直到三十余岁才知道后羿射日、嫦娥奔月、牛郎织女、孟姜女哭夫以致泪毁长城等中国故事。

　　林语堂上的是外国人开的教会大学（上海圣约翰大学）。大学毕业后中文半通,就认真读《红楼梦》,并借此学北京话。

1933年12月8日,林语堂在上海某大学演讲《关于读书之意见》。他说:"人生在世,幼时认为什么都不懂,大学时以为什么都懂,毕业后才知道什么都不懂,中年又以为什么都懂,到晚年才觉悟什么都不懂。"

林语堂在美国哥伦比亚大学讲授中国文化。一个女学生反问:"难道我们美国没有一样东西比得上你们中国吗?"林认真地回答:"有的,你们美国的抽水马桶要比中国的好。"

林语堂有次赴美国纽约夜总会。因着长袍、衔烟斗,有个美国绅士误认他是唐人街洗衣店老板,故问他开什么店。林大怒,说:"我是林语堂。"然而对方仍追问:"那么你做点什么买卖?"林心里深恨对方见识太浅,就幽默地答道:"我出卖《吾国与吾民》!"(《吾国与吾民》乃林英文著作。)

因林语堂赴美,老舍戏作《代语堂先生拟赴美宣传大纲》,其中称中国今日之文艺是"专为研究比较文学的讲演,听讲时须各携烟斗或香烟与洋火"。讲题:(1)《论语》的创始与发展;(2)《人间世》的生灭;(3)《宇宙风》怎样刮风?(《论语》《人间世》《宇宙风》都系林主编刊物。)

林语堂在美国住宅里,有3个比他身长高一半的书架:第一个书架完全是他自己作品的各国文字版本;第二个书架是他翻译作品的中英文原本;第三个书架是有关前面两类书的参考书。

林语堂应美国米高梅电影公司之约,将旧小说《四杰传》中故事"唐伯虎点秋香"作为题材,改编成电影剧本。为契合西方习惯,他把"唐伯虎"更名为"唐伯纳",并将其作为剧名。

1938年林语堂到德国旅行,正遇慕尼黑事件,使他紧张奔波,停止了5天写作。事后他幽默地计算了5天损失经费达520元,公开宣布要希特勒赔偿。

林语堂写作,习惯用一册硬红面笔记本,一页写字,一页留空白;写作时须喝咖啡,用烟斗抽烟。他在写作《生活的艺术》时,每日写三千来字,3月初动手,写了260页。忽然于5月初花一夜时间在床上作起序来,乃觉今是昨非,将前稿尽行毁去。从5月3日起重新写,至7月底全书700页脱稿。

林语堂《吾国与吾民》是自己在打字机上打出来的；《生活的艺术》则是自己口述，而由人笔记的。平常也无甚腹稿，只要烟好茶好心情好，便可为文。

20世纪40年代初林语堂到长沙，在李合盛牛肉馆吃饭。应主人所邀，写了一条幅："干炒牛肉，为圣人之所好，何以知之？孔子不撤姜食，故知其好吃辣；孟子不分牛羊，只乞远庖而已。"

1943年林语堂在成都华西坝华西大学演说，听众一万余人。林登台即以笑话开头："大家挤在这里，大概是想看稀奇，真把我当作海京伯马戏团参观。"故其时有诗称："华西坝学时传语，还望稀奇马戏归。"

1944年林语堂在昆明西南联大以《谈物质生活和精神生活》为题作演讲。开头语即是："联大同学生活，在物质方面是不得了，在精神方面是了不得。"

林语堂自称成功秘诀是写出的东西必须是心得之言，有见地，有力量。林有诗谈滑稽："有稽堪滑直须滑，莫待无稽可滑时。"

林语堂常外出演讲。如指定演讲时间是8点钟，他决不在一周前预备，他只是在5点30分时去散一会儿步，回家后洗洗脚，7点时坐在书桌边思考一会儿，再关上门把大纲用打字机打出来，到8点前他已预备好了。林重视演讲，每次必须准备充分。他不喜欢临时演讲，尤其不在饭后就发表演说。

林语堂写话剧《子见南子》（刊《奔流》）。后曲阜学校上演此剧，受牵连打了一场冗长官司。林为写《苏东坡评传》，以3年时间读书126种，计13类。

林语堂在杭州玉泉购买一铜雀瓦，付款后对摊主说这是假的。摊主严词诘问："那你为什么还要买假古董？"林回答："我就是专门收藏假古董的。"

林语堂在端阳日到上海城隍庙买了两条蜈蚣，放入脸盆观其游，以代观渡，并向子女细说昔日观渡情景。

林语堂书房"有不为斋"中挂着梁启超所书之联："两脚踏中西文化；一心评宇宙文章。"

林语堂写《日本必败论》。日本当局曾翻印几万册供本国学者参考，并称："此人为支那大文学家，此文为支那大作品，每人应细读三五遍。"

什么才叫做真正的读书呢？林语堂说："这个问题很简单。一句话，兴味到时，拿起书就读，这才叫真正的读书，这才不失读书的本意。……读书时须放开心胸，仰视浮云，无酒且过，有烟更佳。"

林语堂游杭州西湖，见博览会塔，以为真似美人脸上一点烂疮。他说："我由是立志，何时率军队打入杭州，必先对准放炮，先把这西子脸上的烂疮击个粉碎。后人必定有诗为证云：西湖千树影苍苍，独有丑碑陋难当。林子将军气不过，扶来大炮击烂疮。"

孟孔武写《幽默诗人》，其中有一节称林语堂死后与孔子对话。孔说："我为《论语》主编，你也不过为《论语》主编；我周游列国，你也周游列国；何以我一贫如洗，而足下能豪富至此？其术可闻欤？"林莞尔而笑："此无他，我不过出卖了一些《吾国与吾民》。"

1947 年林语堂研究的中文打字机已能打出中文字 9 万个，每分钟可打字 56 个，且机体大小与普通英文打字机差不多。

林语堂一生曾多次被提名为诺贝尔文学奖候选人。他的《生活的艺术》在美国重印四十来次，并被译成英、法、意、荷等文字，成为欧美各阶层的"枕上书"。

林语堂最爱购买隐僻无闻的便宜书和断版书。他说："在灰烬里拾到一颗小珍珠，是比在珠宝店橱窗内看见一颗大珍珠更为快活。"

林语堂将自己传记取名为《狂吠的专家》，不料被上海密勒氏评论报社《中国名人录》英文版作为其身份编了进去。潘光旦说："这编辑有改正的责任，否则嬉笑怒骂尽成文章，名人录变做滑稽列传了。"

林语堂在寻源书院、圣约翰大学读书时，均以第二名成绩毕业。他的理由是：不论做什么事，一生都不愿居第一。林在上海圣约翰大学神学系研究传道。主教对他说："你还是不做牧师为好。"因林对《圣经》读得越多便越不相信它，且从不预备《圣经》功课。

林语堂在一次演讲中谈到读书，说学校专读教科书，而教科书并非真正的书。读一部小说概论，不如读《三国》《水浒》；读一部历史教科书，不如读《史记》。

林语堂最佩服辜鸿铭所译《中庸》，称之为"此真挖空心血之作，非俗手所可与同日而语"，并编入《大智孔子》一书里。

赵浩生称全世界大学里的人只知道中国有两大文人：一是先圣孔夫子；一是学贯中西的林语堂。柳存仁和林讨论中国旧小说技巧，林着重指出它有两个特点：一是场面伟大，人物多；二是对话充满个性，描写心理细腻。

林语堂在上海创办《论语》《人间世》和《宇宙风》等杂志，提倡幽默文学。他说："人生在世，还不是有时笑笑人家，有时给人家笑笑？"

《人间世》停刊，林语堂又创办《西北风》。他说：用西北风并无什么深意。浅些说，我们认为西北风的尖锐能使人兴奋；不若东南风，使人感到软绵绵的。

1967年林语堂讲演"新发现曹雪芹手订百二十回《红楼梦》"，以书内有"己卯秋月，菫菫重订"题字断定为曹手迹；并认"菫菫"为曹之别号；该书为曹在乾隆己卯年（1759）亲笔改订的本子；林以此作为他坚持《红楼梦》后40回不是高鹗续作之确证。林讲词见报后有人反驳："己卯"应是咸丰乙卯年（1855）；"菫菫"系林对该书收藏者杨继振别号"莲公"之误认；林把时间提早了96年。这场红学论战，因被戳穿就自动休战。

英文"Humour"一词，林语堂译为"幽默"；李青崖译为"语妙"；陈望道译为"油滑"；易培基译为"优骂"；唐桐侯译为"谐稽"。后以林译流行于世。

林语堂曾自我介绍："我的长处是对外国人讲中国文化，对中国人讲外国文化。"林第一个把司马迁《孔子世家》原原本本介绍给欧美。由他编译的英文版《大智孔子》1938年在美国问世，被列为《世界哲学丛书》之一。后来这部书又被译回中文本《孔子的智慧》。

林语堂曾将刘鹗《老残游记》译为英文。他说：对这部书"越译越爱，所以虽然寥寥六回，却留下很深印象，而最动人处是在第五、第六回"。

# 冯友兰：六经注我，我注六经

冯友兰（1895—1990），河南唐河人。现当代著名哲学家、教育家。1918年毕业于北京大学哲学系，1924年获美国哥伦比亚大学哲学博士学位。回国后任清华大学教授、哲学系主任、文学院院长，西南联合大学教授、文学院院长等职。建国后一直任北京大学哲学系教授。著有《中国哲学简史》《贞元六书》等。

冯友兰从小爱看书，几十年如一日。他曾总结自己读书经验为12个字："精其选、解其言、知其意、明其理"。如能真正达到这些要求，就能实现"六经注我，我注六经"。

冯友兰思考问题过于专注。20世纪30年代，冯乘车途中将手臂伸在车窗外，过广西镇南关（今友谊关）时撞到城墙，造成骨折。金岳霖幽默地说："当时司机通告大家不要把手放在窗外，要过城门了。别人都很快照办，只有冯先生在考虑为什么手不能放在窗外；放在窗外和不放在窗外的区别是什么；其普通意义和特殊意义是什么。还没考虑完，已经骨折了。"

西南联大学生壁报上曾贴漫画一幅，上面画着一把梯子，梯子脚下垫《新世创》与《新原人》，梯子上爬着冯友兰，翘着长胡子，回过头来向学生招手，但学生都站在原地不动。冯亲往参观那幅漫画后，对人说："画得很像。"

京师大学堂虽改授新学，但传统观念仍认为它是太学。因此20世纪40年代冯友兰曾一再主张，北大（即原京师大学堂）不论在哪上课，开学典礼和毕业典礼一定要在国子监举行。

冯友兰在清华大学教书，从没说过一句引人发笑的话，也没有闲话。抗战初期山海关告急，很多教授一上课就谈时事，只有他仍若无其事地说："上次我们讨论墨子的……"

冯友兰抗战胜利后回京，在清华大学文学院当院长，住在张之洞旧第。别人问他重回北方的感想，他愉快地说："我们比较晋宋人是幸运得多了！他们南渡后便未能回来，而我们却回来了，这是历史上空前的事。"

冯友兰教学采取讨论方式，先指定读某参考书，然后在课堂上提出问题进行辩论。他从不发火，也从不说一句轻率的话。有次某学生不谈自己意见而一再引用胡适原话，冯开始不理，只反驳他，因那人不断"诉诸权威"。冯最后也只说了一句"你就说你自己的意见怎样好了，不必再提胡先生"。

冯友兰上课用他自己写的《中国哲学史》。他每每将书后金岳霖对他所做"审查报告"念诵一遍，又解释一遍。但他从未念放在一起的陈寅恪给他所写"审查报告"，因其中多有赞美之语。

冯友兰《新理学》出版之初曾轰动一时。但饶思诚认为，此书"只是旧瓶装新酒，非独到之作"。

冯友兰自称一生得力于3个女子：一个是母亲，一个是妻子，一个是女儿。由此他82岁访美时在机场写了一首打油诗："早岁读书赖慈母，中年事业有贤妻，晚来又得女儿孝，扶我云天万里飞。"

## 朱光潜：博学终须能守约

朱光潜（1897—1986），安徽枞阳人。现当代著名美学家、文艺理论家、教育家、翻译家。1922年毕业于香港大学文学院。1925年留学英国爱丁堡大学，致力于文学、心理学与哲学的学习与研究，后在法国斯特拉斯堡大学获哲学博士学位。1933年回国后，历任北京大学、四川大学、武汉大学教授。1946年后一直在北京大学任教，讲授美学与西方文学，中国社科学部委员。著有《文艺心理学》《谈美书简》《西方美学史》《谈文学》及大量译著。

朱光潜求学时经济条件很差。为了读书，他只好大量编书获取稿费，维持生活。他自我嘲笑是"骑两头马"。

在英、法留学8年中，朱光潜先后获英国文学硕士和法国哲学博士学位。但由于官费经常不发，经济拮据，他只得边听课边阅读边写作，靠稿费维持生活。

朱光潜在武汉大学教英文时，每天打铃前必先到教室，后必定闭门，故学生亦争先恐后进入教室。

朱光潜在北京大学上翻译课时，总先指定材料，叫同学们在课余译好。上课时，他把自己所译的也带来，与大家细心讨论，从不少作一次功课。

朱光潜曾对学生说："博学终须能守约，先打游击后攻城。"学问"有如金字塔，要铺下一个很宽广、笨重的基础，才可以逐渐形成一个尖顶出来。如果入手就想造就一个尖顶，结果只有倒塌"。

朱光潜曾对梁实秋说：你的散文《雅舍小品》对于文学的贡献，在你翻译莎士比亚作品之上。

朱光潜与沈从文是挚友。朱曾说："从文不只是个小说家，而且是个书法家和画家。他大半生都在从事搜寻和研究民间手工艺品的工作：先是瓷器和漆器，后转到民族服装和装饰。我自己壮年时代搜集破铜烂铁、残碑断碣的癖好，也是从文传染给我的。"

朱光潜以学与问、人与情两字合而言之，成为一常用名词，只见于中国语言文字；而西洋语言文字则无相当名词。

朱光潜在武汉大学时译康德哲学著作，除了自己用英文本、法文本仔细校对外，还请一位懂德文的教授用德文再审校一遍，方才付印。

朱光潜60岁方自学俄文，一面听广播，一面硬啃契诃夫《樱桃园》和《三姐妹》、屠格涅夫《父与子》和高尔基《母亲》，每本书都读上三四遍，两年后也可借助字典直译俄文书了。

朱光潜晚年时，经常在北大燕南园一段残垣断壁边，静静地坐在青石板上。看到有学生走近，老人拄起拐杖，慢慢绕到残垣之后，隔着那段残破的矮墙，递过一枝盛开的花朵。

# 翦伯赞：真理问题不能让步

翦伯赞（1898—1968），维吾尔族，湖南桃源人。著名历史学家、社会活动家、教育家，中国马克思主义历史科学重要奠基人之一。中华人民共和国成立后任北京大学历史学系教授、主任、副校长，中国史学会常务理事兼秘书长，中国科学院哲学社会科学部委员。他治学严谨、著作宏富，为史学界所推崇和颂扬，主要著作有《历史哲学教程》《中国史纲》（第一、二卷）《中国史论集》《历史问题论丛》等，并主编《中国史纲要》。

翦伯赞 7 岁时，在祖父指导下圈读《史记》和《资治通鉴》，到 12 岁全部读完。当时其父给他选读的版本都没有标点，这就给翦父提供了检查他阅读情况的条件。如果他把句读断错，必定要受到其父的严厉责备。此后翦又读了《诗经》《中庸》《左传》《纲鉴易知录》等许多经史著作。与此同时其父还经常让他练习写作，并要他学做诗填词，但在诗词方面的要求就没这么严格了。

翦父是一位旧式家长，很严厉，脸上很少出现笑容。他的意见，别人很少有商量余地。翦伯赞开始并非攻读历史，而是学经济。当他在武昌商专毕业以后，其父把他叫回家，要他去教书；而他却有自己想法，他要走自己的路，这成为他们父子之间一个矛盾。其实，自己的路究竟怎么走，翦在当时也还没有一个准确目标；于是只好先听从其父意见，在老家常德中学教书。

翦伯赞后来常说，他的中文基础较好，还得感谢幼时其父对他的严格要求，这对他以后研究中国历史打下了很有利的基础。翦对这点感受很深，他常对学生们说：学历史，一是要把古文学好，否则你连资料都看不懂，更谈不到研究；二是要把文章写好，否则你研究中取得的成果也无法表达出来，因此写作是起码要求。正是有翦父的严谨家教，才让翦在儿时就打下了深厚的传统文化基础，使他日后成长为一代历史巨子。

翦伯赞为写好《中国史纲要》"春秋"部分，把《左传》翻阅了十几遍。翦摘抄史料笔记都用毛笔楷书，仅魏晋南北朝史料就摘抄了百余万字。有人问他读书的经验，翦说自己在书本上"用各种颜色笔做下记号，然后再根据这些记号的史料分类抄录，这种办法看来很笨，但写作时却十分方便了"。

翦伯赞在重庆演讲中国戏剧之历史考察，长达3个小时。他说："中国剧对贪污之讽刺，远在隋炀帝时代，皇帝宴请群臣时，戏班子可当场排演在座贪污大臣的讽刺剧。"听众均为之动容。

翦伯赞曾为教条主义者绘了3幅像：头等教条主义——原著中抄；二等教条主义——从别人书中转引转抄；三等教条主义——抄都不会抄。

翦伯赞读《资本论》，安排在上午或早晨头脑最清醒的时候；而在深夜则读《汉书》，一共读了八九遍。

1940年，冯玉祥已随民国政府西迁到陪都重庆。冯是一个颇为风雅之人，在文化界的朋友亦不少。当时翦伯赞刚辞去已南迁的北平民国大学教授来渝，任中苏文化协会总会理事兼《中苏文化》副主编，同时担任冯之《中国通史》教师，并经常到陶行知育才学校授课。冯便不时请翦来上上历史课。一次上课时，蒋介石不期到了冯的住处，看见客厅内聚集了不少人，便从后面悄悄走进来。冯察觉后连忙站起来对蒋说："今天是我请翦教授给我们讲历史课。"说着便拉着翦的手，将他介绍给蒋。蒋他怎会不认识翦？连声说："好，好，好！你继续讲，今天我也是来听你讲课的。"翦却慢吞吞地说："对不起，现在已经到了下课时间。"在座的人听了这话，纷纷夹着笔记本走出客厅。蒋碰了一鼻子灰，颇为尴尬。

# 周谷城：我不问政治，政治要问我

周谷城（1898—1996），湖南益阳人。历史学家、教育家、社会活动家。1913年入长沙湖南省立第一中学，1917年入北京高等师范学校英语部学习。自1942年秋起一直在复旦大学执教，任历史系主任、教务长等职。建国后任全国人大常委会副委员长、全国政协常委、中国农工民主党主席、中国史学会首任执行主席。著有《中国通史》《世界通史》《中国社会史论》等。

周谷城说，读书最要紧的是多读不同的书；只有博大精深才合乎辩证法。光读"一条鞭"的书会越读越蠢。博学的目的在于"反其约也"。

1913年15岁的周谷城考入长沙湖南省立第一中学，这是湘省第一所省立中学，创办人和第一任校长是符定一。符治校严谨，以"公、勇、勤、俭"为校训对学生进行勉励。进入省立一中，周像是跨进了一个全新的世界，对英语和数理化等每门学科都很感兴趣，如饥似渴地学习。

周之国文老师袁吉六曾说过："我在第一师范教书时，古文最好的学生是毛泽东；在省立一中教书时，古文最好的是周谷城。"袁是前清进士出身，既是湖南第一师范老师，又受聘在省立第一中学教国文，在一中作文讲评时他经常引周谷城文章为例。

1921年周谷城在湖南第一师范学校任教时撰写第一本专著《生活系统》（1924年出版）。周很重视它，晚年时说自己的思想系统早已由它决定了。

周谷城说："我写书和写文章好像很杂，既写历史，又写逻辑，又写美学。但这不是偶然的，在我的思想系统中非写这些不可。"

周谷城对顾毓琇诗词推崇备至，特为其《诗选》题词："思飘云物外，诗入画图中。"为其《词选》题词："横笛弄秋月，长歌咏杜风。"

1931年周谷城在中山大学主持社会学系时，与在哲学系教书的李石岑就黑格尔哲学展开争论，使全校师生颇感兴味，那些向来无人过问的校刊一时竟至畅销。

周谷城教学从来只用自编讲义，只讲自己观点，而且必定自成体系。"孤岛"时期他仍完成了《中国通史》的撰写，并向学生提供具有自己风格的教材。

周谷城完成了《中国通史》的撰写后，又撰写了《中国政治史》（1940年）。他说："我虽不一定要问政治，但政治却要问我。"

周谷城回忆当年说："《中国通史》一出，即被认为有马克思主义嫌疑，不许我教，责令我改教世界史，并限定要兼教世界史学史，以为这可以折磨我。"岂知他不怕"改行"。他继续回忆："我正想多知道一些世界史，并且认为，研究中国史却不研究世界史是很不方便的。"很快他又变成了世界史专家，写出了《世界通史》3册。史学名家不少，但以一人之力兼著《中国通史》和《世界通史》，这在中国史学界至今还没有第二人。

周谷城晚年一直担任复旦大学历史系教授。他以八十岁高龄登上教坛，讲授世界史，培养了改革开放后第一批史学硕士和博士研究生，撰写了《中外历史的比较研究》《所谓意境》《论古封建》等有影响的专论。

毛泽东逝世时，周谷城作《哀悼毛主席逝世》七律一首。诗曰："阴沉一霎朔风号，领袖惊传别我曹。抢地吁天呼不应，伤心惨目泪如潮。五洲魑魅焰仍在，百国工农志不挠。且化悲哀为力量，继承遗志夺高标。"

## 潘光旦：寻自身快乐，光他姓门楣

潘光旦（1899—1967），上海人。社会学家、优生学家、民族学家。获美国哥伦比亚理学硕士学位，回国后在清华大学、西南联大、中央民族学院等校任教。1927年参与筹设新月书店。著作有《优生学》《人文生物学论丛》《中国之家庭问题》，另有译著《性心理学》。清华百年历史上四大哲人之一，另外三位是叶企孙、陈寅恪、梅贻琦。

潘光旦最大爱好是研究家谱。故特在新居开辟一室，沉醉于所搜集之家谱中。有人问他，为什么喜欢看他姓家谱，而不修自家家谱？潘笑而不答。为此有人送联："寻自身快乐；光他姓门楣。"

潘光旦嗜治家谱。孔祥熙托人往潘处说情，请他证明自己为孔子后代。潘拒谓："山西没有一家是孔仲尼嫡系后人。"来人大窘而回。

潘光旦在清华读书时，因跳高致伤而锯掉右腿。有一次他问代理校长严鹤龄："我能否出洋？"严回答道："怕不合适吧，美国人会说咱中国人两条腿的不够多，一条腿的也送来了！"一位美籍女教师闻之打抱不平："他的功课门门总是考第一，他不能出洋谁还能出洋？"也因为潘缺了一条腿，走路总撑着两根木拐杖。他在西南联大经常作报告，极为叫座。有一次谈到孔子，他说："对于孔老夫子，我是五体投地。"说着他朝自己身上看了一眼说："讲错了,应该是四体投地。"

潘光旦在西南联大任教务长,同时研究优生学与心理学。当时云南多鼠,潘深受其苦,张夹设笼进行捕捉。一日捕得硕鼠十多只,便斩头剥皮,弃其内脏,然后洗净切成块状,请夫人做成菜肴。夫人皱眉问道:"我们伙食虽不算好,也常有鱼有肉,今天为何叫我做这苦差事?" 潘解释道:"我这是为了学术研究,请你一定要帮助我。"夫人无奈,只好勉为其难。

潘夫人一向善于治馔,煮熟后果然异香扑鼻。潘光旦大喜,随即邀来共同研究心理学的同事和学生数人,诡称偶获野味,欲与诸位分享。待鼠肉端上桌来,潘带头大嚼,众宴客亦举箸共食,咀嚼再三,竟不辨是何动物。一客问道:"此肉细嫩,味道鲜美,但不知是何野味?"潘笑答:"鼠肉。"此二字一出,想再吃一块的忽然停住筷子,嘴里正在咀嚼的竟吐了出来;还有紧锁双眉、喉痒欲吐的。潘一再保证,其中绝无有害健康之物质,并以身作则继续食用。然无论他怎么劝诱,直到餐毕终无问津者。潘大笑道:"我又在心理学上得一证明。"

潘光旦写作很快,因此许多报刊约他撰稿。潘为应付,往往一文才写了一半即送到印刷厂。在排字同时,他即"下笔千言""一挥而就",写完下半部。朋友称他是"快马"。

潘光旦平易近人,风趣好玩,没有大教授架子。由于多年吸烟,其牙齿黄得发黑,特别是门牙东倒西歪,其为难看。1949年在清华社会学系一次迎新会上,一位新同学竟说,世界上最丑之事物是潘先生牙齿。众人大笑不止。潘不仅不气,反而笑道:"我的牙齿的确不雅观,但是否是世界上最丑之事物还有待商榷。"

# 梁实秋：人生最愉快的事莫过于读书

梁实秋（1903—1987），浙江杭州人，生于北京。著名散文家、学者、文学批评家、翻译家，国内研究莎士比亚的第一权威，一生给中国文坛留下两千多万字的著作。1923年8月赴美留学，获得哈佛大学文学硕士学位。1926年回国，先后任教于国立东南大学、国立青岛大学并任外文系主任。1949年到台湾，任台湾师范学院英语系教授。

梁实秋在14岁时就喜欢读小说，影响他的第一本书是当时被视为"闲书"的施耐庵《水浒传》。

梁实秋在《影响我的几本书》一文中列有：《水浒传》《胡适文存》《六祖坛经》《卢梭与浪漫主义》（白璧德）、《隽语与箴言》（叔本华）、《对文明的反叛》（斯陶达）、《英雄与英雄崇拜》（卡莱尔）、《沉思录》（玛克斯·奥瑞利斯）等。

梁实秋在中国公学上学时，凡是图书馆所藏文学方面的书，每本书的登记卡上几乎都有他的名字。

梁实秋素喜杜甫《秋兴》八首、《咏怀古迹》五首。他在北师大授课期间，多方搜集杜诗各种版本及有关杜甫的全部资料。

梁实秋前后历经7年，用英文写完《英国文学史》一百万字，翻译《英国文学选》一百二十万字。

梁实秋、冰心、胡絜青合作《雅舍怀旧忆故知》，收入数篇梁回忆老舍、冰心、沈从文等人的文字，由冰心作序，胡絜青作松、竹、梅封面；这"岁寒三友"象征几位老友之深厚情谊。

梁实秋解释"书中有女颜如玉"：这不是说以书为敲门砖，因读书而青云直上，享受荣华；这只是说读书自有乐趣，无关功利。

梁实秋著作等身，他在20世纪70年代仍主编《台湾伟人传记全集》。他说："我向往一套通俗的中外名人丛书，供年轻学生与一般人士阅读。"

梁实秋上课时，黑板上不写一字，说："我不愿吃粉笔灰。"梁认为，要写出好的白话文，一定得"熟读古文"。

清华学校梁实秋、吴文藻等7人组织小说研究社，共同翻译《短篇小说作法》，印了一千多本，全部售出。梁写有《草儿评论》，与闻一多《冬夜评论》合刊，由其私人出资排印。

有人从小就使用梁实秋所编英文字典。此人有一次问梁，怎样才能把英文学好？梁回答说："起码要翻破我编的3本字典。"

梁实秋抓紧点滴时间读书，他曾书写陆放翁（陆游）的诗"呼童不应自升火，待饭未来还读书"之句张贴在墙壁上。

梁实秋谈自己为什么研究英国文学，说："我的数学不好，理工科无法念，必须学文史。"他选择文学原因有二：结识了未来的太太，因为感情关系对文学特别感兴趣；朋友知道他早年就舞文弄墨，写新诗和散文，都鼓励他学文。

梁实秋曾说："如果作家可以按民族分类，三百年中满洲人有3位杰出小说作家，可称为"满洲三杰"：第一位是《红楼梦》作者曹雪芹；第二位是《镜花缘》作者李汝珍；第三位当推老舍。"

梁实秋以中文编写《英国文学史》，还计划以英文编写《中国文学史》。他说："人生最愉快的事莫过于读书；人生最大的乐趣是完成一件有意义的工作。"

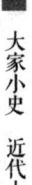

## 季羡林：十车翻蚁蛭；百国道彦踪

季羡林（1911—2009），山东临清人。东方学大师，语言学家、文学家、佛学家、史学家、教育家和社会活动家。先后就读于清华大学，德国哥廷根大学。历任中国科学院哲学社会科学部委员、北京大学终身教授、北京大学副校长、中国社会科学院南亚研究所所长等职。与饶宗颐并称"南饶北季"。著有《牛棚杂记》《留德十年》《印度简史》，翻译《罗摩衍那》等。

季羡林6岁以前在家乡临清随马景恭老师识字。1917年离家去省城济南投奔叔父，进私塾读书，学习了《百家姓》《千字文》《四书》等。在高中开始学德文，并对外国文学产生兴趣。1929年入山东省立济南高中，其国文老师董秋芳是鲁迅朋友，还是著名翻译家。季之所以五六十年来舞笔弄墨不辍，耄耋之年仍旧不能放下笔，全出于董老师之赐，令他毕生难忘。

季羡林在北京的寓所共有住房7间，其中6间和走廊都堆满了书籍。由此饶宗颐有联相赠："十车翻蚁蛭；百国道彦踪。"

季羡林在古典文学作品中最喜欢《儒林外史》，读了不下十遍。他为《大唐西域记校注》撰写了长达十余万字的前言，为中外交通史、佛学和敦煌学的研究独辟蹊径。

1946年臧克家到南京国立编译馆去看望老同学李长之，恰好季羡林在，在这里臧第一次见到季。1949年春臧从香港到北京，与季重又相见。20世纪50年代初臧支持季入党。1978年前后臧见到季，见他头发半白。1980年两人再次会面，见他已满头白雪。于是臧顿生感慨，随即赋诗一首赠给季："年年各自奔长途，把手欣逢惊与呼。朴素衣裳常在眼，遍寻黑发一根无。"

1947年夏天季羡林回到第二故乡——山东济南。季在济南走亲访友，应酬颇多，惊动时兼任山东省政府主席的爱国名将王耀武。他派人请季去其官邸赴宴，表示欢迎季回鲁工作。王还派人给季家送来面粉、白糖等礼品，他的车队惊动了二里长的佛山街，从此季家名声大振。

每逢季羡林生日这天（8月6日），其亲朋好友、学生晚辈、各级领导甚至外国大使都会向他祝寿。2001年8月，聊城和临清市政领导邀请季回故乡。庆祝其90岁生日大会后，季在写《故乡行》一文时却留下这样一段文字："八月六日——我在这里顺便说明一件事情：我的生日从旧历折合成公历是八月二日。"

## 启功：开门撒手逐风飞

启功（1912—2005），满族人，清雍正帝第九代孙。当代著名书画家、教育家、古典文献学家、文物鉴定家、红学家、诗人。曾任辅仁大学、北京大学副教授，北京师范大学教授、博士生导师，国家文物鉴定委员会主任委员、中央文史研究馆馆长、中国书法家协会名誉主席、西泠印社社长等职。著有《红楼梦注释》《古代字体论稿》《书法概论》《说八股》等。

启功一生颇具传奇色彩。很多人都想见他一面，有的人在见面之后（有的甚至根本就没有见过面）还要写一两篇文章发表出来，其中一些文章有失实之处。对此启功一贯相当达观，毫不在意，"开门撒手逐风飞，由人顶礼由人骂"。但是对于为其写作传记一事，他却是一直坚决反对。他曾自述："自愧才庸无善恶，兢兢岂为计流芳。"他不图虚名，对人们奉赠给他的这"家"那"家"一概不认，只认定自己是一名普通教师。有则广为人知的笑话，说的是启功因身体欠安，闭门养病，奈何访客不断，不胜其烦，就以其一贯的幽默写了张字条贴在门上："大熊猫病了，谢绝参观！"从此得了个"大熊猫"雅号。这笑话传得久了，很多人都信以为真。有一次启功郑重其事地请人为其"辟谣"："外面有人说启功自称大熊猫，那都是别人误传。""其实他写的是'启功冬眠，谢绝参观。敲门推户，罚一元钱'。"启功说："我还有自知之明，哪敢自称

'国宝'呢？"这件事在启功虽然是半开玩笑，从中也可看出他的认真和谦虚。

启功有一次过海关，海关工作人员问："带文物了吗？文物严禁出关。"启功答："我就是文物。"听者乍一愕，再仔细一想，不谬。

启功敬仰汪容父，视其论《亢仓子》《鹖冠子》两篇为佚文，特予发表。后知此乃柳宗元作品，即作更正，对指出者致谢，向读者致歉。

1954年启功开始写关于诗文声律问题的著作，1964年才定稿。1978年他将其篇幅压缩到6万字，以《诗文声律论稿》为书名出版。这部以二十多年精力完成的书稿，按字数计，得到区区稿费200元。

恩师陈垣逝世后，启功独撰对联："依函丈卅九年，信有师生同父子；刊习作二三册，痛系文字答陶甄。"

启功有一方古砚，上刻铭文曰："一拳之石取其坚，一勺之水取其净。"启先生把自己小小的卧室兼书房命名为"坚净居"，自号为"坚净翁"。

启功书法名满天下，求字之人趋之若鹜。菩萨心肠的他很少拒绝别人，几乎有求必应。不过碰上话不投机的，即使对方许以重金，他也不肯假以辞色。曾有商人请他题写匾额，为先生所拒。旁人怪启功不给面子，他说："我对他还算客气的。这个人没有诚意，我今天就是要教教他什么叫诚意。"

启功在给人题字时，首先总要问一句"要简体还是繁体"？他这是尊重别人习惯。但凡是给书刊或牌匾题字，他必定写简体字。有人问他是不是爱写简体字，他正色道："这不是爱写不爱写、好看不好看的问题。汉字规范化是国家法律规定的，法律规定的我就得执行。"

启功年届八旬时自撰墓志铭："中学生，副教授。博不精，专不透。名虽扬，实不够。高不成，低不就。瘫趋'左'，派曾'右'。面微圆，皮欠厚。妻已亡，并无后。丧犹新，病照旧。六十六，非不寿。八宝山，渐相凑。计平生，谥曰陋。身与名，一齐臭。"72字概括自己一生。

政要名流

# 梁启超:"百科全书式"的巨人

梁启超(1873—1929),广东新会人。中国近现代思想家、政治家、教育家、史学家、文学家,戊戌变法(百日维新)领袖之一,新法家代表人物。维新变法前与康有为一起联合各省举人发动"公车上书"运动,此后先后领导北京和上海强学会,又与黄遵宪一起办《时务报》,任长沙时务学堂主讲,并著《变法通议》为变法做宣传。变法失败后与康有为一起流亡日本,政治思想上逐渐走向保守。但他又是近代文学革命运动倡导者,在《饮冰室合集》《夏威夷游记》中推广"诗界革命"。

梁启超7岁时塾师出对"东篱客尝陶潜菊",他立刻对以"南国人思召伯棠"。

梁启超9岁时随外祖父睡觉,每晚被授予屈原《楚辞》一段,翌日就能背出。他在东南大学附中发表演说,在背诵《楚辞》时一字不错。

梁启超17岁时在广州万木草堂从康有为治陆王心学及经世治国之书,23岁时入学考试,主考官以为梁之试卷系康代作。

1914年梁启超在清华学校发表演说,以《君子》为题,先后引用《易经》中"天行健,君子以自强不息"及"地势坤,君子以厚德载物"名句勉励学生,尔后学校即将"自强不息,厚德载物"作为校训。

慈禧70岁时梁启超作寿联讽刺之:"今日幸颐园,明日幸海子,何日复幸古长安，亿万人膏血尽枯，只为一人庆有；五十割交趾，六十割台湾，七十又割东三省，千百里舆图渐促，请看万寿疆无。"

梁启超任两广总督岑春煊之都参谋。时正丁父忧，乃秘不发丧。胡汉民闻此，一日忽拍案高呼："吾偶得一妙联：诸葛亮七擒七纵；梁启超三保三无。""三保"是讥梁保皇、保袁、保段；"三无"是讥其无君、无师、无父。父死不守制，故称"无父"。

梁启超在民国初年开始购藏古旧书，多是为了写作参考需要，以实用为主，并不迷恋古版。梁游台湾，郑品聪陪游。有酒家女阿悦，请梁为撰嵌名联。郑一时兴至，代为作曰："阿其所好；悦己者容。"

贵阳骞季常生性嗜酒。骞50岁生日时，梁启超集苏轼、陆游句撰联祝贺："四十九年穷不死；三百六日醉如泥。"

在清华大学水木清华厅召开晚会时，梁启超喜唱《桃花扇》中《哀江南》；王国维乃讲八股文以助兴。

梁启超遇有学术上疑难不解问题，常以"可问王先生"回答学生；而王国维能答则答，不能答就直称"不知"。

1927年梁启超流着眼泪与学生吴其昌讲谭嗣同就义事，从黄昏讲到天亮，此后吴写了一本《谭嗣同》。

徐志摩与陆小曼在北平举行婚礼时，曾请他老师梁启超证婚，却被梁当着众人给了一顿严厉教训。梁对于他心爱之门徒徐尚有怜悯的善意，而对于陆竟以"祸水""妖妇"看待。

梁启超爱打麻将，虽旅途亦不停止。时有学界请其演讲，梁如故，说："我正利用博戏时间起腹稿耳。"有人劝他，他说："骨牌足以启予智窦，手一抚之，思潮汩汩来；较寻常枯索，难易悬殊，屡验屡效，已成习惯。"闻者粲然。

梁启超说："倘若用化学划分梁启超这个人，把里头所含一种元素名叫趣味的抽出来，只怕所剩下仅是个零了。"

梁启超在檀香山时，曾从何女士学英文教育。归国后，倡言已深得学英文秘诀，特条举所读英语文法初阶前项十余款，编制《英文汉读法》，称："凡读此书者，不数月即可翻译英文书籍。"王宠惠大异，于晤梁时谓此书内容及构造方法。梁大惭，自后对此书不提只字。

梁启超规定工作时间不接待宾客。偶有来访者，说话不能超过1个小时。其书斋门上还挂有木牌："除研究生外，无要事莫入。"

梁启超强调做资料工作之必要性。他说："大抵一个大学者平日用功，总备有无数小册子和单纸片；读书看见一段资料，适其有用者，即刻抄下（短的抄全文，长的摘要记书名、卷数、页数）。资料渐渐积得丰富，用眼光来整理分析之，便成一篇名作。"

梁启超学识渊博，但也有错误。所著《中国历史研究法》，其中引用阿拉伯人著作，因未见原文，竟将五朝误为五代，将10世纪写成9世纪。故王森然称，著书求入世界作者之林，真不易矣。

1922年梁启超为蒋百里《欧洲文艺复兴史》作序。梁以欧洲文艺复兴时代历史相比附，写起了中国近代学术复兴史，几天即草成六万字著作《清代学术概论》，且反要蒋为这"序"写一序。

梁启超在东南大学，其门人罗时实等问："国粹将亡，奈何？"梁反诘："何以国粹将亡？"对曰："先生不见今日读经之人之少乎？"梁勃然拍案说："从古就是这么少。"

梁启超十分推崇贾谊《治安策》，可以全文背诵。他向学生一面背诵一面讲解，听者惊讶之至。梁笑着说："我不能背《治安策》，又怎么能上'万言书'呢？"

梁启超认为，治国学要"熟读成诵"的主要是两种：一种是最有价值的文学作品；一种是有益身心的格言。

梁启超在印度文豪罗宾德罗纳特·泰戈尔生日时，给他起了个中国名字叫"竺震旦"。梁称在印度语里"罗宾德罗纳特"有"太阳""雷"之意，可引申为"如日之升""如雷之震"，意译为"震旦"；古印度称中国为"震旦"，而古中国称印度为"天竺"。按中国习惯前姓后名，故名"竺震旦"。

梁启超发表《新中国未来记》于《新小说》，以新中华民主国为国号，以壬未年为开国纪元。第一任总统名为"罗在田"，指爱新觉罗将下野；第二任总统名为"黄克强"，言黄帝子孙能人人自强。

梁启超见日本图书馆哲学部"四圣殿"里供奉有孔子、苏格拉底、释迦牟尼和康德画像后，写了《近世之第一大哲康德之哲学》。

梁启超为人写对联："万事祸为福所倚；百年力与命相持。"上联取自《老子·道德经》，下联取自《墨子·非常篇》。

梁启超在清华研究院讲课。他每星期三讲儒家哲学，由学生周传儒做记录。当时有学生出了一个谜语："梁任公每星期三讲哲学，打一人名。"众人未猜中，后谜底揭晓，就是"周传儒"。

最初用"莎士比亚"这个译名的当推梁启超。1902年他在自己主编的《新民丛报》上发表《饮冰室诗话》中提到："近世诗家，如莎士比亚、弥儿敦、田尼逊等……"

梁启超晚年投入白话文运动，引起章士钊反对。章在《甲寅》杂志中大骂梁献媚后生小子，用白话作文。

梁启超晚年多种疾病并发，但还是坚持讲演、著述。他说："战士死于沙场，学者死于讲台。"

# 吴佩孚：绰号"吴小鬼"

吴佩孚（1874—1939），山东蓬莱人。民国北洋时期著名军事家、爱国将领，国民革命军一级上将，官至直鲁豫两湖巡阅使、十四省讨贼联军总司令等。1896年中秀才，因避祸投军从戎。1917年任讨逆军西路先锋，参加讨伐张勋复辟。1922年将奉系赶出关外。1923年镇压京汉铁路工人大罢工，造成"二七"惨案。1926年北伐战争起，从北方赶赴前方督战，惨败；10月北伐军攻占武汉三镇，其主力被歼，从此一蹶不振。1932年通电声讨溥仪充当伪满傀儡，拒绝日伪拉其下水。

吴佩孚考中秀才以后，由于没有别的谋生技艺，于是包揽诉讼，敲诈勒索，而且还染上了吃鸦片的恶习。

有一次吴佩孚烟瘾发作，来不及走到三四等烟馆去，劈面冲进一家高级烟馆，朝雅座一钻，碰上当地著名富绅翁钦生。翁一见瘪三样的吴佩孚，就高声喝问他进来干什么。吴低声下气道："想和翁爷商量，弄几筒香香！"翁见他那副猥琐模样，气往上冲，喝道："你这狗头，不看看自己是副什么嘴脸，滚出去！"

吴佩孚烟没抽着，还遭一顿凌辱，于是与一帮无赖买通一个乞丐，用纸包着粪汁，乘翁钦生夜间从大烟馆出来，劈头盖脸扔了上去。

过了几天，吴佩孚恰巧与翁钦生在一个酒楼吃酒。结果两人都有点醉了，东一句西一句争吵起来。吴仗着酒力让翁饱尝了一顿老拳。翁是县电讯局长亲戚，于是通过县令，要派衙役拘捕吴。有朋友密告于吴，于是他星夜逃往北京。

吴佩孚个性固执，特别迷信。有一次冯玉祥去向吴报告说，河南省干旱严重，得想办法解决。吴甫听罢，要他先别忙："让我卜个卦看看。"说着煞有介事取出6枚制钱，连掷数次，才满脸堆笑地告诉冯："你不用着急，雨明天就会下，旱象可立即解除。"冯问："卦上有没有说明天几点钟下雨？"吴肯定地表示："下午两点多。"第二天直到过了下午3点，雨还是半滴都没下。冯理直气壮地到吴办公室质问："怎么到现在了还没下雨？"只见吴不慌不忙地说："谁讲的，雨正在下呢！只是你没瞧见罢了！"冯问："那你倒说说看，下在哪里？"吴慢条斯理地说："在西北方的莫斯科。"冯闻言哭笑不得。

吴佩孚有一绰号叫"吴小鬼"，是他在东北地区剿匪时得来的。1907年吴随曹锟到东北地区剿匪。曹派一个团去打土匪，结果反中埋伏，大败而归。吴自告奋勇，只带一营人去打。他剿匪别具特色，一不捣土匪老窝，二不与其正面交战，而是派人在后面跟踪。当土匪掉过头来打他们时，官兵只抵挡一阵就撤走；等土匪再想要行动，他们又在后面盯上了。真有"胡子"干起了坏事，吴就派马队及时赶到，予以歼灭。"胡子"感到吴神出鬼没，很难对付，就给他起了个"吴小鬼"绰号。不久"胡子"觉得无可奈何，各自回村，等待机会。这正好中了吴的牢笼计，他已对其每个老巢都摸了底，并派人进行监视，"胡子"回来一个就抓一个，没多久土匪即被剿灭。由此可见吴此人诡计多端。

有一次吴佩孚接见一个从日本归来的留学生。吴问他在日本学什么，对方回答说学经济。吴又问："经济是干什么的？"对方回答："主要是有关财政、金融、银行等方面知识。"吴哀叹："唉，学什么不好，为什么学那些出纸片子坑人的东西呢？"

吴佩孚当政时，谓据其考察结果："蚩尤乃赤化之祖。蚩者东也，尤者赤化之尤也。"鲁迅知道后斥之曰："蚩尤本称炎帝。炎，火德也，故亦称炎帝。如吴大帅所说，则黄帝讨伐蚩尤，是即以赤讨赤。"

# 于右任：落落乾坤大布衣

于右任（1879—1964），陕西三原人。近现代政治家、教育家、书法家。早年加入同盟会，后长期在国民政府担任高级官员，还是复旦大学、上海大学、国立西北农林专科学校等创办人和复旦大学、私立南通大学校董等，又创办过《神州日报》《民呼报》《民吁报》等多家报纸。人称"近代书圣"，诸体皆工，尤擅草书。

于右任18岁参加岁考，考题有《秦始皇拿破仑论》《卫文公滕文公论》等数十个，内容涉及中外史地、格致算学诸领域，限期1个月交卷。于胸有成竹，奋笔疾书，文不加点，在规定时间内完成了十数篇，篇篇都被佳批，名列第一，人称"西北奇才"。

于右任第一部诗集是他随作随录、汇编成册之《半哭半笑楼诗草》。他自号为"半哭半笑楼主"，用意即在标明是以八大山人朱耷志节自况。

于右任赞佩由经亨颐、陈树人等组织的"寒之友"画社，并为其题词："人中有松柏，天下无岁寒。""光明磊落经百变而愈见精神，真天下之至友也。"

于右任昔居上海静安别墅时，知马公愚患失眠，睡前必以两时钟置枕之左右，静听时钟走声方能入梦。他于是称马为"两钟居士"，并撰联赠之："两钟居士；五柳先生。"盖马喜菊，且常绘菊，有陶渊明之风。

20世纪20年代于右任在苏州木渎石家饭店小酌，连饮3碗鲃肺汤，因味鲜美，乃题诗曰："老桂花开天下香，看花走遍太湖旁。归舟木渎犹堪记，多谢石家鲃肺汤。"

某人有名画一幅，相传为周颠仙所绘，索价数万，并遍求名家题签以重抬其作。于右任见后题有七绝："神仙涂写无真假，史传传闻费考量。绝世英雄明太祖，庐山勒石更荒唐。"

于右任曾印《半哭半笑楼诗》讥讽时政，为清廷缉捕，避难上海。马相伯知道后，招其于震旦学院，并免其学膳费。马说："吾以尽国民一分子之义务也。"

于右任初到上海滩是1904年春，举目无亲，囊中羞涩，暂寄宿在陕西乡党吴仲祺家里。后于题诗云："泾阳吴老字仲祺，其子知名号陀曼（即吴宓）。父为大侠子学者，我亡命时蒙蔬饭。"

于右任竞选国民政府副总统时，曾醉酒南京夫子庙，为某酒家侍女当筵挥毫，传为一时佳话。张慧剑却写以一联："差无媚骨；犹有骚心。"

于右任、卢冀野与庞齐小叙于重庆。卢赠庞《双调·清江引》："南宁几年参议旅，来涉山林趣。阶前黛丽花，窗外高梧举，清谈小园须记趣。"于见云："黛丽花"可改"大丽花"，"高梧举"可改"梧高举"，如此更见对仗工稳贴切。

于右任创办《神州日报》时自称"神州旧主"。《民吁报》被查封后，于流亡至日本，得章太炎襄助。章说："我亦神州旧主，能不助君！"后章去世，于有散曲《题太炎遗像》："自民呼，自民吁，当年共作神州主。垂老请囚戏本初，伤时掷笔哭渔父。到此时，先生知否？"

于右任曾主持《民呼报》笔政，有诗讽刺庆亲王奕劻父子收干女儿祝寿事："侯门父子作干爷，喜气洋洋在一家。照例自然呼格格，请安应不唤爸爸。岐王宅里开新宴，江令归来有旧衙。儿自弄璋翁弄瓦，寄生草对寄生花。"由此奕恨之入骨说："如获于某，必剜其双目以为惩。"于闻后付诸一笑，乃戏改《民呼报》为《民吁报》，并对人说："吾双目被剜矣。"

《神州日报》的报名是于右任等反复斟酌而精心拟定的。神州是中国古称,在旧作诗文里往往把它同故国情思紧连。于说:"顾名可以思义,就是以祖宗缔造之艰难和历史遗产之丰富,唤起中华民族的祖国思想""激发潜伏的民族意识。"

沪宁铁路首行夜车是于右任力争之结果。当初国内火车为了安全,仅在白天行驶,遇夜即停。于说:"外国火车夜间能开,为什么我们就不能开?只要严格遵守规章制度,必然平安无事。"

于右任从洛阳古董商手里买到7对名将显宦夫妇"鸳鸯碑",或是夫妻合葬的墓志;或是夫妻分葬异地的两块墓志;或是合葬的墓志其中一块流落异方,发现后又合而成双,均有传奇色彩。于为此撰写学术论文《鸳鸯七志考证》,此时其书斋特意命名为"鸳鸯七志斋"。

经亨颐、陈树人、何香凝等游紫金山,合作"岁寒三友图"两幅,分赠邵力子、于右任。其上有于题诗:"紫金山上中山墓,扫墓来时岁已寒。万物昭苏雷启蛰,画图留作后人看。"

20世纪30年代上海有个青年跑到南京来找于右任,要求安排工作。于问他有什么特长,他说,"别的不敢讲,这4年来朝夕临摹老先生的字,稍有可观。"且拿出一幅仿于字帖。于笑而不答,派他一个小差使。人们去问于,想必此君摹仿到家,才受如此青睐。于笑着说:"并非有所厚爱,怕的是他找不到事,在外面'鱼目混珠'。"

于右任中年写草书,每日仅记一字,两三年间可以执笔。他说:"楷书如步行,行书如乘轮船、火车,草书如坐飞机。"于为人写字,最喜欢写的是《礼运·大同篇》。

于右任每回故乡三原,总要上明德亭饭馆。他尤爱尝厨子张荣"辣椒煨鱿鱼",曾挥毫题"名厨师张荣"5个大字。明德亭为此做了匾额,悬在门上招徕顾客。

于右任搜集历代碑刻和名家法帖,曾领衔发起成立"中华草书社"(即"标准草书社")。他在一幅画上题诗道:"自乐琴书岁月长,庭前初放早梅香。闲听爆竹更新历,富贵花开供画堂。"

## 蒋百里：现代兵学之父

蒋百里（1882—1938），浙江海宁人。清末秀才，民国时期著名军事理论家、军事教育家。早年常读《普天忠愤集》。1901年在日本陆军士官学校留学。1906年留学德国。回国先后任保定陆军军官学校校长及陆军大学代理校长。1913年任袁世凯总统府一等参议。1937年出版军事论著集《国防论》，是民国将领中第一人，并在日后一定程度地影响了白崇禧等人。

蒋百里称读书有一妙诀：不要读有句读的旧书，要亲加标点，如此才能专心致志，不会潦草看过。

蒋百里年轻时以文素臣自居，曹聚仁却将其比作文艺复兴时的达芬奇。

1910年，28岁见习连长蒋百里在德国柏林拜见普法战争时普军大本营作战课长、年已七十多岁的伯卢安。两人畅谈契合，伯特许蒋以正在撰写的《战略论》翻译权。

蒋百里在友人处阅读德国人所译莎翁集，德人自诩译得比原文还好，他以一星期时间把全集读完。

蒋百里平生有两个爱好，第一爱好是读书，第二爱好是与人谈话。蒋在南京被软禁时曾研究法华、华严两经。他的书斋中放满了康德和歌德的德文原版书。

查孟济遍览诸经,唯于《楞伽阿波多罗多经》久不得其解。后蒋百里由欧洲归国,谈及东方哲学,问查何经最难解,查对以"楞伽经"。于是蒋为查说百余句,语未半而查已释然悟矣。

蒋百里曾说:"有知识的人才配谈经验,肯研究的人才配谈阅历。"他举例称,一个在非洲指挥作战的法国将军说得好:"如果做元帅的须有身经百战的经验,那么我所骑的那头驴子的战场经验就比我丰富得多。"

蒋百里勤奋好学,深得众人称赞。1938年他奉令代理陆军大学校长,在首次训话会上引用成语自嘲,"老夫老而不死,好为人师",以表示自己还不算老。此后人们称他为"青年老头子"。

蒋百里早年在杭州求是书院读书,因书院总理陆勉斋曾是翰林,要求学生每月交楷书一卷。蒋抄了一份"求是章程",有意将文中"是"都写成"字",用以讽刺当局不求"是"而求"字"。

抗战前夕蒋百里评述民族英雄有一段话:"中国人崇拜死英雄,是理想的悲剧的英雄;西洋人喜欢活英雄,是实际的成功的英雄。英雄不是他自己造成的,是千千万万民众把他造成的。"

蒋百里以健谈著称。新闻记者遇到他顶有趣味,然而也顶苦,因为来不及记录。他的肚子里"含四馆(博物、图书、史料、科学)两院(文学、军事)",还有"随意小酌"。

蒋百里晚年爱好书法,于汉魏以来碑帖时有临摹作为消遣。他认为,文人伏案作书不佳。作字之法,手腕臂指而外,尚须用力于腰足之间;故所作书皆以素纸悬四壁上,奋笔而书,全身俱到。

## 冯玉祥：抗日方为绝顶人

冯玉祥(1882—1948)，原籍安徽巢湖，生于河北沧州。国民革命军陆军一级上将，爱国将领，西北军阀。1911年辛亥革命后参加滦州起义。1917年张勋复辟时率军入京击溃张部。1921年任第11师师长、陕西督军。1924年发动北京政变，推翻直系军阀控制的北京政府，并将所部改称"国民军"，任总司令兼第1军军长，电请孙中山北上主持大计。1926年在直奉联军进攻下通电辞职。同年赴苏联考察。1930年与阎锡山组成讨蒋联军，任陆海空军副总司令；中原大战失败后隐居山西汾阳峪，后隐居泰山。1933年在察哈尔组织民众抗日同盟军并任总司令。1935年任国民政府军事委员会副委员长。1948年被选为民革常务委员和政治委员会主席。同年回国参加新政协会议筹备工作，后因轮船失火遇难。

1936年何家槐在南京留园，曾见有冯玉祥亲撰一副对联："穷经安有息肩日；抗日方为绝顶人。"

冯玉祥与学兵队谈读书：兵不贵多而贵精；学术不贵多而贵熟。读书第一要有志，第二要有识，第三要有恒。天下无难事，只怕用心人；天下无易事，只怕粗心人。

1938年冯玉祥在武昌家中设图书室，放置他从南京来时所装的一火车皮和七木船的书。冯一般不准外人借阅，但特许老舍在里面读书与写作。

1938年冯玉祥住所被日机轰塌。他怕占用良田,便在坡地上盖起一座小楼房,并立碑题诗:"盖房为何在坡头?怕占良田民心忧。此心又有谁知道,不知我心乐悠悠。"

冯玉祥在学兵营时,每当熄灯号响,即私下点起油灯,在被窝内偷看《三国演义》,曾因此受罚跪处分。

冯玉祥早在当连长时,娶妻以3件事相约:能担水;能写信;品行端方,不喜奢华。

冯玉祥抗战时练习写白话诗,自称"丘八诗"。他写好了诗,不知是否通顺,就聘请研究中国通俗文艺的3个大家修阅文稿,他们是老舍、何容和老向(王向辰)。

冯玉祥说:李白之诗如天马行空,恣意不羁;杜甫之诗则深沉实在,苦吟而成。

冯玉祥爱看武侠小说,一半为着看热闹,一半也是靠插图多识些字。冯说,他看的第一部小说是《封神演义》。

冯玉祥初次南下,应邀到南京观光,对政府机关开会时供应茶点大为不满,故撰对联讽刺:"三点钟开会,五点钟到齐,是否真正革命精神;半桌子水果,一桌子点心,忘记前方饥寒将士。"

抗战时冯玉祥在武昌开办图书印刷社,取名为"三户",系采用司马迁《史记》中"楚虽三户,亡秦必楚"句,陆游《金错刀行》中"楚虽三户能亡秦,岂有堂堂中国空无人"句等意。

学者简又文抗战时到重庆看望冯玉祥。冯作"老翁倒骑驴"画相赠,并题诗一首:"许多人好乘马,此翁爱骑驴。只求铲走日本鬼,无论如何皆大喜。"

## 俞大维：凭栏不尽风云气

俞大维（1897—1993），祖籍浙江绍兴，生于湖南长沙。早年就读于复旦大学预科、南洋公学、圣约翰大学，后赴美国哈佛大学、德国柏林大学深造。1929 年回国任军政部参事，1933 年任国民政府兵工署署长，陆军中将军衔。抗日战争期间领导全国兵工企业坚持生产，为中国军队提供了重要装备支撑，建成了一定规模的兵工研发和生产体系，培育了大批优秀人才，被誉为中国"兵工之父"。1946 年任交通部长。1949 年赴台，1954 年任"国防部长"。去世前皈依佛门。

俞大维小时候读闲书，最令他感兴趣的是《隋唐演义》里一个个勇猛的豪杰英雄，尤其是"那天下第一条好汉"李元霸。他希望能跟李把酒论古今。

俞大维读书很快，过目不忘。很厚的一本书，两三天就可读完，并能摘取其中精要。他说，读书要有方法，看书要抓住重点。除了天分和方法，他也是很用功的。吴宓说："哈佛中国学生读书最多者，当推陈君寅恪及其表弟俞君大维。"在德国，这两位仍被认为是中国最有希望的读书种子。

俞大维大学毕业 3 年就拿到哈佛博士，没听说过还有第二人。他自称学习的秘密是"大考大玩、小考小玩、不考不玩"，这表明他有很高天分。

俞大维自谓平生最受益的书仅一部半，即半部《论语》，教会做人处世道理；一部《几何原理》，给以敏锐的逻辑思考和高度的判断能力。

俞大维欣赏欧阳修不断修改自己文章，尤其是将《醉翁亭记》开头第一段改得最后只剩下"环滁皆山也"一句。他说："除了这5个字，《醉翁亭记》其它词句都是多余的。"

1925年俞大维一篇论文刊载在德国最著名的数学杂志《Mathematische Annalen》上。他是在该杂志发表文章的第一个中国人。几年后华罗庚亦在该杂志发表论文，成为第二个中国人。

俞大维最忌将时间耗费在开会与应酬上。上任"国防部长"第一天，他仅讲了5分钟话，就搭乘军舰到金门、马祖、大陈巡视。他在职期间去这几个地方一百三十多次，平均每两周去一次，人称"国防部长办公室在金门"。

俞大维的目标是："最精良的部队在前线，最新的装备在前线，最好的医生在前线。"他目睹战壕积水，官兵受潮湿之苦，就把市场上合用的木板买光，连夜运至阵地，在壕底铺上木板。

俞大维一生看到过两次哈雷彗星，第一次是1910年13岁时，第二次是1985年88岁时。他的心得是："下辈子我要送给阎王爷一个大红包，让我做个三流画家，或是一个普通老百姓。"他为来世吟诗道："凭栏不尽风云气，来做神州袖手人。"

俞大维与表兄陈寅恪在美国哈佛、德国柏林连续同学7年。陈之母是他姑母，陈之妹是他夫人，陈之父陈三立、祖父陈宝箴与俞之父辈、祖辈相交甚深，故他俩是两代婚幸、三代世交、七年同学。

教界砥柱

# 唐文治：毋不敬，毋自欺

唐文治（1865—1954），江苏太仓人。近现代著名教育家、工学先驱、国学大师。光绪十八年（1892）中进士，官至大清农工商部左侍郎兼署理尚书。后退出政坛，潜心从事教育事业。曾任上海高等实业学堂及邮传部高等商船学堂监督（校长）、南洋大学堂及上海工业专门学校校长，创办私立无锡中学及无锡国专。著有《茹经堂文集》等。

唐文治6岁从祖父学《韩非子》，每随月光读书。

唐文治16岁从理学家王紫翔学，曾自书"毋不敬，毋自欺"于座右。王尝训诫说："文章一道，人品学问皆在其中。文章博大昌明，其人必光明磊落；文章精深坚卓，其人必敦厚笃实。至于尖刻险峻，其人必恶；圆熟软美，其人必陋。"后来唐也以为师训，转教学生。

唐文治教国文课主张背诵。他说，背上一百来篇，就够写文章了。这与古训说的"熟读唐诗三百首，不会写诗也会吟"道理相通。唐深怕古文音调失传，有灌片留声之议。他创办无锡国学专修学校，重金礼聘陈石遗教授《宋诗》《通鉴纪事本末》《音韵学》等，每小时付酬银币20元，为全国高校之最。

唐文治日常工作常按事件缓急开记事单。每办了一件，就在记事上打一个圈；已办未了的则加一点。

唐文治讲究气节。1947年在上海交通大学对毕业生分发油印纸条，上面写有："方今最要者，气节两字而已。"并用自己所写对联勉之："人生唯有廉节生；世界须凭气骨掌。"

1900年唐文治任总理衙门章京时，一次义和拳群众在衙里聚集外文书籍准备焚毁。唐力争，对他们说："但与洋人交涉，岂有能不通洋文之理？"由此未毁。

抗战时期唐文治在广西悲慨时事，常喜朗诵杜甫《秋兴》中两句："匡衡抗疏功名薄，刘向传经心事违。"

唐文治晚年失明，只能依靠听觉来了解外界。每天有专人替他口诵典籍、书报等。任何冗长或简约的文章，一经读出，唐便能完全领会，令旁人佩服之极。

# 蔡元培：学者功名开国史

蔡元培（1868—1940），浙江绍兴人。革命家、教育家、政治家。1892年殿试中进士入翰林院。1902年在上海创办中国教育会任会长。1904年组建光复会并任会长。1912年任南京临时政府教育总长。1916年至1927年任北京大学校长。1920年至1930年兼任中法大学校长。1927年参与发起"护国救党运动"，认为应当清党，但反对杀人。1928年至1940年任中央研究院院长，贯彻对学术研究的主张。1933年倡议创建国立中央博物院，并兼任首届理事会理事长。

蔡元培早年写《儿歌》诗："好儿童，好儿童，未来世界在掌中，今日若非勤准备，他年落后憾无穷。"

蔡元培在香港时爱读王阳明、陆放翁集，常听萧瑜译述讲解法国哲学家居友著作。蔡在九龙时，附近多旅居苏浙人士。蔡对来者不拒，常为其子女取名，所取皆吉利。人称蔡"有求必应"，凡是著书请他作序或题签，他没有不答应的。

蔡元培任中央研究院院长时，部属见其开销大，另加200元。蔡发现后立即退还，并告之要按规定办事。

1916年底蔡元培被任命为北京大学校长。到校第一天，校役们排队在门口恭恭敬敬向他行礼；他也脱下礼帽，规规矩矩向大家鞠了一躬，打破历任校长不理睬校役的惯例。

蔡元培在北大聘请教师兼容并包,但没请林纾执教。据推测,是因为林的学问、见解已赶不上时代。蔡任北大校长期间,常去北京东城听张克城讲佛学。

蔡元培任北京大学校长时,以"学问未必都好"为由,将几个水平很低的外国教员辞退。英国驻华公使朱尔典与他面议无效,气愤地说:"蔡元培是不要再做校长了。"蔡听了一笑置之。

蔡元培主持北大时,聘请教授不问政治观点,只看真实学问。他请守旧派的刘申叔教中古文学史、辜鸿铭教英国文学;哲学系的经学通论课同时请崔适、陈汉章任课,让他们各抒己见,由学生听了相反观点后,自己选择。

有一次蔡元培突然问学生:"5加5是多少?"学生以为校长所问必有奥妙,都不敢作答。好一会,才有一学生率直地说:"5加5等于10。"蔡笑着说:"对!对!"并鼓励他们:"青年们切不要崇拜偶像!"

欧战结束后,北京政府教育部在天安门搭棚开庆祝大会,蔡元培要求用3天时间给北京大学师生作群众演讲。

1919年5月9日蔡元培辞去北京大学校长,悄然去了天津;并留有一纸"启事"称:"我倦矣!'杀君马者道旁儿。''民亦劳止,汔可小休',我愿小休矣。"

蔡元培为向马相伯学拉丁文,每天清晨必从南洋公学步行四五里赶去马家,有时5点钟就敲门了,把马从梦中叫醒。

蔡元培在一次教育会议上说,姓氏上用父的姓不公道,用母的姓也不妥当,还是不要的好,可"用符号来代替"。

蔡元培在书房中悬挂有自己画像,上面题着:"其为人也,发愤忘食,乐以忘忧,亦不知老之将至。"在书桌上放着自己写的"学不厌,教不倦"几个字。

1935年7月蔡元培在上海发布"三不启事":不兼职、不写作、不介绍职业。他坚决辞去在文教机构兼任的23个职务,完全停手写作及介绍职业。实则,他在发布"三不启事"前几年便已辞去大学校长、监察院长和司法部长,并不愿任教育部长，而专任中央研究院院长。他曾说："不知每天要见多少不愿见的人，说多少不愿说的话，看多少不愿看的信。想腾出一两个钟点看看书也做不到，真是痛苦极了。"而在早年他也有一个"三不原则"：不做官、不纳妾、不打麻将。

蔡元培续娶黄仲玉，结婚礼堂别开生面，正中之红幛乃缀以"孔子"两字。洞房花烛夜不许闹房，改洞房为会场，大作学术报告。

蔡元培主持爱国女校时，教科书里常渗透革命内容，如历史科授法国革命史、俄国虚无党（无政府主义者）故事等，理化科则注重炸弹制造等。

蔡元培对读经有独到看法，他认为"为大学国文系学生讲一点《诗经》；为历史系学生讲一点《书经》和《春秋》；为哲学系学生讲一点《论语》《孟子》《周易》与《礼记》，是可以赞成的"。但是，"小学生读经是有害的，中学生读整部经也是有害的。"

五四运动时期蒲薛凤就读于清华，编集《白话唐人七绝百首》。他将花蕊夫人《述国亡诗》（"君王城上竖降旗，妾在深宫那得知？十四万人齐解甲，更无一个是男儿"）列为首篇；末篇用高适《九曲词》（"万骑争歌杨柳春，千场对舞绣麒麟。到处尽逢欢洽事，相看总是太平人"）。蔡元培大加赞赏，在作序后另附长笺说："所选百首，除压尾一绝外均属上乘。细加推测，当有用意。"

蔡元培为其亲戚谋事，无不尽力而办。他的推荐书有两处不写：真正无把握的不写；绝对有把握的也不写。最愿意写的是在"有""无"之间。

蔡元培称赞其1927—1928年任大学院院长时杨杏佛的相助。他说："我素来宽容而迂缓，杨君精明而机警，正可以他之长补我之短；正与民国元年我在教育部时请范君静生相助，我偏于理想而范君注重金钱，以他之长补我之短一样。"

蔡元培说明读书方法的重要，说：吕洞宾用手指点石成金送给穷人，但这穷人不要。问他为什么不要金子，他说要吕的指头，因为可点出无数金子。这种想法从道德上来说固然要不得，但就求学而言却是最不可少的。

蔡元培解释法国大革命提出的"自由、平等、博爱"，用古文证明中国早已有之。所谓"自由者：'富贵不能淫，贫贱不能移，威武不能屈'是也，古者盖谓之义；平等者：'己所不欲，勿施于人'是也，古者盖谓之恕；博爱者：'己欲立而立人，己欲达而达人'是也，古者盖谓之仁"。

对邹容《革命军》一书，蔡元培认为，其中"杀满人"一节过于偏激。蔡说，满、汉早已混合，"所以可为满人标志者，惟其世袭爵位及不营实业而坐食之特权耳"，只要放权，就没有杀的必要了。

蔡元培任教育部长时，有一次和次长范静生争论。范说，小学没有办好怎么能有好中学？中学没有办好怎么能有好大学？所以我们第一步当先把小学整顿。蔡说："没有好大学，中学师资哪里来？没有好中学，小学师资哪里来？所以我们第一步当先把大学整顿。"两人都采用相对循环论，只因为所站立场不同。

蔡元培主编《警钟日报》时常用民友为号。后认为自己也是国民一分子，怎么叫民友呢？于是从《诗经》句"周余黎民，靡有孑遗"中各取一字，改号为孑民。

蔡元培笔名常用周子余。他人问及原因，蔡答："周蔡原为一家，不闻蔡亦出自姬姓乎？"后又正色道："余母氏周姓也，故用之。"

蔡元培在1903年创办《俄事警闻》，1904年创办《警钟日报》。两报头版都有"时评"一则，畅谈国事，多出自蔡本人手笔。1904年慈禧太后生日，蔡写了时评《万寿无疆》，含意"每逢万寿，必定丧失土地"。

蔡元培早年在为商务印书馆著译图书时，曾因说"四书五经不合教育体裁"而受到张之洞指责。出书时为免清廷干涉，蔡借夫人黄世振之"振"字，署名为"绍兴蔡振"。

蔡元培在青岛时，由日文译德国科培《哲学要领》。因无参考书，又心神不宁，所译人名多有聱牙。且因一时笔误，竟以空间为宙，时间为宇。他常盼再版时修正。

蔡元培在中央研究院工作时，曾写过一副对联以赠历史语言研究所同仁："多闻阙疑，慎言其余；遭人而问，少有宁日。"

# 张伯苓：随时随地小心

张伯苓（1876—1951），天津人。近现代职业教育家。我国西方戏剧及奥运会最早倡导者，被誉为"中国奥运第一人"。早年毕业于天津北洋水师学堂，后获得上海圣约翰大学、美国哥伦比亚大学名誉博士。他把教育救国作为毕生信念，先后创办天津南开中学、南开大学、南开女中、南开小学和重庆南开中学，接办四川自贡蜀光中学，形成著名的南开教育体系，为国家培养包括周恩来在内的一大批人才，被誉为"中国现代教育的一位创造者"。

张伯苓在私塾教体操课，将北洋水师学堂的哑铃和体操用的棍棒绘出图样，让木匠制作后给学生练习，有时自己也一起练习。

1909年张伯苓在南开学校鼓励学生演剧。他为学生作舞台设计并扮演戏中主角，曾自扮剧中的校长。

张伯苓曾喜吸烟，尤嗜雪茄。1914年他训斥一个手指发黄的学生，但该生指着张桌上的烟袋给予反驳；张当即将烟袋丢入痰盂，从此不再抽烟。

张伯苓在山东威海卫，目睹它先被日本所占领，后交还中国，中国又转租英国。他后来说："我正在那里，并且我看见威海卫的旗子两天之内换了3次。头天我看见龙旗替下了太阳旗，第二天我又看见龙旗被米字旗代替了，痛楚和愤怒使我深悲。"

张伯苓爱讲《论语》中鲁哀公问政于孔子的故事（"为君难"），并以此训示学生："作业必须战战兢兢，念念不忘困难，随时随地小心。"

张伯苓当南开中学校长时为学生上"修身课"，写3条标语："过而不改是谓过矣"；"过则勿惮改"；"马路人告之有过则喜"。写完贴在墙上，与学生共勉。

张伯苓70岁寿辰，其学生老舍和曹禺合写一首贺词："知道有个中国的，便知道有个南开。这不是吹，也不是唠（意为"吹牛"）。真的，天下谁不知，南开有个张校长。"

1913年暑假周恩来考入南开中学。张伯苓不因周的清贫而漠然视之，相反他很赏识、关怀周。他免去周的学费、书费、宿费，并让周业余帮助学校做些抄写、刻字的杂事。

张伯苓多次讲过：紫白是代表南开的校色。"紫"是象征高尚的颜色。他还风趣地说："满朝朱紫冠，尽是读书人"。"白"是象征纯洁、廉洁的颜色。

在旧中国普遍存在脏、乱、差的环境里，南开学校算得上幽美的教育园地了。1934年诗人柳亚子初到南开大学即赋诗赞美："汽车飞驶抵南开，水影林光互抱环。此时桃源仙境界，已同浊世隔尘埃。"

张伯苓创建"南开"系列，在中国近现代中、高等教育的发展史上，除了别的贡献，他还特别重视戏剧、音乐、体育等方面的教育，以及爱国教育、民主教育、实用教育，并较早开办理科、商科、经济学及女中等。

## 黄炎培：为而不争，如石不动

　　黄炎培（1878—1965），上海人。教育家、实业家、社会活动家，民主爱国人士。1887年随外祖父发蒙，接受传统教育。迫于生计，年未弱冠即在家乡任塾师。1899年在松江府以第一名取中秀才。1901年入南洋公学选读外文科，受知于中文总教习蔡元培。1902年中江南乡试举人。1903年返乡兴办小学堂。1905年参加同盟会。1908年与童世亨等共同创办浦东电气股份有限公司，为浦东最早供电设施。1917年赴英国考察。同年联络教育界、实业界知名人士在上海发起成立中华职业教育社并任社长，次年创建中华职业学校。此后数十年时间的教育和社会活动，主要通过中华职教社来进行。建国后任政务院副总理兼轻工业部部长、全国人大副委员长、全国政协副主席、中国民主建国会中央委员会主任委员等职。

　　黄炎培生活俭朴，常以咸菜豆拌汤佐食。孩子们一见便合唱："咸菜豆拌汤，吃了上天堂。"

　　1915年黄炎培参加中华民国农商部游美实业团，在纽约郊外访问大科学家爱迪生。爱拿出其刚发明的收录两用机，请黄用上海方言录音。黄用上海话说"中国是东方大国，美国是西方大国，愿两国用和平手段，同心同德，互相帮助，走上幸福道路"等语。

　　日本内阁于20世纪20年代后期拟定的侵华政策总纲领《田中奏折》在

中国被揭露后,这一绝密文件迅即传遍中国和世界。那是 1931 年,中华职业教育社社长黄炎培赴日考察时,冒着极大危险把它放在书籍中一起夹带回国的。

黄炎培曾以记者身份介绍清朝人才分布。他说有人曾统计过,由顺治三年(1646)到光绪三十年(1904)的 258 年间科举考试一共出了 114 名状元,其中仅江苏就有 49 名。

黄炎培 49 岁读《道德经》,得一结语:"为而不争。"后读《金刚经》,又得一结语:"如石不动。"

黄炎培对《西厢记》也有研究。1952 年印度首任驻华大使潘尼迦任满回国,向他辞别。时潘尼迦翻译《西厢记》为印度文。黄说,俗本《西厢记》增添 4 节,实为画蛇添足之举。

《生活》周刊由黄炎培题签。邹韬奋创办生活书店,店名由徐伯昕仿黄手迹所书。黄说:"'生'字有点倔强的样子,敢作艰苦奋斗;'活'字的口放大了,说明大家都有饭吃,也象征大家都可以有话说。生活书店出版物风行世界,就是把'口'放大了的事实。"

一次,邹韬奋将其编译完成的《职业智能测验法》送黄炎培审阅。黄看后给予其严厉批评,并告诫他:"译书时不能忘了我们的对象是中国读者,要处处照顾他们的理解力、心理和需要。"

黄炎培 76 岁时,在 1 个月里精读了《资本论》第一卷,摘录 369 条;还参阅弗·梅林《马克思传》,写了几万字心得。

# 马君武：旧学商量加邃密

马君武(1881—1940)，祖籍湖北浦圻，生于广西桂林。近现代政治活动家、教育家，大夏大学、广西大学创建人和首任校长。1902年留日期间结识孙中山，1905年参与组建中国同盟会并任秘书长。1911年辛亥革命成功后参与起草《中华民国临时约法》及《临时政府组织大纲》。1916年获德国柏林大学工学博士学位，是中国获德国工学博士第一人。回国后任广西省省长、北洋政府司法总长与教育部总长等职。1924年开始淡出政坛，将精力逐步投入教育事业，先后担任大夏大学、北京工业大学、中国公学、国立广西大学等校校长。以其改造中国封建教育体制、力推现代高等教育的理念，奠定在中国近代教育史上的地位；与主张"思想自由，兼容并包"的北大校长蔡元培同享盛名，有"北蔡南马"之誉。在中国第一个翻译《物种起源》。

马君武与居觉生曾在上海杨行乡居，同时经营农场，也亲自体验农民耕作。为此谢无量有诗赠马："不信堂堂马居士，种田担粪了平生。"

马君武谈论学问，自写有屏条："博学之，审问之，慎思之；明了之，为章之，笃行之。"其中"博学、审问、慎思、明辨、笃行"出自《礼记·中庸》。

马君武学习刻苦勤奋。他每天必著作或翻译一两千字，并看书两小时，数十年如一日，除去生病外从未间断。他于1900年在广州学法文，未及一年就能写亦能译了。

马君武曾为学生书联："旧学商量加邃密；新知培养转深沉。"

马君武读书极快，写作也可分心。有一天在上海寓所，陆丹林来聊天。因为这时他正忙着赶写一篇稿子，于是左手拿烟，眼观原文；右手执笔，边翻边写，一气呵成，而又悠闲地和陆谈天。

马君武能通读日、德、英、法等语种之书，但他却最恨中国人在同伴中说几句外国话哗众取宠。有一次，他竟为此在电车上与一个不相识的人吵了起来。

马君武曾任国立广西大学校长。他善于诱导学生，常隐其意而不直言。一次，一个对国文课不感兴趣的学生请他题字，他欣然写道："则以学。"学生说："您忘了写'文'字。"马笑而答道："你也知道国文课的'文'字重要啊！"

马君武任广西大学校长时，一日巡堂，见某教授未到，询之，谓乍得急病，即召医驰治。马又进教室，询知该课授有机化学，即按照书本逐段登台说教，竟较原教授讲得更为明晰。

马君武由日人宫崎寅藏介绍得识孙中山，极为兴奋。他推崇孙说："康梁过去人物，孙公则未来人物也。"

马君武对严复"信、达、雅"的翻译信条并不苟同，曾云："求雅而曲用成语，或者成语有时而穷，则以文害意；求雅反而缺信难达，为害反大。"故马所译多以文言为本，有成语才用成语。而所译剧本歌曲则洗炼明晰、沉郁顿挫，使演唱者无有揣摩之烦，即看即用。

马君武文、理两科都很好。他在任中国公学校长时，学生朱经农评价他："凡是校内功课，没有一门他不能教的。"

马君武在中国公学任校长时，有文章把其姓名对以达尔文（古代"达"可解为"羊"）。有人问马是否在译《物种起源》时故意将作者Darwins译为达尔文，或因在日留学时佩服达尔文而改名君武。马笑答："两说均不错。"

马君武曾化名罗孝高，翻译日本柴四郎《佳人奇遇》，逐期刊载于横滨《清议报》。其中有一段涉及中国革命党人的反清故事，为康有为所见，特严饬将此一节删除，不许登出。

马君武译拜伦诗作《哀希腊》，目的是在鼓吹民主革命，故多篡改原意。胡适称其失之讹。

马君武向《新民丛报》投稿，他的哲学理论颇受欢迎；但因发表多篇后，收不到稿费，便不再想投稿。主编梁启超深以为忧，乃伪托有罗孝高其人化名"羽花女士"，以写艳侠小说和艳情诗见长。当刊出多篇后，喜好艳侠小说的马信以为真，遂努力撰稿，致使稿源不乏。

马君武为学生写字，来者不拒。有次他为某学生写字，写了一条上联后，那学生讨好说："马先生的字就好像于右任先生写的一样。"马不悦道："不好说于右任的字像我吗？"把笔一搁，坐在沙发上，不写了。

马君武捧小金凤桂剧，有人作联讽刺之，另有报纸批评在娱乐场中燕舞莺歌的人。马看后颇不高兴，找该报社长韦永成说，"戏剧也是艺术"，要他更正。韦很机警，说："马先生，更正不要紧，不过更正后更出名。本来是不相干的社论，泛指哪一个人，更正时怎么说？含糊过去就算了，越更正越有痕迹。"马想想也对，说："算了！算了！"

马君武和程善之在《中华民报》社时，经常对弈。马棋艺低下，棋品亦不甚佳，每次下棋必悔。久之，程思一法对付马，即马悔一子他也得悔一子。往往每局各连悔十至二十余子。

## 邓之诚：为人为学颇有古名士风

邓之诚(1887—1960)，江苏南京人。近现代历史学家、教育家。幼年入私塾，酷爱读书。后随父赴云南任所，习六代史。曾就读于成都外国语专门学校法文科、云南两级师范学堂，毕业后任滇报社编辑。1921年起专任北京大学史学系教授，又先后兼任北平师范大学、北平女子文理学院、辅仁大学、燕京大学史学教授。作为20世纪中国著名史学教育家，培养了一大批文史考古学者，门人弟子号称三千，当中成就斐然者有黄现璠、王重民、朱士嘉、谭其骧、王钟翰等。

邓之诚藏书万卷，爱书有癖。他最不喜欢衬纸的书。每种书购到手后，即撤去书之衬纸，由四本订成两本，两本订成一本。重新装订后，即在每种书封面写上书名、作者小传及其来龙去脉等。

1941年冬至翌年夏，邓之诚在狱中。他以指甲代笔书于废纸，得纪实诗一百余首，出狱后即印行诗集一册《闭关吟》。

邓之诚为《东京梦华录》作注，录于书眉及另纸有一二百条，后排印。又得四五百条新注，引书一百五十余种，校出误字一百多处。注释本出版后仍多有抵牾处。故他说："能释者未及十之三四。"

邓之诚讲课只带笔记本，但在讲课前不见客、不理事，一人静坐半小时至一小时。讲课时遇到引用史书随讲随用，以端正行书写出，很少出错。

邓之诚由四川至北平，北大和燕大都想聘任他。邓觉难以处理，后幸得两位校长蔡元培与司徒雷登同车由天津回北平，经协商把邓让给燕大。

邓之诚可以按篇按章背诵新旧《唐书》。他根本不用去翻书，书架上的书只是备而不用的。

邓之诚以专著《骨董琐记》知名，且为此书自题"杂家原异一家言"。

1943年邓之诚困居北平，坚拒为日伪办事，闭门整理旧稿，重新撰成《滇话》，达二三十万字。他还亲自用端正小字誊写一遍，藏之于家。

邓之诚在燕京大学任教时，最爱穿一件灰布长袍，外罩一件黑马褂，头戴一顶红疙瘩瓜皮帽，足登一双礼服呢布底鞋。每到上课时间，他必定按时健步如飞走进教室，双手捧一叠书本，目不斜视走向讲台；把书往桌上一放，摘下帽子，向同学们深深鞠一个九十度躬，然后用浓重西南口音开讲。

邓之诚任教时，对学生学习要求相当严。课后要求学生整理听课笔记，还要用毛笔誊写清楚，再交他审阅。

邓之诚专心致力于其巨著《中华二千年史》。该书初印为燕大讲义，后为商务印书馆"大学丛书"之一，最后在1956年由中华书局出版。洪煨莲称此书："其以正史纠稗野之诬，以稗野补正史之阙，犹万斯同季野之遗意也。"

史学大师邓之诚假日喜游览冷摊小肆，访觅文物古旧；尤爱搜集印石，自行镌刻。尝得寿山、青田及田黄等上品奇异之石5块，视为珍玩，爱不释手，故自号其书房为"五石斋"。

邓之诚任北平《新晨报》总编辑时，曾一度逐日撰写社论，斥责当时独夫专制祸国殃民，事后剪贴成两巨册，题名曰"千金簿"。其意颇自矜。

# 钱基博：治事不可不读书

钱基博（1887—1957），江苏无锡人。古文学家、教育家，钱钟书之父。早年参加革命。1913年任无锡县立第一小学文史地教员。1918年任无锡县立图书馆馆长。1920年后任吴江丽则女子中学国文教员、江苏省立第三师范学校国文与经学教员及教务长。1923年后任圣约翰大学、清华大学、中央大学、无锡国专、光华大学、浙江大学、湖南蓝田国立师范学院等校教授。1946年抗战胜利后任武汉华中大学教授。

钱基博16岁便在梁启超主编之《新民丛报》上发表长达四万余言的《中国舆地大势论》；又在《国粹学报》上发表评论古今文章流变的长篇论著《说文》。

钱基博撰《中国文学史》，于杨云史之诗极为推崇。唯涉及其历史则加以评论，因杨曾任吴佩孚秘书长。所以有联语称："弹冠新朝，而未忘故国；委身强藩，而特多阿谀。"

钱基博谓文学与科学、哲学不同：哲学解释自然，科学实施自然，文学描写自然。

钱基博对国文教学提出新改革方案，将国学课程分为3大类：诵读学程、整理学程和训练学程。这个改革方案，重在阅读古籍原著，重在学生基本功训练；目的在于培养学生民族性，陶冶学生人格，通过严格读写训练来加以贯彻。根据上述课程设置，钱基博又制定了各门课程学时并区分了必修、选修。一、二年级基本上是必修课；三、四年级基本上是选修课。所开古籍都用原书。

钱基博称中国读者必读之书应为"四书"和"通鉴"。他说，读"四书"以穷其理，读"通鉴"以识诸事；"四书"以明内圣外王之道，"通鉴"以极人情世变之幻，则庶乎本末兼赅矣。

1909年江西提法使陶大均看到钱基博文章，"骇为龚定庵复生"，遂招之入幕，那时他年仅22岁。钱被陶招为幕僚后月薪白银100两，待之如上宾。民国二年，直隶都督赵秉钧、江苏都督冯国璋皆赏其才学，招他为秘书，他毅然谢绝。后入教育界，曾任圣约翰大学、清华大学和浙江大学等校教授。

钱基博教学方法是言传身教，潜移默化。他读书治学注重对学生国文基本功训练，从门径上指点之，特别是注意方法与能力。在教学过程中，用他的解题及阅读法来指导学生学习。钱教人读书，采用桐城派"诵读""圈点"之法。

钱基博记日记绵延达五六十年，共五百余册，取名为《潜庐日记》，然"文革"中被查抄焚毁。钱说，读书尤当知如何读。读书不可不知文，治事不可不读书。且治事，且读书，则体验益切，而见理益明。钱曾写有武侠短篇小说几十篇，每篇仿涨潮《虞初新志》例，并附作者自己的评论。

钱基博是有家国情怀的知识分子，精神境界很高。建国以后，钱将五万余册藏书全部赠给华中大学（今华中师范大学）。1952年他又把历年收藏的甲骨、铜玉、陶瓷、古货币、书画等文物两百余件捐赠给华中大学历史博物馆。此外尚有碑帖字画一千余件、方志一千余种，悉数赠予苏南文物管理委员会和江苏泰伯文献馆。他不把这些宝贝留给儿子，却造就了同样淡泊名利的一代鸿儒、"文化昆仑"钱钟书，留给世界一个文化奇迹。

# 陶行知：行是知之始，知是行之成

陶行知（1891—1946），安徽歙县人。人民教育家、思想家，伟大的民主主义战士与爱国者。1908 年考入杭州广济医学堂。1914 年赴美留学。1917 年回国，先后任南京高等师范学校、国立东南大学教授、教务主任等职。1926 年发表《中华教育改进社改造全国乡村教育宣言》。1927 年创办南京晓庄学校。1929 年被圣约翰大学授予荣誉科学博士学位。1931 年主编《儿童科学丛书》。1945 年当选中国民主同盟中央常委兼教育委员会主任委员。

陶行知倡导读书时要向"八贤"请教，要多思考。这"八贤"是：何事、何故、何人、何如、何时、何地、何去、几何。

1925 年当陶行知得知万籁鸣兄弟正在试制动画片时，说："中国的方块字教学完全可以利用卡通。"

1945 年陶行知作《民之所好好之，民之所恶恶之》英文诗，并连夜向学生进行教授。

陶行知在讲演时常插进自己创作的小诗，使其演讲分外有声有色。

陶行知对冯乃超谈儿童教育时说："不是先准备好养小孩的一套东西才来生小孩，而是小孩生下来后再想办法去养他。"

上海百货职工会纪念"五一"节，在育才公学开联欢会，请陶行知演讲。陶最后说："说民主，道民主，只说不做，什么人？小老鼠。"赢得掌声如雷动。

1914年陶行知在金陵大学读书，很穷，向朋友借钱，但亲友回信引用古诗："十扣柴扉九不开。"陶收信后却毫不介意，把它改为"百扣柴门十扇开"。

陶行知不大喜欢谈过去，而健谈现在。他自负地对别人说："你们要是追问过去，可以去请教胡适之；你们要是追求现在、追求将来，可来问我，我可以清清楚楚告诉你们。"

陶行知以友人所赠"骆驼"牌卷烟转赠当时经济贫寒、无钱买好烟抽的翦伯赞，并附一打油诗："抽一支骆驼烟，变一个活神仙。写一部新历史，流传万万年。"

1927年陶行知在南京晓庄创办试验乡村师范，向街巷贴出招生广告，末了有这么一行颇别致："学费无，膳宿杂费见简章，小名士、书呆子、文凭迷、小政客最好不来。"陶的办学极受陈鹤琴称赞，曾称誉陶是"近百年来的大教育家"。

陶行知为晓庄师范学校造一图书馆，名为"书呆子莫来馆"。他说，此图书馆专为用书而设，非为书呆子而设也。

陶行知在学校墙壁上写有一条横幅，以示节俭之意："公家一元钱，百姓一身汗，将汗来比钱，花钱容易流汗难。"

陶行知以为《圣经》里有两节很有意思，那就是《新约·马太福音》第18章中两篇故事：一篇是耶稣说要进天堂，就得重新做小孩子；另一篇是守羊人看放100只羊，忽然有只不见了，于是撇下这99只，去寻找那只迷途的羔羊。

陶行知原名"知行"。后来他论王阳明学说，说到"知是行之始，行是知之成"时即加以批判，认为不对，应该是"行是知之始，知是行之成"，故改名"行知"。

1933年陶行知在上海卖文卖字卖演讲时订立润格,遍发报纸并附以小启称:"狐狸有洞鸟有食,乡下先生难度日。风高谁放李逵火?武训讨饭也不易。自杀不成怕坐牢,从来不演折腰戏。众谓我曾做书呆,便教出卖书呆气。书呆之艺卖与谁,开张岂必有生意?女生卖艺被开除,先生卖艺可遭忌?那里管得这许多,硬着头皮试一试。"

20世纪30年代陶行知开设卖艺馆(卖文章、书法、演讲)于上海。聋道人(曹聚仁)在《涛声周刊》上用上海话致贺词:"秀才出卖书呆艺,城隍庙里有同志。大脚娘姨寄家信,一只八开写一次。如意楼上《玉蜻蜓》,双档合响《朱砂记》。对尺红纸写斗方,吉庆平安元亨利。如今博士来下海,要同阿拉抢生意。真真勿怕难为情,金字招牌挂毛厕。耐阿看见梅博士,天蟾舞台唱家戏。多少马丹与密司,勿见梅郎宁可死。耐阿看见小黑姑,大家捧场大家吹。花篮排得密密层,挤破茶楼勿算事。耐阿看见小糊涂,挂起葫芦来问字。麦克麦克大洋钱,细批流年二十四。耐个博士勿识头,下流坯子无大志。喝过西风喝北风,看耐还要试不试?"

陶行知常谈做人做事道理,他曾自撰一联:"亲民、亲物、亲赤子;问古、问今、问未来。"

陶行知、李公朴为《立报》总编辑与名记萨空了(蒙古族)作新婚祝词:"空不空,了不了。何处去,不知晓。什么时,半夜了。什么事,找大嫂。什么人,看中了。舍不得,来回绕。亲个嘴,快活了。人听见,不得了。逃回来,天明了。失了眠,疲倦了。开常会,迟到了。被警告,糟糕了。快行礼,正式了。十个月,添宝宝。红鸡蛋,管吃饱。宝宝大,空了老。空不空,了不了。献祝词,李与桃。大家唱,哈哈笑。"

陶行知发现国民政府教育部常务次长朱经农《中华疆域歌》漏了贵州省,连忙去信告知:"贵州'失守'!"接着说:"老兄克复之后,还望详告为感。"朱接到信后立即补救。这就是当时文教界传为笑柄之"贵州失守"。

# 叶圣陶：第一是编辑，第二是教员

叶圣陶（1894—1988），江苏苏州人。现代作家、教育家、文学出版家和社会活动家，有"优秀的语言艺术家"之称。1907年考入草桥中学。1916年进上海商务印书馆附设尚公学校执教，推出第一篇童话故事《稻草人》。1918年发表第一篇白话小说《春宴琐谭》。1923年发表长篇小说《倪焕之》。1930年主办《中学生》杂志。建国后任教育部部长、人民教育出版社社长和总编辑、中央文史研究馆馆长、全国政协副主席、民进中央主席等职。

叶圣陶原名"叶绍钧"。1911年苏州光复后第二天，他找到先生说："清廷已覆没，皇帝被打倒，我不能再称'臣'了（叶原字"秉臣"），请先生给改一个字吧。"先生笑道："你名绍钧，有诗曰'圣人陶钧万物'，就取'圣陶'为号吧。"后其便以"圣陶"为名。

叶圣陶说，如果有人问起我的职业，我就告诉他："第一是编辑，第二是教员。"

叶圣陶散文集有诸名家题款。柯灵题字是："山深宜凝翠，水阔自盈盈。过眼云烟尽，不老是童心。"林林用日本俳句样式题字："新春读古文。爱的教育情意深，钩起我童心。"

叶圣陶收到萧乾主编《译文》杂志，每期必读；而且读完后，必去信就该期某些译文提出具体意见。

1929年秋叶圣陶利用晚间休息时间编辑《十三经索引》，他自任断句，妻子和老母担任抄写、剪贴、编排，历时一年半，编成两百三十万字工具书出版。友人戏称他这是搞"家庭手工业"。

叶圣陶批改白话文《青铜器浅谈》一文时提出："专业人员作稿子，最要注意跳出专业的圈子。这为一般刊物作稿几乎可以说是通例。否则同行可能要看，外行就不爱看。"

茅盾小说《子夜》于1933年1月出版后，叶圣陶曾为初版题签，并写了近两百字《子夜》介绍。这篇近代最早的书讯，登在《中学生》月刊第31号扉页上。

1947年叶圣陶主编开明书店《中学生》杂志。秦牧投稿，字迹较潦草，但写得不错。叶在发表前，就亲自把秦文清清楚楚重抄了一遍。

叶圣陶长篇小说《倪焕之》主人公，即为大革命时期被杀害之共产党人侯绍裘。所以柳亚子诗句有"光轮未转骨先糜，一语深悲倪焕之"。

叶圣陶曾撰文评论曹禺和夏衍，称曹禺"慢工出细货"，说夏衍"浅吟低唱之作风，极配合绝经忧患之中年人胃口"。

叶圣陶热切主张规范现代汉语，包含规范语法、修辞、词汇、标点、简化字和除去异体汉字。他又编纂和规范了出版物的汉字，并规定了汉语拼音方案。

叶圣陶在其妻胡墨林墓碑上写的是一首小诗："人情实太好，与我大有缘。一切皆可舍，人情良难捐。"

叶圣陶先生是中国文艺界与教育界老前辈。他为人敦厚，彬彬有礼。著名诗人臧克家曾说过："温、良、恭、俭、让这5个大字是做人的一种美德，我觉得叶老先生身上兼而有之。"

# 苏雪林："打杂"文坛杏坛一辈子

苏雪林（1897—1999），原籍安徽太平，生于浙江瑞安县丞衙，北宋"三苏"后裔，冯友兰是其表哥，天主教徒。现代著名女作家、教授，毕业于北京女子高等师范学校。一生从事教育事业，曾在沪江大学、安徽大学、武汉大学等校任教，后到台湾师范大学、成功大学任教；且笔耕不辍，产量可观，被喻为文坛杏坛常青树。著有《青鸟集》《蝉蜕集》等。

苏雪林著《南明忠烈传》，原名《沧海姻缘录》，取意于"忠臣志士之志愿，与海水共深浅"（黄梨洲）。

苏雪林撰《昆仑之谜》，搜寻资料、正式撰写、誊清，七八万字长篇论文，费时不到一月。

苏雪林在抗战时，曾幻想有一异人，通过胡适来到中国；此人能制造新武器，也能建立很多工厂，帮助中国打败日本。

苏雪林也爱搞文史考证。她说：我认为考证这个学问，"自证""旁证"均须注重，而"自证"比"旁证"更为重要。

苏雪林一生与笔墨官司打交道无数。她谦称自己"打杂文坛几十年"，"担柴挑水，忙个不了"，"耕耘自己园地"。

苏雪林自称，她一生的写作与研究，大都得之于教书所启发的灵感。如《李义山恋爱事迹考》乃是在东吴大学教李商隐诗选而撰成；《天问》的整理，也得之于一篇上课所用的笔记。

1981年春苏雪林撰文悼念茅盾："他笔下的老通宝和鲁迅小说中的阿Q一样，深刻动人而有个性。"

1983年苏雪林完成一百五十万字巨著《屈赋新探》。她说："我的屈赋研究费时三十年，范围非常广大。顾颉刚先生《古史辨》中不能答复的问题，我都替他答了。"

苏雪林说写作有奇妙功能，可以把所读之书融化为营养素。一个人读了许多书而不知利用，无非是只"两脚书橱"；而经常写作，死的书即可变成活的思想，这就是消化功能。

苏雪林90岁时，冰心将《冰心集》《冰心读本》赠送给她，并亲笔题下"雪林吾姊正"。苏高兴之至，唯一不满的是看不惯大陆出版物的简体字，认为失去了汉字之美。

# 罗家伦:"五四运动"命名者

罗家伦(1897—1969),浙江绍兴人,生于江西进贤。罗加伦是"五四运动"命名者与学生领袖,我国近现代著名教育家、思想家、社会活动家。早年求学于复旦公学和北京大学,是蔡元培学生。1919年在陈独秀、胡适支持下,与傅斯年、徐彦之等人成立新潮社,出版《新潮》月刊。五四运动中亲笔起草唯一印刷传单《北京学界全体宣言》,提出"外争国权,内除国贼"口号。又曾留学美国普林斯顿大学与哥伦比亚大学,英国伦敦大学、德国柏林大学、法国巴黎大学。民国年间先后担任国立中央大学、国立清华大学校长、中国驻印度大使之职。南京大学今天之校训"诚、朴、雄、伟"就是由他所提出。后到台湾任考试院副院长、国史馆馆长、中国笔会会长等职。著有《新人生观》《科学与玄学》等。

罗家伦两岁时,罗母就开始教他识文断字、背诵短诗。稍大后,父亲也常传授他古今诗词;每天还亲自选录两三则有趣且富教育意义的典故,晚上先记在小册子上,隔天清晨叫罗家伦跪在榻凳上聆听。讲解完毕再将小册交他自己复习,如此坚持了好几年。

有一次胡适在北京大学招生委员会上说:"我看了一篇作文,给了满分,希望能录取这名有文学天才的考生。"校长蔡元培和在座委员都同意了。可是当他们翻阅这名考生成绩单时,竟发现其数学是零分,其他各科也都平平。但蔡、胡两人对他们所作决定并无悔意。这名被破格录取的考生，就是后来在中国近现代历史、高等教育发展史上名声赫赫的罗家伦。

罗家伦出任国立中央大学校长时，因鼻子长得出奇，为师生所嘲弄，掀起一股"鼻子文化"。其中有诗称："鼻子人人有，惟君大得多。沙坪打喷嚏，柏溪（距重庆沙坪坝校部二十余里路的分校）雨蒙蒙。"

罗家伦数月不理发，学生们背里呼他为"猪"。有天他上课说："人的知识是逐渐积累社会经验而成，不是生吞活剥可成者。比如人的饮食，入胃之后，经过消化，取其精华，摒弃糟粕，而分布于身体各部。并非我今天吃猪肉，明天便成一只猪。"听者大笑，罗瞠目视之，始终未懂。

罗家伦和多年挚友、同道傅斯年有两个相同之处，一是都爱看外国书，一是都很自负。很多稿件到他俩手里，均被删改得面目全非，其中傅更严格。罗说，这使我对于自己所写稿子也有戒心，不能不先慎重一点，才敢交出来。

罗家伦作献给前线抗日将士之《军歌》，林语堂认为欠妥。如"炮衣退下，刺刀擦亮"，不是冲锋时的举动；"义勇军无双"，应该是越多越好；"沙场凝碧血，尽放宝石光"亦非事实。

罗家伦在北京大学读书时，老复辟派的辜鸿铭在北大讲授英国诗。他把诗歌分为"外国大雅""外国小雅""外国国风""洋离骚"，罗屡屡"在教室里想笑而不敢笑"，但是他对辜仍非常佩服，并未以片面之言而废人。

1940年六、七月，一个星期期间中央大学校舍被日本飞机轰炸了多次，二十几所房屋被毁坏。校长罗家伦的办公室瓦墙都没了，在夏天烈日下他照常与同事们在只有一面墙壁的房子里办公，仿佛犹太民族的"哭墙"一般。

# 陈岱孙：这辈子只做了一件事——教书

陈岱孙（1900—1997），福建闽侯人。著名经济学家、教育家，在财政学、统计学、国际金融学、经济学史等方面都有很高研究成就。其家族在明、清两代出过不少进士和举人，最辉煌的时候一户之中竟有六子中举，"兄弟三进士，同榜双夺魁"一时传为美谈。先后求学于清华大学及美国威斯康辛大学、哈佛大学，回国后在清华大学、西南联合大学、北京大学等校任教授及院系领导职务。

1927年自哈佛归来，岱老先后在清华、西南联大、北大执教七十载，可谓桃李满天下。岱老学识渊深，才华盖世，却又淡泊名利，洁身自爱，操守坚贞，堪称"万众师表"。

陈岱孙言出必行，从无稍改。他有一特点是办公室外绝不谈公事。有一天，某学生到他家看望。当谈到公事时，他连忙说，明日到办公室再讲。

陈先生讲课认真，以身作则，给同学们作出榜样，大家听课从未敢迟到。个别同学去迟了，不好意思进教室门，就静立在窗外听讲。

陈岱孙在西南联大开经济概论课。一听到钟声，即将所讲主题用英文书写于黑板上，讲述时一句一义，从无废词。同学们伏首疾书，下课略加整理，即为一完整讲稿。同学们认为当时昆明购书不易，图书馆藏书也少，如能将此笔记熟读，就能通过考试。陈有一次讲课时，突然下起大雨。因为房顶是铁皮做的，雨打铁皮，把讲课声全淹没了。他就在黑板上写下顶天立地4个大字"下课赏雨"。

陈岱孙先生八十多岁还给本科生上课，九十多岁还带博士生。他回顾自己一生说："我这辈子只做了一件事——教书。"有人感叹，只这一件事足以让世人景仰百年。陈有一代宗师风范，他的学生亲切称呼他为"岱老"。

作家唐师曾在《一诺千金》一文中说："……据高年级同学讲，七十多年前，风华正茂的岱老和同学周培源同时爱上一位'有文化的家庭妇女'。双方击掌盟约，将来谁先得博士谁娶其为妻。于是两位翩翩少年同时留学欧美。岱老在哈佛苦读4年终于获博士学位，他归心似箭，当即买船票辗转回国；可功亏一篑，人到北京才发现，'有文化的家庭妇女'已被人略施小计捷足先登。据那些笃信爱情至上的学兄讲，岱老因此终身未娶，独善其身，从27岁活到97岁。"唐的这段叙述有不少传言，有传奇色彩。但事情真相只有一个，那就是"终身未娶，独善其身"。陈终生未娶，在许渊冲文章中是另一版本：他和周培源在美国留学期间同时爱上一个女同学，回国后这个女同学成了周之夫人，陈便终身不结婚，但成了周家常客。陈没有子女，于是其好友周培源、冯友兰等人的孩子都叫他"陈爸"。这与清华大学教授、哲学家金岳霖的经历何其相似乃尔！

北大教授王曙光这样评价陈岱孙："他一生淡泊、孤独，终身未娶，将全部精力贯注到教书育人之中。对他而言，教书不仅是安身立命的职业，更是他全部生命的诠解方式。这种诠解几近一种宗教式的虔诚和投入。"让我们记住这位孤独而神秘、高贵而超脱的学者，他的一生不同凡响，使人忘却尘念。

# 雷海宗:读史阅世,其学似海

雷海宗(1902—1962),河北永清人。著名历史学家、教育家。1927年获美国芝加哥大学博士学位,回国后先后执教于中央大学、武汉大学、清华大学和西南联大,担任教授、系主任等职,1952年调任南开大学历史系世界史教研室主任。硕学高德,学贯古今中外,其学术研究自成体系,博大精深,曾发表《殷周年代考》《历史的形态与例证》《古今华北的气候与农事》等重要论文,代表性著作为《中国文化与中国的兵》,近年整理出版的著作有《西洋文化史纲要》和《伯伦史学集》。

雷海宗讲清朝捐官制度,说补缺取决有二:一是捐钱之多寡;二是仪表之优劣。在仪表方面,当时没有照片,也不时兴画像。他只用8个字概括区分人之几种主要脸型:"同(长方脸)、田(圆脸)、甲、曰、用、由(上尖下宽)、申(中宽而上下削瘦)、中。"讲完后对学生说:"现在你们可以互相研究,看自己属于何型。如在清朝,这将决定你们命运。"有学生说:"雷先生脸型是由型。"雷不觉莞尔说:"不错不错,我就是由型。做官没有希望,所以只好教书。"

雷海宗口才一流,讲学很有吸引力。一次西南联大贴出布告,由他公开讲演两汉帝王生活。大家以为是讲汉宫帝王后妃情爱故事,竟把两三百人的教室挤得水泄不通。雷费了好大气力才挤上讲台,结果讲的却是汉代帝王的宫廷分布和一般衣食情形。

雷海宗讲课声音洪亮，极有条理，深入浅出，鞭辟透里，内容丰富，生动活泼。他讲解历史事件既有翔实材料，又说明前因后果，更揭示性质意义，娓娓动听，使人受用不尽。每节课他计时精确，下课时恰好讲完一个题目，告一个段落；下节课再讲新的，前后衔接自如。雷记忆力极强，走上讲堂，只拿几支粉笔，但讲得井井有条，滔滔不绝，人名、地名、史实、年代准确无误。他学问渊博，口才很好，思路清楚，教学认真负责，又讲究方式方法，使讲课成为一门艺术，挥洒自如，引人入胜。他在清华和西南联大为非历史系本科生开设中国通史课，选课之人极多，课堂总是挤得满满的，其中还有不少慕名而来的旁听者。已故著名世界史学家吴于廑就是这样的旁听生，当时他已是南开经济研究所研究生。

已故美国史专家丁则民在《忆念伯伦师》文中说：抗战时期，雷海宗是西南联大知名教授兼历史系主任，先后开设过中国通史、中国古代史、西洋通史、欧洲近古史、欧洲中古史等课程。听过其课程的学生普遍认为，他是学贯中西的历史学家，对许多历史问题都有精辟见解。他的史学造诣之深和学术思想之精邃，都给学生们留下了极其深刻的印象。他不仅学识精湛、领域广博，而且记忆力也非常好，上课时不带片纸只字，便能对所讲问题作出系统而生动的描述。讲授历史事件或历史人物，既有丰富内容，又把因果关系分析得清晰透彻，使人听了兴致勃勃，总觉一堂课时间过得太快，颇有余兴未尽之感。

雷海宗在清华讲授史学方法一课时，采用19世纪中叶西方最著名历史学家、德国柏林大学教授朗克实行的"研讨班"形式来组织教学，极其活跃成功。

首都师范大学名誉校长、著名世界史学家齐世荣写道："我读大四时，生活比较困难。一天下课后，雷先生对我说，美国波摩那大学来了一个研究生，学中国近代史，想写关于梁启超的论文。他的中文程度还需提高，你去给他补习中文，注意借机会练练英文，并增加点收入。我听了后十分感动，不知道老师如何知道我最近生活困难……"

无冕之王

# 林白水:以身殉报

　　林白水(1874—1926),福建闽侯人。近代著名报人、新闻工作者。1901年任《杭州白话报》主笔。1902年返福州,秘密组织"励志社"。后到上海与蔡元培、章炳麟等创立"中国教育会""爱国女学社"和"爱国学社",出版《学生世界》杂志。翌年赴日本留学,加入"军国民教育会"。同年夏返沪,与蔡元培等创办《俄事警闻》,又以"白话道人"为笔名自办《中国白话报》。1904年出任《警钟日报》主编。1905年入东京早稻田大学主修法政,兼修新闻。1911年辛亥革命后回国。1917年任《公言报》主笔。1919年在上海创办《平和日刊》。1921年在北京创办《新社会报》,后改名《社会日报》。1926年被军阀张宗昌逮捕并杀害于北京天桥。

　　1901年林白水任《杭州白话报》主笔,提倡创办学校,普及教育;提倡全国各地普遍创立报社。他还是最早提倡白话的人之一,因为他认为:"看白话的人越来越多,即新风俗、新学问、新知识必将出现在所处的老大中国了。"

　　在《杭州白话报》第一天出版的启事里,主笔林白水写了一段话:"因为我是一个平民,所以我说白话,是一般老百姓的语言,而不是士大夫阶级的咬文嚼字或八股文的文章。我不满风花雪月,也不像别的报纸一样,捧戏子或歌颂妓女的美丽风骚。我只是把国内外发生的大事小事报告给一般老百姓。"1903年下半年,《杭州白话报》因鼓吹改良主张渐渐失去原有活力,无法维持下去，于 1904 年 1 月停刊。

1904 年清廷筹办"万寿庆典"，为慈禧太后祝七十寿辰。林白水愤而写下一副对联："今日幸西苑，明日幸颐和，何日再幸圆明园？四百兆骨髓全枯，只剩一人何有幸；五十失琉球，六十失台海，七十又失东三省，五万里版图弥蹙，每逢万寿必无疆！"字字辛辣，此联既出，言辞铿锵，与梁启超同类作相媲美。令人拍案，传诵一时。

林白水有金石癖。他所收罗的砚石中有一方名叫"生春红"的，取苏东坡诗"小窗书幌相妩媚，令君晓梦生春红"之意，最为他所喜爱。他的书斋和他主编的副刊亦均以"生春红"为名。

1924 年秋冯玉祥发动北京政变，当了一年零二十多天总统的曹锟被赶下台。林白水发表时评《哭与笑》，将那些窃居要位、贪得无厌的军阀们试图极力捂盖的事实真相，一一暴露在光天化日之下。

一天，赵声和刘光汉来找林白水。他们要到南京去发动起义，请他代为筹款。林手中既无太多现款，当时又无处借贷，苦思半日，最后想出一个办法，用三天三夜的工夫写完《中国民约精义》一书。写好以后，又恐书局不肯出高价收买，因此他刺破左手手指，用鲜血写了一封非常悲壮的书信，详述革命需款的迫切情形，恳请书局慷慨相助。他知道书局是同情革命的，所以大胆说出实话。这封信使每个看过它的人都潸然泪下，而这本巨著又使他们如获至宝，书局（据说是商务印书馆）立即付给他 1000 元。林白水拿到钱，即全部用于支持革命。回到家后他才发现，自家已 3 天无米了。

# 张季鸾：须批评时亦犀利

张季鸾（1888—1941），祖籍陕西榆林，生于山东邹平。近现代新闻家、政论家。1901年父亲病逝后，他随母亲扶柩返回榆林，后就读于烟霞草堂，师从关学大儒刘古愚。得到陕西学台沈卫赏识和器重，1905年官费留学日本。1908年回国，任《民立报》记者。1911年辛亥革命后任孙中山秘书。1916年任《中华新报》总编辑。1926年任《大众报》总编辑兼副总经理。在20世纪二三十年代复杂政治背景下，张季鸾以一个报人身份能赢得方方面面认可，实在是其独到之处。

张季鸾青年时因过早白头，大家便叫他"小白"。他即用"小白"作笔名，自励头发已经白了，需趁早努力。

张季鸾健谈，会客至深夜成为癖好。他常在送客后便提笔疾书，用谈话内容组织文章；写了一部分便先送工厂检排，下篇写完，前篇已检排完毕；然后边校边改，分成段落，一气呵成。

张季鸾早年留学日本，因留心时事，最爱剪报，分门别类，积聚丰富。回国时满载而归，人称"剪报大王"。

张季鸾著文十分严谨，但他认为自己的文章生命力很短，不值得留给后人看。因此他从不留底稿，更反对将自己文章结集。他说，他写的文章早晨还有人看,下午就被人拿去包花生米了。

张季鸾从辛亥时期主持《民立报》到主持《大公报》至抗战中期三十年间,写了三千余篇社论。张撰写社论从不署名,也不留底稿,不收集保存,而同期报人多仿效他的笔调。他死后,胡政之编《季鸾文存》,惜选文乏力。

张季鸾为文为人是厚道的,但他的厚道并非乡愿,并非无原则捧场。当为了公义,他认为必须批评时,其笔锋又是很犀利的。如他曾撰写过3篇被人们称为"三骂"的社评,曾脍炙人口,风行国中。一骂吴佩孚,是1926年12月4日《跌霸》。文中说:"吴氏之为人,一言以蔽之,曰有气力而无知识,今则并力无之,但有气耳。"酣畅淋漓,一语中的。二骂汪精卫,是1927年11月4日《呜呼领袖之罪恶》,指斥汪"特以'好为人上'之故,可以举国家利益、地方治安、人民生命财产,以殉其变化无常目标不定之领袖欲"。三骂蒋介石,是1927年12月2日《蒋介石之人生观》,针对蒋因刚与宋美龄结婚而"深信人生若无美满姻缘,一切皆无意味",并"确信自今日结婚后,革命工作必有进步"说法,以犀利尖锐笔触指出"蒋氏人生观之谬误","夫何谓革命?牺牲一己以救社会之谓也。命且不惜,何论妇人?""兵士殉生,将帅谈爱;人生不平,至此而极。"其社评责问,以蒋氏结婚后革命工作必有进步之说法来论,南京政府军队数十万,国民党党员亦数十万,蒋氏能否一一与谋美满之姻缘,俾加紧所谓革命工作?

张季鸾骂吴骂汪骂蒋之时,确实保持着不偏不倚的政治超然态度和立场。他是无欲则刚,独立不羁。唯因如此,蒋亦敬重他这一气度,在张后半生一直与之保持良好私人关系。但是,正因其与蒋私交甚笃,在西安事变当中,张写了一封公开信,以今日眼光看来不无偏袒。事实上,也正因其超然姿态,以致《大公报》同时受到当时中国政治舞台上两大对立主角青睐。蒋在他的办公桌、起居室、卫生间各放置一份;而毛说,他在延安时经常读的报纸就是《大公报》。

# 戈公振：报纸以报告新闻为原则

戈公振（1890—1935），江苏东台人。现代著名新闻学家、中国新闻史学拓荒者、20世纪30年代著名新闻记者。早年在一些报社任编辑至总编，1921年上海新闻记者联合会成立时任会长，1925年后在国民大学、南方大学、大夏大学、复旦大学等校讲授新闻学，1927年出版《中国报学史》。1931年"九一八"事变后积极参加抗日救亡运动，1935年病逝但死因成谜，疑为国内外反动势力所暗害。其著作《中国报学史》最早论述中国新闻史，是中国最早的一部泛新闻学论，开创全面系统研究中国新闻发展史的先河，成为研究中国思想文化史的一个重要文献。其对中国新闻事业的最大贡献，就是第一次确立了报学史的研究是一门学问。

戈公振的书斋里堆满了各种报纸，四壁也贴满了各种报纸。戈作书细如蝇蚁，尺素之纸可作几千字。

戈公振以其所著《中国报学史》而出名。在临死前，他仍以该书未能修改成白话文为遗憾。

戈公振对时任上海《商报》记者陈布雷说，报纸的评论"颇如吾人颜面之有眉"。陈强调道："评论岂止是眉，应该是报纸之目，如为人画像，若双目有光，则全神皆振。"

在编辑思想上，戈公振提倡一种"大编辑观念"，认为报纸编辑不仅要考虑到新闻的编排，而且还要考虑到新闻、评论、广告的编排达成和谐一致，同时还应该在新闻、评论和广告的编辑中体现出整个报纸的编辑方针。将此三者统一起来进行考虑的目的，在于引起读者对于报纸的浓厚兴趣。对此，戈借美国名记者韦廉之的话说："新闻、评论及广告各栏，务求能引起阅者最浓厚之兴味。愿我国报业其注意之。"戈正是立足于这种办报思想，对新闻、评论、图画、广告等的编辑提出了自己的见解。

在戈公振看来，报纸根本要素在于新闻。他提出："故报纸之原质，真可谓为新闻。"又说"报纸以报告新闻为原则"。因此他对于新闻的编辑尤为重视。为掌握当时报界新闻编辑现状，戈分别选择京、津、沪、穗、汉5个城市的报纸，在进行新闻篇幅和内容的比较分析后得出结论："我国报纸所载之新闻，苟以充篇幅而已。叙一事也，常首尾不具，前后矛盾。同一事也，而一日散见二三处，无系统，无组织，浮词满纸，不得要领。"在他看来，造成此种情况的原因有两点：一是"访员不研究记事之法，以抄录为范围"；二是编辑不负责，"不为读者着想，以省事为要诀"。对此他感叹道："报纸材料少，固不足以餍读者之望；有材料而不善编辑，直如衣锦夜行，在报馆尤为极大之损失。"

1932年国际联盟派李顿调查团来我国东北和上海调查日本侵华真相。戈公振以记者身份随调查团去东北，冒死深入沈阳北大营，了解日军情况，向国民昭告，发回大量通讯和文章，在报纸上刊登后，产生巨大反响。

# 邹韬奋：为大众做喉舌

邹韬奋（1895—1944），江西余江人。近现代著名记者和出版家。上海圣约翰大学毕业。1922年在黄炎培等人创办的中华职业教育社任编辑部主任，开始从事教育和编辑工作。1926年接任《生活》周刊主编，提出"办一份为大众所爱读、为大众做喉舌的刊物"，以犀利之笔，力主正义舆论，抨击黑暗势力。1936年与沈钧儒等人被当局逮捕入狱，成为"七君子事件"主角之一。2009年被评为100位为新中国成立作出突出贡献的英雄模范之一。

邹韬奋除业务时间的写作外，每天自定要写两千字，在病中也坚持不懈。

邹韬奋阅读有个好办法：特别为自己所喜欢的文章，便在题目上做个记号，再看第二次；尤其喜欢的，再看第三次；最最喜欢的，一偷闲就常看。

邹韬奋创办《生活》周刊时，曾使用各种笔名撰写各种专栏文章，甚至包办校对、跑印刷厂。

20世纪30年代《生活》周刊的刊名，原为邹韬奋手笔。若干年后再请他重写这两个字，但写了多遍，却与以前写的大不相同。倒是该店经理徐伯昕所写的冒牌"生活"两字，反而相像。

1935年邹韬奋回国后，即主办新刊物《大众生活》。稿件发出之后，他每日总要有几次到印刷厂去看工人排版和出版样。

1936年11月邹韬奋被当局逮捕。在243天的牢狱生活中，他完成的著译文稿共有三十多万字，其中包括自传《经历》。他还将自己在英国伦敦博物院图书馆研读马克思主义著作的笔记，整理为《读书偶译》。

邹韬奋下笔万言，但到市场上购物却不会数铜板，只会一个一个地计算。他也不会乘电车，不知道到什么地方该乘什么车。因此茅盾曾说他有些"天真"。

邹韬奋对学生很严厉。上他的英文课，学生第一次答不出问题，罚在原位站；第二次答不出，罚上讲台站；第三次答不出，罚上讲台的桌子上站。

邹韬奋说，自己当初选择做一名新闻记者，还是"在小学最后一年就在心里决定了的"。

邹韬奋主编《生活》周刊期间，因揭露时任交通部部长王伯群的贪污罪行，王即派人携带十万元钱前来捐赠。邹立即严肃地说："王部长如真的愁这十万元巨款无处花费，我建议不如捐献给仁济堂。"来人听完，大窘而归。

# 胡愈之：新闻出版界的主帅

胡愈之（1896—1986），浙江绍兴上虞人。著名的社会活动家，具有多方面卓越成就的革命学者，一生集记者、编辑、作家、翻译家、出版家于一身，学识渊博，是新闻出版界少有之"全才"。曾留学于法国巴黎大学国际法学院。早年创建世界语学会，又与沈雁冰等成立文学研究会。1922年参加中国民权保障同盟。1935年参加上海文化界救亡运动，为"救国会"发起人之一。抗战胜利后在海外宣传党的方针政策。建国后历任《光明日报》总编辑、首任出版总署署长、全国人大副委员长、全国政协常委等职。

胡愈之10岁时就和兄弟编辑《家庭》杂志，自写、自画、自订，坚持了三四年，出版了约五十册。

胡愈之第一次为《生活》周刊撰文《一年来的国际》，是主编邹韬奋与他谈了3小时后，邹向他约的稿。

巴黎留学期间胡愈之不断为《东方杂志》投寄国际新闻评论稿，共撰文21篇，字数达十七万多字，平均一年写了近六万字，一个月约五千字。

1920年秋，胡愈之和胡仲持兄弟在上海自筹经费，办起一张四开报纸《上虞声》，印数近二千份。

胡愈之在商务印书馆理化部当实习生时，开始试着翻译一些小文章。被采用的第一篇译文是关于英法打算开凿英吉利海峡海底隧道的报道；出版的第一本小册子是《利息表》。

在茅盾印象里，在商务印书馆工作时期的胡愈之"身材矮小，头特别大，脸长额阔，衣服朴素，空手的时候很少，总拿着什么外国书报，低头急走，不大跟人打招呼"。"这时愈之兄虽然在理化部，却与'理化'不生关系，他是帮忙《东方杂志》编辑工作的。""这一个时期，愈之兄主要的工作是选择并介绍欧美杂志上的文章，从政治、经济，乃至哲学、文学。后来他对于文学似乎特别有兴趣了，我们由相识而相熟，也是以'文学'为媒介。"只不过从1923年开始胡又疏远了文艺界，不再热心于评介国外文艺动态，也几乎再没有评论国内文艺问题。他厌倦了文艺界的派别斗争，而将兴趣转向新闻工作和国际问题，个人命运与大时局之间的关联变得更鲜明而直接。

1937年生活书店出版的《书的故事》，是1936年胡愈之在经法国坐船回香港途中，由苏联伊林所著同名少年读物法文版译出。

胡愈之最初只有中学二年级的学历。他说："我读书都是在商务读的。""我的知识就是靠自学得到增长。"

20世纪40年代胡愈之流亡印尼苏门答腊期间，写了一本《印尼语言研究》和一部中篇童话《少年航空兵》。童话中的通讯兵"万里长"乃以著名记者范长江为模式。

胡愈之精通印尼语，曾编《汉译印度尼西亚语辞典》和《印度尼西亚语语法研究》。胡说，在苏门答腊避难时，"我只有找我遇到的印尼人做老师，马来村庄的彭古鲁村长、溪边冲凉的马来娃娃、砍伐森林的苦力工、船夫、车夫、路旁的小贩、洗衣服的马来婆子等，都是我学印尼语的义务老师"。

胡愈之珍爱文摘类刊物。他曾亲自设计一种资料柜，将剪报资料分类插放以便于查阅。他要求资料室工作人员对资料实行科学化管理，做到"不论什么资料，任何人放进去，大家都能够拿得出来"。他要求大家重视报刊上的更正，把它们同原资料贴在一起。

1932年1月28日日本进攻上海,战火烧毁了商务印书馆印刷厂和编译所,也烧毁了胡愈之家。他因病住进租界医院,后来又转移到家乡上虞,病愈返回上海已是5月间,商务暂时停业。8月间商务复业,胡重新主编《东方杂志》。1933年被迫离开,加入哈瓦斯通讯社。直到1937年抗战爆发,上海沦陷成为"孤岛"。各救亡团体和爱国人士纷纷撤去武汉或香港,原出版之许多抗日救亡刊物被迫停刊。但胡没有走,"我们留在上海的人一起研究,决定重新开始。公开的抗日活动不能搞,我们就深入到群众中去,组织对难民、工人、市民的宣传教育。我们还出版了《团结》《上海人报》《集纳》《译报》等报刊,以隐晦曲折的方法报道抗战,宣传和教育群众。后来我们还以社会科学讲习所的名义来训练抗日救亡团体骨干,我负责办了第一期,王任叔办了第二期"。

上海"孤岛"时期的胡愈之,显现出作为出版家的非凡天赋。他拿到了埃德加·斯诺的《红星照耀中国》书稿,这是首位西方记者突破新闻封锁进入陕甘宁边区实地采访的第一手材料。胡决定将这本书介绍给国人。虽然书店与出版社都搬到了重庆,不过印刷厂搬不走,还在上海。胡立刻邀人一起开始翻译。他在回忆中写道:"用什么名义出版呢?就临时想了'复社'这个名字,其实它不是什么出版社。复社就设在我家里,张宗麟当经理。当时参加复社一起翻译和工作的,就是王任叔、梅益等几个人,还有我两个弟弟。""排印费可以暂欠,买纸张的钱怎么办?当时参加聚会的人凑了一点,同时我们又采取暗中预约推销的方法,定价1元一本,先收钱买纸,印出来就给书。就这样,只用了两个多月时间书就出版了。第一次印1000本,很快就卖光了。"全书12章30万字,胡只花了二十多天就翻译并出版了此书。为减少被当局查禁的危险,胡将此书名改为《西行漫记》。

有了出版《西行漫记》的经验,胡愈之接下来完成的就是出版《鲁迅全集》。当时鲁迅大量文稿,经过许广平初步收集和整理,全部留在上海。"许广平十分着急,找大家商量。大家认为把这份宝贵的文化遗产完整地保存下来的最好办法,就是出版《鲁迅全集》。"胡愈之回忆,"我们决定采用预约推销的办法来筹款。不过五六百万字的鲁迅著作,相当于20本《西行漫记》,就得卖20元一本。时处战争,广大读者都没有钱,能一下用20元买一部书的人会有多少?于是又想出一个办法,决定把书搞成普及本和精装纪念本两种。把普及本价格降下来，8元钱一部，这连工本费都不够；另一种精装纪念本，不仅装订考究，而且每一部都有一个专门书箱，外刻有'鲁迅全集，蔡元培题'字样，每部售价100元，实际成本二三十元。以盈补亏，整个出版发行就可以不赔钱了。"

胡愈之组织了上百位学者、文人和工友一道参与到《鲁迅全集》的编排印校当中。为争取扩大发行，改用了"鲁迅纪念委员会"名义，蔡元培也亲自题字。因蔡在国民党内声望很高，当局就不能对这部书怎么样了。印好预约书券和广告开始推销的时候，胡也很忐忑，心里没有底。"当时富人都已集中在香港、广州、武汉等地，所以我就先从香港开始推销。推销的办法是开茶话会，把那些进步资本家、各界开明人士乃至国民党要人请来参加，清茶一杯，主要向他们介绍《鲁迅全集》情况，请他们签名购买预约书券。路过广州时我也这样做，到武汉后情况更好些。有周恩来在那里，武汉八路军办事处也积极帮我推销。很快经我手就推销出去一百多部。当时如孙科、邵力子等人，都是一下就订购10部。"通过这个途径，胡和同伴们在很短时间内就筹集到了三四万元出版资金。各地书款汇到上海，马上买纸开印，从2月到6月，仅4个月就把一套六百余万字、多达20卷的全集送到读者手中。这在我国出版史上是从来没有过的。

胡愈之作为新闻报人的才华，从1940年底开始有了新的舞台。他被党组织选定为新加坡《南洋商报》编辑主任，前往南洋办报，投身于对南洋侨胞的抗日宣传教育和发展抗日民族统一战线。他辗转到达新加坡，从1941年元旦开始正式接任《南洋商报》工作。太平洋战争爆发后新加坡形势危急，胡和同伴们被迫离开，这就是后来出版的《流亡在赤道线上》大背景。到1945年抗战胜利，胡返回新加坡，在上海书局老板帮助下，开了一家上海书局新加坡分店，"楼下门市部卖书，楼上作编辑部，成立新南洋出版社，编辑出版《风下》周刊"。《风下》上署名主编沙平，就是胡。虽然在新加坡历经艰险与动荡，但胡却一再证明了他作为报人的才华。不仅如此，他还在南洋收获了爱情，与沈兹九组成家庭，相濡以沫四十年。

## 谢六逸：史德·史才·史识

谢六逸（1898—1945），贵州贵阳人。中国现代新闻教育事业奠基者之一，著名作家、翻译家、教授。1917年以官费生赴日，就读于早稻田大学。1922年毕业归国，入商务印书馆工作。后历任神州女校教务主任及暨南大学、复旦大学、大夏大学教授。1930年任复旦中文系主任，又创设后来闻名于海内的复旦新闻系并任主任。他提出新闻记者须具备"史德、史才、史识"三大条件，此举为全国大学设新闻系之嚆矢。

谢六逸童年时最爱读梁启超文章，成年后他却向青年们说："论学问，国内没人能及得上闻一多。"

谢六逸称自己的治学信条是：多读、深思、慎作。

谢六逸写讲义甚有条理。写好了，就是一本很好的书。他的《日本文学史》，底稿就是讲义。

谢六逸在上海商务印书馆当翻译时，叶圣陶、徐调孚、王伯祥和张梓生等请他教授日文。他每次在晚上讲授两个钟头，开始二十余人，但不久都散了。

谢六逸以为，我辈读书，手里如不拿起红、绿色铅笔，东涂西抹，目不转睛，正襟危坐，便看也看不进，也就不能过瘾。

谢六逸上课，见学生有张口瞪目状，就很不高兴地说："英雄的口多数是闭着的。你们见过张着口的拿破仑之照片吗？未曾见过吧，因为他是个英雄啊！"

谢六逸在复旦大学执教时，一个连"文学是什么"都不懂的学生，拿了谢为讲课所写《小说概论》油印讲义作为他自己著作，还请谢作序，让他介绍出版。谢却使他如愿以偿。书店老板见是谢介绍又有他的序文，立即允诺。后来有朋友问谢六逸这件事。谢说："我自己决不会出版这本书的。他穷得很，让他出了吧！"

谢六逸精通日文。徐调孚说，当时在国内系统介绍日本文学的，除了谢六逸外没有第二人。

谢六逸为上海黎明书局编选《模范小说选》，选了鲁迅、茅盾、叶圣陶、郁达夫和冰心等人作品，并有序称："我也曾用千里镜在沙漠地带各方面眺望了一下。国内作家无论如何不止这5个，这是千真万确的事实。不过在我所做的，是'近人'的工作。近人选择材料时，必要顾到能不能上得自己'墨线'，所以我要'唐突'他们的作品一下了。"由此鲁迅有游戏之作："名人选小说，入线云有限。虽有望远镜，无奈近视眼。"

谢六逸介绍日本文学的译作有5种，其中叙述日本文学发展史的有4种。这4部书的书名近同，都含"日本文学"4个字。其中有两部，北新书局叫《日本文学史》，商务印书馆叫《日本之文学》。但两书体例不同，前者按时代顺序编写，后者以文学门类编写。

谢六逸标榜"新闻即史"说，并提出史德、史才、史识为新闻记者所应备。

谢六逸创办《立报·言林》，开场白只写了两百字。他说："本报的标语有一句是'五分钟能知天下事'，因此我的开场白只能花费阅者五秒钟。"

# 王芸生：做个有灵魂的新闻记者

王芸生（1901—1980），天津人。无党派爱国民主人士，我国卓越的老一辈新闻工作者。早年家贫，曾在天津城里当学徒，自学成才。酷爱读书，尤其对报纸感兴趣，后在《益世报》副刊发表《新新年致旧新年书》。1928年任天津《商报》总编辑。1929年进入《大公报》任编辑，1935年任该报主任，1941年任该报总编辑，1949年任该报社长。建国后任中华全国新闻工作者协会副主席、全国政协常委等职。

王芸生少年时在一小布店当学徒。晚上伺候老板睡觉后，他就在炕桌上摆一只空肥皂箱，内放用蜡烛头制成的小烛，点燃读书。

1925年五卅运动中，24岁的王芸生和天津各洋行青年员工发起组织"天津洋务华员工会"，被推为宣传部长，主编工会周刊。因鼓动爱国情绪，进行反帝宣传而受通缉。1926年3月被迫停刊，南走上海，任国民党上海特别市党部副秘书长，同时与共产党人先后主办《亦是》《猛进》等周刊与《和平日报》。

1935年王芸生一跃成为著名的天津《大公报》编辑主任，仅在张季鸾、胡政之两人之下，排在第三位。

王芸生为《大公报》写社论都是晚上所赶。写了一张稿纸就拿去排字，再写了一张又拿去排字。等到他的社论写好了，前几张小样就出来了。等到前几张小样看好了，最后一页小样也就出来了。

王芸生主持《大公报》时经常发表言辞尖锐的政论，引起一些人谩骂。王毫不在乎地对旁人说："他们左面也要打倒我，右面也要打倒我。其实我本来就是倒的，又何必怕打？"

王芸生在1946年曾著文《论曾国藩》，说曾打败太平军，在海禁大开之时稳固了传统的顽固和迷信，至少使中国现代化延迟了五十年。此观点对是错？支持者并不多。

王芸生主持《大公报》时，每逢有新记者来社工作，总要大谈一番怎样做一个合格的记者。他说，作为一名记者，学识其次，人格第一。因为新闻记者的一言一行，对社会有极大影响。

王芸生曾说过："新闻记者这种职业，就现在的情形来看，似乎人人都可以干，但是要干得尽职却不是一件容易事儿。一个能恪尽厥职的新闻记者，他须具备几种异乎常人的条件：他须有坚贞的人格、强劲的毅力、丰富的学识；对于人类，对于国家，对于自己的职业，要有热情，要有烈爱，然后以明敏的头脑、热烈的心肠、冰霜的操守，发'威武不能屈，富贵不能淫'的勇干精神，兢兢业业地为人类，为国家尽职服务。"此外王还告诫人们：要"努力做一个有灵魂的新闻记者"，这样才无愧于"无冕之王"称号。否则的话，他就可能是一个"无魂之鬼"！这些话即使在今天也具有振聋发聩的作用。

1949年后王芸生曾违心写下长篇回忆录《1926年到1949年的旧大公报》。王芝琛说："后来我看了，简直是心惊肉跳。那就是往他自己和《大公报》头上扣屎盆子啊，一盆一盆的！"有知情人士告诉过王芝琛，当时某领导人曾私下指示："不把《大公报》批倒批臭，无产阶级新闻观就立不起来。"

# 萧乾：作为记者的才华更高

萧乾（1910—1999），蒙古族，北京八旗后裔。中国现代新闻记者、文学家、翻译家。先后就读于辅仁大学、燕京大学、英国剑桥大学。1931年到1935年间和美国人埃德加·斯诺等编译《中国简报》《活的中国》等刊物和文学集。1935年他进入《大公报》当记者。1939年任伦敦大学东方学院讲师，兼任《大公报》驻英记者，是二战时期整个欧洲战场唯一中国籍战地记者。他还曾采访报道过第一届联合国大会、审判纳粹战犯事件。1949年后主要从事文学翻译工作，如《尤利西斯》等。历任《人民日报》特约记者、中国作家协会理事、全国政协常委、中央文史馆馆长等职。1995年出版《一个中国记者看二次大战》。

萧乾小时候有一次调皮，姑姑骂他是个"午日鸡"。当时萧乾不知道是什么意思，后来才知道自己属鸡，是在宣统元年腊月十七午时出生的。姑姑骂萧乾，骂出的生辰是阴历日期。当时军阀混战，民不聊生，萧乾找不到阴阳历对照表。直到1979年10月萧乾出访美国，在汉学家傅汉思家中的阴阳历对照表中查到自己的阳历生辰是1910年1月27日。当时萧乾已经70岁。

萧乾学名"秉乾"，"乾"是乾坤之乾。萧乾给冰心写信署名"弟秉乾"，冰心孩子时幼小不识，竟读成饼干的干（幹），称他为"饼（秉）干舅舅"，萧乾也高兴地应答。

萧乾初登文坛，沈从文曾撰长文给予介绍。萧十分感激老作家赞扬，看作自己的动力。后来他自己当上了编辑，也特别注重青年作者之作品。

萧乾年轻时在天津《大公报》社工作。因要写社论，他请教张季鸾。张答复："读佛经去！"他很快开悟，社论应该要"言简意赅"。

萧乾受聘到复旦大学上课，第一天就对学生说："我是采取自由政策者，不点名。我厌恶点名。"结果学生除特别原因外极少缺席。

早在20世纪30年代，萧乾呼唤中国要有职业化书评家。他说："我们需要两种批评学者：1个批评家，50个书评家。"

萧乾所读的书可分为这几类：甲类是专业上需要的，必须系统地读；乙类是为欣赏而读的，此类书中萧乾特别喜欢湖南出版的《诗苑译林》丛书；丙类书放在厕所里，20世纪30年代他就是这么读完了张资平的小说；丁类书放在枕头畔，此类大都是开本很小的书；戊类是工具书。

萧乾不会说蒙语，不认识蒙文，也没有蒙族的民族意识。他对蒙族的最初印象，来自每年祭祖。祭祖先的时候，那牌位上画的是牧民模样的人。他知道这个大概是蒙族。边上还有家谱，可家谱上曲里拐弯的蒙文他不认识。这是他最早知道的跟蒙族之联系，但他搞不清楚自己的祖先，到底是西蒙的牧民还是东蒙的猎户。萧自称祖先来自大兴安岭。等到上了小学，那时候同学们对少数民族是很歧视的，叫萧乾"小鞑子"，萧心里很难受。很快他就将自己民族改为汉族，因为他妈妈是汉族。

萧乾妻子文洁若曾这样评价他："他还是作为记者的才华多一些。萧乾把作家这个头衔看得很重要。其实，作为翻译家，作为记者，萧乾的成就比作家更杰出。但他本人更看重作家。只是学生时代写得多，1947年以后就不大写了。"

科学巨子

# 丁文江：中国地质事业奠基人

丁文江（1887—1936），江苏泰兴人。地质学家、地质教育家、社会活动家。先后毕业于英国剑桥大学、格拉斯哥大学，曾任北洋政府农商部地质调查所所长、北票煤矿总经理、北京大学地质学教授、中国地质会会长、《中国古生物志》主编等职。他是中国地质事业奠基人之一，创办中国第一个地质机构——中国地质调查所，又是《努力周报》与《独立评论》创办人之一。他的身上恰到好处地集合了专门科学家、科学事业组织者和科学思想传播者等多重角色。

丁文江幼年常浏览古今小说，尤好读《三国演义》。但他独不喜欢关羽之为人，说："彼刚愎匹夫耳，世顾相与神圣之何耶！"

丁文江11岁写《汉高祖明太祖优劣论》，全文数千言，塾师竟无从修改一字。丁初中跳级，一年跳3级，两年就考进剑桥大学。19岁到英国，开始学英语，未满两月就可进行一般对话。

1908年丁文江投考伦敦大学医科，有一门不及格。他从此抛弃学医志愿，改进格拉斯哥大学，专攻动物科，以地质学为副科，1911年毕业竟获双学位。

丁文江办中国地质调查所，训练调查人员，要他们先下煤矿做苦力，训练后不合格的不用。而一切野外工作，他自己带头干。

丁文江自信可以做一个很好的军官学校校长，但因他从未带过兵、打过仗，所以谁都没有真的让他去做。

丁文江主持南京国民政府中央研究院时，常责备物理研究所所长丁西林，说他不注意争取头等物理学家。

丁文江在北大任教时，有一次讲到基性火成岩的风化，拿出一块标本说："你们看，它像一个马蹄子不像？这俗语叫作'马蹄石'，说是穆桂英的桃花马踏成的，山西北部到处都有。"

丁文江遇事总喜欢下结论。由此，王文伯送了他一个绰号"conclusionist"，可译作"结论家"。

罗家伦访求宋应星《天工开物》原版书三十年不能得，后偶遇于日本，遂以古钱若干交换之。归国后知丁文江访求该书十年未成，于是慷慨相借。

丁文江不喝酒，也反对喝酒。他从胡适《尝试集》里摘出几句诗，请梁启超写在扇面上，送与胡，要他戒酒。

丁文江讲授地质学，利用掌故、小说及戏曲、歌谣等加以科学解释，引人入胜。但他说："不常教书的人教起书来真苦，讲1小时预备3小时，有时还不够。"

辛亥革命前夕丁文江去西南考察。他这才发现，武昌地学会的地图、商务印书馆的《最新中国地图》，以及英、德、法、日等国的一百万分之一中国地图，都还是据康熙年间天主教耶稣会士所绘地图为蓝本，致使地图上一条贯通云、贵两省的驿道错误了两百年。

1914年丁文江赴西南调查滇东矿产，随身带着《徐霞客游记》，循着徐的入滇路线进行考察。他发现，首先提出金沙江是长江上游的正是徐。

1920年英国文化科学大师罗素来华，中国学术界隆重接待。丁文江对罗素说："罗素先生，您真正是英国贵族产生的精品。"罗素后来也对人说："丁文江是我所见中国人里最有才、最有能力的人。"

丁文江认为，世界上最重要的是人事而不是物质。如果不了解人事问题，那金银矿藏仍将被偷窃而去。他曾对中国过去五百年间历朝宰相的籍贯进行考据研究与统计，并对董显光说："中国宰相出生于南方为多数，尤以苏北最多。"

丁文江自日本归，书赠孙叔雅诗一首："男儿壮志出乡关,学业不成誓不还。埋骨何须桑梓地，人间到处有青山。"系据月性和尚（通常误作"西乡隆盛"）诗改作。

丁文江最佩服徐霞客，也爱读他的游记。上文已提到，他曾指出，徐是最早发现金沙江是扬子江（长江）上游之人。丁曾为《徐霞客游记》绘了一册地图，还写了一篇《徐霞客年谱》。

丁文江常爱引用外国名言："准备着明天就会死，工作着仿佛像永远活着的。"他曾问胡适这两句话应该怎样译成中文。胡试了几次，最后译成白话韵文："明天就死又何妨！只拼命做工，就像你永远不会死一样。"

丁文江在《假如我是张学良》一文中为张设计作战方案，俨然一位军事学家；在《假如我是蒋介石》一文中苦心劝蒋"立刻完成国民党内部的团结"，"立刻谋军事首领的合作"，"立刻与共产党商量休战，休战的唯一条件是在抗日期内彼此互不相攻击"。但这仍只是一厢情愿。

1936年元月，时任中央研究院总干事丁文江在湖南谭家山煤矿考察时，因煤气中毒遽尔长逝。消息传来，知识界为之震动。丁之墓地在长沙岳麓山西麓（后山）半山腰，普普通通一个圆形馒头，没有一代大家风范，与岳麓前山之黄兴墓、蔡锷墓反差极大。

## 李四光：光被四表，蔚为国用

李四光（1889—1971），蒙古族，湖北黄冈人。地质学家、教育家、音乐家和社会活动家。1910年毕业于日本大阪高等工业学校。1911年出任湖北军政府实业部部长。1918年获英国伯翰大学硕士学位，同年回国任北京大学地质系教授。1928年任中央研究院地质研究所所长。1948年当选为中央研究院院士。1950年任中国科学院副院长。1951年当选为世界科学工作者协会执委会副主席。1952年任中华人民共和国地质部部长。1955年被聘为中国科学院学部委员。1958年任中国科协主席。1970年任国务院科教组组长。

李四光出身于穷苦家庭。因为他排行老二，他父亲便给他起了个响当当的名字——李仲揆。他14岁赴日本留学时填写护照，一时大意，误将年龄"十四"填入姓名栏内。护照既不能重填又不准许涂改，遂将错就错，将"十"改成"李"字，变成"李四"；"四"字不好改，抬头看到一块横匾"光被四表"，便又加上"光"字，此后即一直叫"李四光"。

李四光主考，往往用若干块石头标本作为试题，要学生写其之描述答案。

20世纪30年代李四光主持兴建武汉大学珞珈山新校区，凝结着其教育救国理想。经过实地考察，李发现东湖之滨实乃办学之上好宝地。于是在1928年11月正式确定武昌东湖珞珈山一带为国立武汉大学新校址。李请美国工程师开尔斯来进行新校舍规划设计，历经一载。今武汉大学珞珈山校区被称为世界上最美丽的大学校园之一。

1952年的一天，毛泽东在日理万机、操劳国内外大事的百忙之中，于一次会议间隙接见了李四光。那天李回到家里，精神格外奋发，兴致勃勃地跟妻子许淑彬谈起了接见时的幸福情景：毛身材魁梧，红光满面，平易近人，和蔼可亲。毛问他："'山字型构造'是怎么回事，你能不能给我讲一讲。"李非常感动。毛博学多闻，这样关心地质科学发展，连地质力学中"山字型构造"这样专门的术语都注意到了。

1964年在第三届全国人大会议期间，毛泽东在人民大会堂北京厅单独会见了李四光。毛风趣地对李说："李四光同志，你的太极拳打得不错啊！"李一时没有理解毛的意思，回答说："身体不好，刚学会一点。"毛笑着说："你那个地质力学的太极拳啊！"这时李才听懂，毛的话是对他和中国广大石油地质工作者一起用新华夏构造体系找到大量石油的高度评价。

1964年某一天，毛泽东又一次接见了李四光。那是在中南海怀仁堂开完一场会议以后，毛邀请李一起观看第一次在北京演出的豫剧《朝阳沟》，并要李坐在他身边，边看戏，边交谈。他们谈了该剧，也谈到了石油。在谈到石油问题时，毛对地质部和石油部在找油方面所做出的卓越贡献给予了高度评价。演出结束后，毛又拉着李一起登上舞台，同演员合影留念。

## 竺可桢:"你的文章管了天"

竺可桢(1890—1974),浙江绍兴人。气象学家、地理学家、教育家,中国近代地理学和气象学奠基者。1909年考入唐山路矿学堂学习土木工程。1910年公费留美学习,1918年获哈佛大学博士学位。1920年应聘南京高等师范学校,后任东南大学、中央大学地学系主任,中央研究院气象研究所所长等职。1934年与翁文灏、张其昀等人共同成立中国地理学会。1936年任浙江大学校长,历时13年。新中国时期任中国科学院副院长兼生物学地学部主任、中国气象学会与中国地理学会理事长。

竺可桢3岁时与父亲去镇里玩,父亲教他念各家店铺招牌上的那些字,回来时他竟都能记住。

竺可桢每天用工整的蝇头小字写日记,数十年如一日,从无中断。他早年的日记在浙江大学西迁时丢失了,今存有自1936年1月1日至1974年2月6日(逝世前一天)的全部日记,共40本,约八百万字。这是一部非常珍贵的中国现当代历史与气象文献。

竺可桢把自然科学知识引入版本校勘。他说,"黄河远上白云间"(王之涣的《凉州词》)在严格意义上应作"黄河直上白云间"。

竺可桢研究物候学,曾引用李白《塞下曲》"五月天山雪,无花只有寒。

笛中闻折柳，春色未曾看"，说明长江与黄河流域海拔超过四千米处，不但无夏季，也无春秋，即长年是冬天。

1920年秋竺可桢改至南京高等师范学校任教，讲授气象学、地理学等。这年冬天，在南京师范学校基础上开始筹建东南大学。1921年竺可桢任东南大学地学系主任。在此期间，他发表了有关东南亚台风、天气类型、历史上气候变迁和阐述发展科学地理学等一系列专著。

竺可桢在任浙江大学校长时，有两个非常经典的教育问题："诸位在校，有两个问题应该自己问问：第一，我到浙大来做什么？第二，我将来毕业后要做什么样的人？"

1912年竺可桢与胡适两人相遇，打起赌来。因竺从小身体就差，胡认为他活不过60岁。竺问："我要是活过60岁怎么样？"胡爽朗地回答："你要是活到60岁，我在你60岁寿筵上，当着所有亲友的面给你磕3个响头。你要是比我活得还长，可以在我的尸体屁股上踢一脚。""行，你可得记住今天说的话啊！"竺说。后来竺活到1974年，享年84岁，在北京溘然去世。直到去世的前夜，他还在坚持写日记。而胡仅活到1962年，享年71岁。

但由于这两位朋友，后来一位在大陆，一位在台湾，所以竺六十大寿时，胡没有机会给他磕那3个响头；而胡逝世时，竺也没有在他屁股上踢一脚。竺在日记中感叹：当年胡适这个聪明人曾预言自己将早夭，但终成一句妄语。因从那以后，竺极其重视身体健康，也因此爱上了体育运动。

1964年竺可桢发表《论我国气候的特点及其与粮食生产的关系》，分析了光、温度、降雨对粮食的影响，提出了发展农业生产的许多设想。毛泽东看到此文后非常高兴，专门请竺到中南海谈话，对他说："你的文章写得好啊！我们有一个农业八字宪法，只管地；你的文章管了天，弥补了八字宪法的不是。"

# 茅以升：工程爱国，以人为本

茅以升（1896—1989），江苏镇江人。中国土木工程学家、桥梁专家、工程教育家。1916年毕业于唐山路矿学堂，1917年获美国康乃尔大学硕士学位，1919年获美国卡耐基理工学院博士学位。回国后历任交通大学唐山工学院、东南大学、中央大学、北洋大学等校教授、系主任、校长等职。1955年被聘为中国科学院院士。主持中国铁道科学研究院工作三十余年，为铁道科学技术进步作出卓越贡献。曾主持设计并修建中国人自己建造的第一座现代化大型桥梁——杭州钱塘江大桥，成为中国铁路桥梁史上一块里程碑；新中国成立后，他又参与设计并修建武汉长江大桥。

茅以升在唐山路矿学堂学习5年，整理笔记有二百来本，近九百万字。

茅以升10岁那年过端午节时，家乡举行龙舟比赛，看比赛的人都站在文德桥上，而他因为肚子疼没有去。桥上由于人太多，把桥压塌了，砸死、淹死不少人。这一不幸事件沉重地压在小以升心里。他暗下决心，长大了一定要造出最结实的桥。从此茅只要看到桥，不管它是石桥还是木桥，总是从桥面到桥柱看个够。茅上学读书后，从书本上看到有关桥的文章与段落，就把它抄在本子上，遇到有关桥的图画就剪贴起来，时间长了，足足积攒了厚厚的好几本。

少年茅以升爱桥，凡读古诗文，有关桥的文句便摘抄成册；见到有桥的图画也剪贴归集。

茅以升幼年看祖父抄写杜牧《阿房宫赋》、王勃《滕王阁序》等，每抄一句他念一句。全文抄完后，他竟然能从头至尾背诵下来，一字不错。祖父对他说："读书务求其通，读一句便得一句之用。"他还能背诵圆周率小数点后一百余位。有一次学校新年晚会，他就登台以背圆周率为节目。

为锻炼记忆力，茅以升每天早上就站在河边背诵古诗文。河面上，风帆往来，渔歌阵阵，他却能视而不见，听而不闻，完全沉浸在自己所需要的知识海洋里。天长日久，他不仅背熟了许多古诗文，而且有效地增强了记忆力。一天，他爷爷用毛笔抄写古文《京都赋》，茅站在一旁默记。等爷爷搁下毛笔，茅竟然把全篇一字不漏地背了出来。

茅以升不仅背诵古诗文，而且还不畏枯燥背诵那些抽象的数字。有一次，他看到有篇文章把圆周率近似值算到小数点后一百多位，就决定用背诵这些枯燥的数字来锻炼记忆力。于是，他一节一节地来记这一长串阿拉伯数字：14、15、92、65、35、89、79、32、38、46、26、43、38……尽管很难记，但从小数点后十几位到几十位，直到一百来位，他硬是熟练地背了下来。在他八十高寿时，他还能奇迹般地背诵少年时代记下的这一百多个数字。

茅以升在唐山工业专门学校任教时，倡导由学生提问、老师回答，据提问题的难易程度打分。若提出的问题老师回答不出，就给满分。

茅以升在主持修建钱塘江大桥时，采用"射水法""沉箱法""浮远法"等，解决了建大桥中一个个技术难题。该桥建成后，为抗日战争做出了杰出贡献。大桥于 1937 年 9 月 26 日通车。同年 12 月 23 日，为阻止日军攻打杭州，茅亲自参与炸毁了它。直到抗战胜利，茅又受命组织修复，1948 年 3 月再次通车。钱塘江大桥是中国人自己设计与施工的第一座现代化钢铁大桥，而且是一座公路与铁路两用桥，是中国桥梁工程史上一座不朽的丰碑。

# 华罗庚：中国当代数学之父

华罗庚（1910—1985），祖籍江苏丹阳，生于江苏常州。著名数学家、教育家。最初是初中学历，自学成才，后曾到英国剑桥大学留学两年。先后任清华大学、西南联大教授，中国科学院数学研究所所长，中国科技大学副校长兼数学系主任。中国解析数论、矩阵几何学、典型群、自守函数论与多元复变函数论等多方面研究的创始人和开拓者，被列为芝加哥科学技术博物馆中当今世界88位数学伟人之一。

华罗庚19岁时便写出批评大学教授的论文《苏家驹之代数的五次方程式解法不能成立之理由》，而当时他仅有初中学历。

华罗庚在清华大学数学系当助理员时，一次寄出去3篇论文，都在国外权威刊物上发表，开创了清华的纪录。

华罗庚26岁时，清华保送他到英国剑桥大学留学。但他不愿读博士学位，只求做个访问学者；因为做访问学者可冲破束缚，同时攻读七八门学科。他说："我来剑桥是为了求学问，不是为了得学位的。"

华罗庚在英国剑桥大学没有拿到博士学位，然而他两年内写了二十篇论文，按水平每篇论文都可拿到一个博士学位。

华罗庚在清华大学任助理员时，表现出一个自学者对知识的巨大吞吐力：

他养成了熄灯之后也能学习的习惯，这是一种逻辑思维活动。他在灯下拿来一本书，对着书名思考片刻；然后熄灯躺在床上，闭目静思，设想着该书应分几章几节。有的能触类旁通，不得其解时才在灯下反复咀嚼。一本需要十天半月才能看完的书，他一夜两夜就看完了。

华罗庚曾对学生们说："我总是反对'不要班门弄斧'这句话，应改为'弄斧必到班门'。"

唐人卢纶《塞下曲》："月黑雁飞高，单于夜遁逃。欲将轻骑逐，大雪满弓刀。"华罗庚写了质疑诗："北方大雪时，群雁早南归。月黑天高处，怎得见雁飞？"但也有学者提出："北塞早雪尚有雁，雪光映天雁可见。"

华罗庚读胡适《尝试集》，见胡之序诗："尝试成功自古无，放翁此言未必是。我今为之转一语，自古成功在尝试。"华于是马上就掩卷不读了。他说：这首诗中两个"尝试"，概念是根本不同的。第一个"尝试"是"只试一次"的"尝试"，第二个"尝试"则是经过无数次的"尝试"了。胡适对"尝试"的观念尚且混淆，他的《尝试集》还值得我读吗？

华罗庚爱读武侠小说。他在读了梁羽生《云海玉弓缘》后对作者说：武侠小说无非就是"成人童话"。梁深以为然。

华罗庚曾在"浮夸风"盛行时大胆地说："搞假数据是违法，要按法治罪的。""要做到实处，非要数据实不可，否则的话做不到实处。"

华罗庚曾在苏州讲学，结束时用下棋作联勉励："观棋不语非君子，互相帮助；举手有悔大丈夫，纠正错误。"

1953年中国科学院组织出国考察团，由钱三强任团长，团员是华罗庚、张钰哲、赵九章、朱洗等。途中，华与大家以诸位名字作对联，先提出上联"三强韩赵魏"，求对下联；旋即由自己揭出下联"九章勾股弦"。上联嵌入"钱三强"名字，下联嵌入"赵九章"名字。

# 谭其骧：禹贡舆地兴绝学

谭其骧（1911—1992），浙江嘉善人。历史学家、历史地理学家，中国历史地理学科主要奠基人和开拓者。先后就读于上海大学、暨南大学，1932 年获燕京大学研究院硕士学位。曾任教于燕京大学、清华大学、浙江大学、复旦大学等校。1980 年当选为中国科学院院士。长期从事中国史和中国历史地理的教学与科研，对中国历代疆域、政区、民族迁移和文化区域做了大量研究，对黄河与长江水系、湖泊、海岸变迁均有精辟见解，建树颇多。主要著作有《长水集》《长水集续编》等。

20 世纪 30 年代谭其骧在北平，白天忙于学校工作，晚间协助顾颉刚编《禹贡》半月刊。有一段时间因顾不在北平，他一个人要完成半月刊的全部编辑和出版工作，几乎天天干到后半夜。

谭其骧在读大学时，从自身实际出发，转了 4 次系才决定了自己终生的专业。他第一年读的是社会学系，第二年读的是中文系，第三年头两个星期读的是外文系，到第三个星期才转入历史系。

谭其骧对老师顾颉刚讲义中的汉代州制提出了不同看法，并写成一封信交给顾；顾第二天就回了一封六七千字的长信，赞成谭的 3 个论点，不赞成的论点也是 3 个。谭 6 天之后又写了第二封信申述论据。隔了十多天顾再复信，又同意 1 个论点，反对 2 个论点。不久，顾把这 4 封信写了附说，另加上一个"关于《尚书研究讲义》的讨论"题目，作为讲义印发给同学，并写道："经过这场辩论之后……两千年来的学者再也没有像我们（对这问题）这样清楚了。"

1959年3月，郭沫若《论曹操》一文在《文汇报》发表。其后，谭其骧发表了商榷文章。在文中，他列举历代古人对曹操的评价也是有毁有誉；甚至连司马光《资治通鉴》中的评价，也几手全盘接受了曹魏本朝臣子王沈的话。

谭其骧主编及主持编绘的《中国历史地图集》是迄今最权威的中国历史政区地图集，被评为"新中国社会科学最重大的两项成果之一"。

在谭其骧追悼会上，其遗体覆盖有"文化神州"（陈寅恪悼王国维句）白绸一方。苏渊雷作有挽联："禹贡舆地兴绝学；文章道德冠儒林。"

## 钱学森：导弹之父，火箭之王

钱学森（1911—2009），浙江杭州人，吴越王钱镠第33世孙。世界著名科学家、空气动力学家，中国载人航天奠基人，中国科学院及中国工程院院士，中国"两弹一星"功勋奖章获得者，被誉为"中国航天之父""中国导弹之父""中国自动化控制之父"和"火箭之王"。1934年毕业于国立交通大学机械与动力工程学院，后到美国麻省理工学院和加州理工学院留学并获博士学位，又成为此二校教授。1955年在毛主席和周总理争取下回到中国，历任中国科技大学近代力学系主任、中国科学院力学研究所所长、第七机械工业部副部长、国防科工委副主任、全国政协副主席等职。

钱学森父亲钱均夫早年赴日本求学，1911年回国，曾任浙江省教育厅厅长。钱均夫与军事理论家蒋百里是莫逆之交。蒋被誉为"现代兵学之父"，时任国民政府保定陆军学校校长。蒋与其日本夫人生有5个女儿，钱只有独子学森，蒋家答应将三女蒋英过继给钱家。

1935年钱学森赴美留学，蒋英也跟随父亲远赴欧洲，在德国柏林上学。她与钱两人相互的书信传情，更加深了他们的情感。第二次世界大战结束后蒋到了美国，当时钱已三十多岁，蒋也有24岁。但为了各自的事业，他们再次推迟了婚期，直到1947年才在上海举行婚礼。

钱学森在美国受迫害那些岁月中，家境状况很糟糕。作为大家闺秀的蒋英，毅然辞退女佣，一个人包揽所有家务，也暂时放下了她热爱的歌唱事业。正是在这段时间，钱完成了他的名著《工程控制论》。这是他们爱情的结晶。

1955年10月8日，在周恩来总理亲自过问下，美国政府终于准许钱学森夫妇回国（其交换条件是中方释放了11名在朝鲜战争中俘获的美军飞行员）。但当钱和蒋英带着他们6岁的儿子永刚、5岁的女儿永真在机场最后登机时，美国政府又无理扣留、没收了钱在美国二十多年间积累下来的大批研究笔记及许多书籍。而他们的结婚"信物"——一架黑色三角钢琴，在蒋的据理力争下，最终与他们一起成功回到了祖国。

据说阻挠钱学森回国的为首者，是时任美国海军次长丹尼·金布尔。他声称："那个家伙（即钱）无论走到哪里，都抵得上5个师的兵力。我宁可枪毙他，也不能让他回中国去。"

20世纪50年代中期，蒋英在中央实验歌剧院任艺术指导。为满足广大工农兵的要求，她和演员们一起到偏僻落后的大西北巡回演出，并努力学唱中国民歌、昆曲、京韵大鼓甚至京戏。每当登台演唱时，蒋总喜欢请丈夫钱学森去听，请他欣赏，请他评论。有时钱工作忙，不能去听，蒋就录下音来带回家，待他休息时再放给他听。为照顾钱的工作与生活，领导安排蒋先后在中央音乐学院声乐系、歌剧系担任领导。蒋只好放弃自己最喜爱的舞台生涯，用全部心血培养学生。她的学生当中，就有著名的男高音歌唱家李双江。

钱学森的一篇关于薄壳方面的论文仅几十页，可是经反复演算，报废的却有七百多页。正如他自己所说："拿出来看得见的成果，只是像一座宝塔的塔尖。"

在钱学森的努力带领下，1964年10月16日中国第一颗原子弹爆炸成功，1967年6月17日中国第一颗氢弹空爆试验成功，1970年4月24日中国第一颗人造卫星发射成功。